2016年贵州省教育厅高校人文社会科学重点项目（项目编号：2016ZD06）研究成果

东盟来华留学生教育研究

张命华 章 林 邓振华 编著

北京理工大学出版社
BEIJING INSTITUTE OF TECHNOLOGY PRESS

版权专有　侵权必究

图书在版编目（CIP）数据

东盟来华留学生教育研究 / 张命华，章林，邓振华编著. —北京：北京理工大学出版社，2020.7

ISBN 978-7-5682-8521-6

Ⅰ.①东… Ⅱ.①张… ②章… ③邓… Ⅲ.①留学生教育–研究–中国 Ⅳ.①G648.9

中国版本图书馆CIP数据核字（2020）第093131号

出版发行 / 北京理工大学出版社有限责任公司

社　　址 / 北京市海淀区中关村南大街5号

邮　　编 / 100081

电　　话 /（010）68914775（总编室）
　　　　　（010）82562903（教材售后服务热线）
　　　　　（010）68948351（其他图书服务热线）

网　　址 / http://www.bitpress.com.cn

经　　销 / 全国各地新华书店

印　　刷 / 定州市新华印刷有限公司

开　　本 / 710毫米 × 1000毫米　1/16

印　　张 / 15　　　　　　　　　　　　　　　责任编辑 / 张荣君

字　　数 / 230千字　　　　　　　　　　　　　文案编辑 / 张荣君

版　　次 / 2020年7月第1版　2020年7月第1次印刷　责任校对 / 周瑞红

定　　价 / 68.00元　　　　　　　　　　　　　责任印制 / 边心超

图书出现印装质量问题，请拨打售后服务热线，本社负责调换

前　言

随着世界各国经济文化交流的深入，东盟来华留学生的数量在快速增长。2014年，我国与东盟国家往来留学生达42.7万人。2018年，来华留学人数排在前15位的国家中有5个是东盟国家。东盟来华留学生是我国来华留学生教育十分重要的一部分，其为我国和东盟各国的教育事业做出了突出贡献。

贵州省作为"一带一路"倡议承接东盟的重要省份，是"中国—东盟教育交流周"永久举办地。截至2019年，已经成功举办了十二届"中国—东盟教育交流周"。东盟来黔留学生的数量日益增多。截至2018年年底，来黔留学生的人数从2008年的数十人，发展到4 000余人，其中70%以上为东盟国家留学生。

面对一批又一批的东盟来华留学生朋友，做好教育服务和思想引领是当务之急。本书通过制定调查问卷和访谈提纲，到各高校留学生院调研，在和留学生管理老师、东盟来华留学生以及部分留学生家长问卷、访谈的基础上，收集东盟来华留学生思想道德教育的现状和需求；同时通过查阅相关文献，探讨、梳理东盟来华留学生思想道德教育的内容、方法和载体，研究"五位一体"的东盟来华留学生思想道德教育的方法和可行性。试图用行为主义和文化传播理论支撑东盟来华留学生思想道德教育的"两翼"，用"五位一体"构建东盟来华留学生思想道德教育的内容支柱。研究内容具体包括以下几方面：

（1）东盟来华留学生的学习目的和留学生教育评价方法与机制研究。通过调研得知，东盟来华留学生除了学习专业知识、提升专业技能之外，还需要学习汉语，了解中国文化并为其以后的职业发展做准备。因此对东盟来华留学生的评价标准不仅包括学业成绩，还包括学生素质；不仅要重视学生素质，还要重视活动质量；不仅要做好科技交流，还要做好人文交流。

（2）东盟来华留学生的思想道德现状及培养目标与内容研究。通过梳理现有的理论成果，东盟来华留学生思想道德教育的目标，从宏观上看，是培养对我友好、学会求知、学会共处、学会做事、学会生存的跨国人才；从微观上看，则包括思想素质目标、职业素质目标、道德素质目标、心理素质目标和法律素质目标。

（3）东盟来华留学生思想道德教育的理论研究。应用行为主义和文化传播理论，引领东盟来华留学生从"外国人"转变为"学习者"，探讨传授道德知识和讲解道德理论的教育途径，从而帮助学生提高道德认识、陶冶道德情感、锻炼道德意志、确立道德信念并最后形成道德行为习惯。

（4）"五位一体"的东盟来华留学生思想道德教育的方法论研究。在理论梳理的基础上，本书结合铜仁职业技术学院案例，着重研究中国文化、职业文化、法治文化、道德文化和心理健康的"五位一体"的东盟来华留学生思想道德教育的方法和路径。

根据以上研究重点，全书分为 8 章。第一章至第三章主要梳理东盟来华留学生的学习目的、教育背景、文化背景、生活习俗、宗教信仰以及目前的学习和教育状况。第四章至第七章在借鉴相关理论的基础上，结合东盟来华留学生的具体特点，构建"五位一体"的教学理念、教学内容和方式方法。第八章以铜仁职业技术学院为例，探讨"五位一体"的东盟来华留学生教育实践。

本书对东盟来华留学生、国际教育学院的教师具有一定的参考价值。由于编者水平有限，成果还需要在今后的实践中探索前进，恳请广大读者批评指正为盼。

编　者

目 录
Contents

第一章	绪 论	1
第一节	东盟来华留学生教育的愿景	2
第二节	东盟来华留学生教育的应然	11
第二章	东盟来华留学生概况	25
第一节	东盟来华留学生基本概况	27
第二节	东盟来华留学生面临的困难	30
第三节	东盟来华留学生的情感认知	32
第三章	东盟来华留学生教育现状	37
第一节	来华留学生培养目标	37
第二节	教育环境与运行	38
第三节	教育方法与途径	43
第四节	课程与教材	45
第四章	"五位一体"的东盟来华留学生教育内容	49
第一节	教育理念	50
第二节	中国文化教育	52
第三节	法治文化教育	57
第四节	职业文化教育	60
第五节	心理健康教育	65
第六节	道德素养教育	67
第五章	"五位一体"的东盟来华留学生教育方法与途径	71
第一节	教育方法	72

第二节　"五位一体"的教育路径 …………………………… 94

第六章　"五位一体"的东盟来华留学生教育队伍建设 …………… 103

第一节　教育队伍结构 ……………………………………… 104

第二节　教育队伍标准 ……………………………………… 106

第三节　教育队伍培养 ……………………………………… 112

第七章　"五位一体"的东盟来华留学生教育管理机制 …………… 118

第一节　东盟来华留学生教育的运行机制 ………………… 118

第二节　东盟来华留学生教育评价机制 …………………… 124

第三节　东盟来华留学生教育保障机制 …………………… 129

第八章　东盟来华留学生教育成果与案例 ………………………… 133

第一节　铜仁职业技术学院国际化办学概况 ……………… 133

第二节　东盟来华留学生教育实施和管理运行 …………… 141

第三节　东盟来华留学汉语教育基地打造 ………………… 150

第四节　东盟来华留学教育成效 …………………………… 157

第五节　东盟来华留学生"五位一体"教育案例 ………… 160

参考文献 …………………………………………………………… 169

附　录 ……………………………………………………………… 181

附录一　学校招收和培养国际学生管理办法 ……………… 181

附录二　来华留学生高等教育质量规范（试行）………… 188

附录三　推进共建"一带一路"教育行动 ………………… 203

附录四　中华人民共和国中外合作办学条例实施办法 …… 210

附录五　教育部国际合作与交流司关于中国政府奖学金的管理规定
　　　　 …………………………………………………… 220

附录六　中国—东盟战略伙伴关系2030年愿景 …………… 226

后　记 ……………………………………………………………… 231

第一章 绪 论

随着我国综合国力的迅速提升,教育对外开放进入发展新阶段。1950年,我国恢复招收来华留学生和派出留学生,来自保加利亚、匈牙利等国的33名留学生来到中国,拉开了新中国来华留学教育的序幕。2018年,来华留学人数达49.22万人,来自196个国家和地区,其中,"一带一路"沿线64国来华留学生人数共计26.06万人,占总人数的52.95%。我国已经成为世界第三、亚洲最大的留学目的国。①

我国与东盟国家地理相邻、山水相连、文化相通、血脉相亲、利益相融,互为好邻居、好朋友、好伙伴。近年来,随着东盟国家国际化进程的加快和我国国际影响力的不断增强,东盟各国与中国的交流合作、民族互信、经济往来等进一步深入,特别在"一带一路"倡议、"中国—东盟教育交流周"、中国—东盟博览会等平台的推动下,来华留学的东盟国家学生越来越多。

① 新华网. 2018年196个国家和地区的49.22万名留学生来华留学[J]. https://www.yidaiyilu.gov.cn/xwzx/gnxw/92742.htm. 2019-06-04.

贵州省作为"一带一路"倡议承接东盟的重要省份,是"中国—东盟教育交流周"永久举办地。截至 2019 年,已经成功举办了十二届"中国—东盟教育交流周"活动。在 2009 年 8 月举办的第二届"中国—东盟教育交流周"的开幕式上,时任教育部副部长郝平首次提出"双十万学生流动计划",宣布不断扩大东盟等周边国家的中国政府奖学金规模。东盟来黔留学生人数日益增多,2019 年"中国—东盟教育交流周"新闻发布会数据显示,截至 2018 年年底,来黔留学生的人数从 2008 年的数十人,已发展到 4 000 余人,其中 70% 以上为东盟国家留学生。[1]

东盟来华留学生人数的不断攀升是中国—东盟合作深化的成果,是东盟各国人民的信任、交流和互鉴的结果,是我国睦邻友好外交政策的见证,是我国经济社会发展吸引力的提升,是我国高等教育国际化、现代化的必然趋势。这也对我国各高校,特别是对贵州省、广西壮族自治区、云南省各大高校的教育与管理提出了新的课题。

第一节 东盟来华留学生教育的愿景

东盟来华留学生来自不同的国家、不同的民族,具有不同的国家观、宗教信仰、民族习惯和文化心理,在多元文化背景下,对其进行教育教学管理尤其是对其进行思想道德教育是一个具有挑战性的课题,却又是我国高校不可回避的教育规律问题,更是留学生成长成才的发展问题,是国际化人才培养的现实要求,也是培养知华、友华、爱华的来华留学生,搭建交流合作的民族情感需要。

一、留学生教育的价值取向

高等教育应该是求真和求用的统一,作为现代化高等教育,要更多地培养

---

[1] 多彩贵州网. 十年间,来黔留学生人数增长近百倍!70% 来自这些国家 [J]. http://news.gzw.net/jiaoyu/1385703.shtml. 2019-07-07.

大学生坚持求用、求善的价值导向。

过去，由于受牛顿机械主义世界观和笛卡儿理性主义认识论思想的影响，人们普遍机械性地追求确定性的关于世界的真理，即追求所谓"看得见、摸得着"的知识。这种真理性知识，其实就是超越时空、普遍有效、永恒不变的客观规律，对一切时空和地域的同类现象都具有普遍适用性，其特征是客观、超然、非个体性。

然而，热力学第二定律和进化论思想告诉我们，一个均衡的、可预测的、可控制的、可以重复的、可以演示的稳定世界并不存在。在一个封闭的做功系统必然存在能量的耗散，并且伴随着能量的耗散必然出现熵增现象；同样，地球生物圈也不是上帝创造并保持不变的，更不是预先存在于某一个母体之中并遵循绝对规律而发展演变的。人类和社会都处在一个进化的状态之中，这种进化正是沿时间维度所发生的一系列的不可逆过程。

这个过程与传统的稳定平衡的世界观和预先决定的世界观是针锋相对的。这种对立性，即从平衡稳定世界、预先决定论世界到耗散世界、进化世界的改变，导致在某一固定时空框架内产生的知识，一直潜藏着随时失真、失效的危险，这样普遍的、"放之四海而皆准"的理论、知识并不总是存在。

从这个意义上讲，作为高等教育，不能局限于传授学生有限的"真理"，而要更多的"授人以渔"，让学生"求用"，即学生在学习时、在认识世界时，学会考虑到时间和地域的维度，把我们的理论及知识建立在时间和空间的坐标中，让知识扎根于情境、经历、文化和社会之中。[①]

这就是思想与道德教育，它是高等教育的重要组成部分，是教育规律所在。高等教育，包括留学教育，不是指单一的、专门的知识教育。古今中外，思想与道德教育一直是教育的永恒主题，因为高等教育其实是一门应用的、实践导向的科学，它要根据实践需要来构建实用的知识体系。

东盟来华留学生教育，是我国高等教育的重要组成部分，也必须遵循教育的普遍规律，担起教育的育人责任，做强教育的育人工程，发挥教育的育人功效。

当然，理论的真实性和实用性的矛盾，高等教育的求真和求用的矛盾，是

---

① 刘小强. 关于高等教育理论求真和求用的思考［J］. 江苏高教，2010（4）：9-12.

现代科学发展进程中不可避免的问题。作为留学生教育的主体，高校既不能因为国际政治的敏感而失去高等教育本来的"操守"，也不能把这个问题无限扩大，让留学生在"求真"与"求用"中失去平衡。尊重东盟来华学生的民族习惯和个性发展，加强教育尤其是道德素养教育在留学生教育的课程分量，是高等教育的本职回归，正如王春刚教授所说，来华留学生日常教育作为一种实践活动，有政策理论、学科理论、研究理论、现实理论和历史理论五大理论依据。[①] 只有将日常教育贯彻到留学生教育中，才能使东盟来华留学生走向成才之路，达到其应有的留学中国的目的。

认识教育和知识教育共同构成教育的有效介质，缺乏思想道德的认识与日常教育，不能称为真正的教育。而且，教育是育人的工程，育人要先育德，无德的人就是危险品。纵观国际化的先进教育理念，没有哪个国家的高等教育只灌输有限的真理性知识，不传授为人处世的基本方法，所以说，道德教育是高等教育的普遍规律，也是留学生教育的应有之意。正如冯洁教授所说，"关于海外留学生思想政治教育问题，其关键并不在于这种教育是否有必要，而在于如何找到一种适宜的教育理念与方法。"[②]

二、留学生的成长和成才

在东盟来华留学生中，大专生、本科生、硕士研究生和博士研究生等各个层次的都有。据问卷调查，不管是哪个学历层次，他们来华留学的目的主要有以下几项：

（1）中国—东盟贸易与合作不断扩大，对懂汉语的人才需求越来越多，刺激东盟国家的大学生来华学习。

（2）受中国经济的发展壮大和优秀文化传统的影响，东盟国家的大学生主动来华学习。

（3）受本国政府派遣，公费来华学习汉语和其他专业，回国为本国服务。

（4）来华前已掌握了一定的汉语知识，而且所在国距离中国很近，方便来

---

① 王春刚，等. 来华留学生思想道德教育的理论依据探析［J］. 2013（21）：114–116.
② 冯洁. 中国高校外国留学生思想政治教育的问题与对策［J］. 海南广播电视大学学报，2017（1）：11.

华学习。

（5）希望来华读学位，取得文凭，并能游览中国的名胜古迹，了解中国的风土人情。

从个人层面纵深分析，东盟来华留学生千里迢迢来到中国高校学习，主要目的还是提高汉语水平，学习中国文化，丰富人生经历，增加个人发展机会，使自己成长为民族的栋梁之材、"一带一路"的国际化人才。

针对这样的发展需要，我国高等教育就应该因材施教，从人才成长规律的角度设计和规划留学生教育。东盟来华留学生，首先是学生，是学习的客观主体，是教育的客观对象，需要遵循教育规律和学生成长规律实现自身的全面自由发展。

人的属性包括人的自然属性、社会属性以及精神属性等在内的种种属性的总和，所以人的发展内涵就包括知识的积累、能力的提升和精神的升华等方面，其发展过程是一个社会化的过程。日常教育管理是人的社会化过程中不可缺少的组成部分，目的是使受教育者成为能适应社会，参与社会生活，履行一定社会角色行为，并具有健康人格的人，从而满足社会发展的需要。可以说，美德是一个民族的精神脊梁，品行是一个人的立身之本，具有良好的社会"美德"是东盟来华留学生走向成功的通行证。

当然，对东盟来华留学生而言，跟所有青年大学生一样，这种思想境界的提升不能偏重于自我约束与自我调节功能，而忽视外在对其德行品质的培育作用，正如人的发展必然要通过社会性的形式与手段来实现，这就需要高等教育及时出手，这也是人的成长规律的需要。任何人的发展，必须立足于社会关系维度，解决人的发展问题。对东盟来华留学生而言，换了环境，来中国学习，就是自我理解的深化，是自觉或者不自觉地自我理性反思；接受日常管理与教育，是一条可行的、不可逾越的发展路径。

"达则兼济天下，穷则独善其身"，这是个人修养的最高人生价值。人类是一个命运共同体，山水相连、人心相通的东盟来华留学生更要有理想、有抱负，在中华优秀传统文化中，修养身心，用美德浸润人生，在人类先进文明中，提升道德境界，实现人生跨越。

《学校招收和培养国际学生管理办法》（中华人民共和国教育部、中华人民共和国外交部、中华人民共和国公安部令第42号）指出，汉语和中国概况应当作为高等学历教育的必修课；政治理论应当作为学习哲学、政治学专业的国际学生的必修课。①这并不是说对非哲学、政治学专业的东盟来华留学生的非专业教育不重要，而是尊重留学生的文化与习俗，让同学们更放心地去体验在中国的生活，发展自身优势。

不过，与中国学生相比，东盟来华留学生由于身份、国情和思维模式的不同，对其教育，与中国学生的日常管理与教育的要求是不一样的。东盟来华留学生日常管理与教育是指中国高校根据东盟各国经济社会发展的特点和需要，在尊重留学生的民族习惯和成长成才规律的基础上，通过管理与教育活动使留学生的综合素质在一定时期内达到一定效果的教育教学活动。这种活动不是思想政治教育，而是侧重于道德认识教育。道德认识教育具有学术上的开放性、政治上的封闭性；思想政治教育具有学术上的封闭性和政治上的开放性。②因此，这种教育活动的理想结果是：从宏观上看，使东盟来华留学生成长为知华、友华、亲华，了解"一带一路"沿线国家概况，具备国际视野，通晓国际规则，能够参与国际事务与国际竞争的应用型、复合型跨国人才。从微观上看，就是通过思想、文化、道德、心理和法律等方面的培养，使东盟来华留学生学会求知、学会共处、学会做事、学会生存，回国后能回报社会。

三、国际化人才培养

国际人才，是指具有国际意识、国际胸怀、国际视野及国际知识能力的高层次人才。③中国—东盟国际人才是指具有国际视野，拥有尊重、包容、和平、公正、合作的交往心理，了解中国和东盟各国的多元文化背景，熟练掌握中国—东盟的相关知识和操作惯例，维护及发展中国与东盟各国的睦邻友好民族情感和民族政策，在全球化竞争中善于把握中国和东盟的发展主动权，独立完成国际活动的高层次人才。

这样的国际人才的出现不是偶然的，而是需要国际环境的培养。因为人的

---

① 中华人民共和国教育部、中华人民共和国外交部、中华人民共和国公安部令第42号．[EB/OL]．http://www.gov.cn/xinwen/2017-06/02/content_5199249.htm.2017-03-20.
② 陈卓．道德教育与思想政治教育之比较——基于开放系统的视角[J]．江苏教育研究，2017（01）：4.
③ 莫凡．国际人才培养刍议[J]．教育评论，2013（05）：18.

发展依赖于一定的教育和环境的全面生成，只有人成为"世界历史性"的人，才能成为全面发展的人。但是，由于地域、民族等方面的局限性，在很长的一段时间里，每个国家和地区的人的社会关系生成和发展总是限制在有限的地域内。正因为这种局限性，人的视野拘泥于某一范畴，人们的思维观念受限于某一范式，人们的发展受到"独我"的限制。所以青年都会走出家门，甚至国门，读书深造、实践学习。这种学习深造，随着国际需求的变化而发展。

21世纪，随着经济全球化和国际交往的深入，需要大批熟悉经济运作，了解和尊重各国国情、法律、文化和民族，具有国际意识、国际知识和国际交往能力的国际人才。在这样的背景和要求下，东盟来华留学生教育就不能局限于某一狭义的职业而进行的专业或知识训练，而是要转向培养面向世界的通用性、复合型人才。教育内容应该包括语言文化、道德品质、纪律、心理等方面的内容。①

2013年，习近平总书记在访问中亚和东南亚国家时，首次提出建设"丝绸之路经济带"和"21世纪海上丝绸之路"的倡议。这一伟大倡议，契合了沿线各国共同发展和共同进步的愿望，是一项造福沿线各国人民的大事业，也开启与搭建了沿线各国优势互补、开放发展的新机遇，是一种国际合作的新模式，体现了和平、交流、理解、包容、合作与共赢的精神。但是"一带一路"沿线各国，包括东盟各国的语言、文化、经济发展水平等方面存在明显差异和差别，这既形成了各方优势互补和合作共赢的基础，也给实现政策沟通、设施联通、贸易畅通、资金融通、民心相通这"五通"带来巨大的挑战，在一般的国际人才的基础上，给东盟来华留学生的国际人才培养提出了更具体、更全面、更高的素质要求。

在"政策沟通"方面，急需培养一大批具备国际视野、掌握引领性专业知识，能够进行跨文化沟通的国际化人才；在"设施联通""贸易畅通""资金融通"等方面，则需要训练一批轨道交通、钢铁、电力等先进制造业和基础行业，检验检疫、统计信息、口岸管理等经贸合作区运营管理，农业、教育、医疗、扶贫等民生领域的高层次、专业化人才；②在"民心相通"方面，更需要造就知华、

---

① 高剑华．来华留学生素质教育探析［J］．辽宁师范大学学报（社会科学版），2009（11）：138.
② 周秀琼．"一带一路"人才培养模式创新及路径选择［J］．学术论坛，2018（03）：98.

友华、亲华，熟练掌握语言技能和中国国情，熟悉双边民情民意，具有文化视野、实践思维和民族情感的领军人才。

四、知华、友华与共同发展的实现

中国与东盟国家在地理上紧密相连，拥有一衣带水的文化发展渊源，既有发展的互补性，又有民族的互助性；既有人民的特色性，又有经济的融合性，在未来的全球化大背景下，共商、共建、共享的"一带一路"必将带动东盟各国走上经济发展的快车道，实现地区的和平稳定和长足发展。

这种发展需要民族的互信和认同，需要文化的交流和沟通。教育是文化传播和交流最直接、最有效的方式，"一带一路"和中国—东盟的区域发展，需要高等教育"开路"。

我国的高等教育，特别是留学生教育，在改革开放以来得到了质的飞跃。从办学模式、生源层次、课程设置、生活管理等方面进行了长期探索和深化改革，实现了我国高等教育的规范化、法制化、人性化和国际化。来华留学生教育事业也已从新中国成立初期的"对外宣传"、改革开放后的"智力援助"，发展到21世纪的培养国际人才、传播中华文化的战略高度，实现了中国来华留学生教育的春天，正努力向留学生教育强国迈进。据教育部统计，2018年共有来自196个国家和地区的492 185名各类外国留学人员在全国31个省（自治区、直辖市）的1 004所高等院校学习，比2017年增加了3 013人，增长比例为0.62%（以上数据均不含港澳台地区）。按洲别统计：亚洲学生总数为295 043人，占来华学生总数的59.95%；非洲学生总数为81 562人，占来华学生总数的16.57%；欧洲学生总数为73 618人，占来华学生总数的14.96%；美洲学生总数为35 733人，占来华学生总数的7.26%；大洋洲学生总数为6 229人，占来华学生总数的1.27%。按国别排序前15名有：韩国50 600人，泰国28 608人，巴基斯坦28 023人，印度23 198人，美国20 996人，俄罗斯19 239人，印度尼西亚15 050人，老挝14 645人，日本14 230人，哈萨克斯坦11 784人，越南11 299人，孟加拉国10 735人，法国10 695人，蒙古国10 158人，马来西亚9 479人。按省市排序前10名有：北京市80 786人，上海市61 400人，江苏省45 778人，浙江省38 190人，辽宁省27 879人，天津市23 691人，广东省

22 034 人,湖北省 21 371 人,云南省 19 311 人,山东省 19 078 人。人数超过 10 000 人的省(自治区)还有广西壮族自治区 15 217 人,四川省 13 990 人,黑龙江省 13 429 人,陕西省 12 919 人,福建省 10 340 人。按学生类别统计:接受学历教育的外国留学生总计 258 122 人,占来华学生总数的 52.44%,比 2017 年增加了 16 579 人,同比增加 6.86%;硕士和博士研究生共计 85 062 人,比 2017 年增加 12.28%,其中,博士研究生 25 618 人,硕士研究生 59 444 人。2018 年,非学历留学生 234 063 人。按经费办法统计:中国政府奖学金生 63 041 人,占来华学生总数的 12.81%;其他留学生 429 144 人,占来华生总数的 87.19%。[①]

2014 年 12 月,中国召开了全国留学工作会议,习近平总书记做出重要批示,"留学事业历来与国家和民族的命运紧密相连。新中国成立以来特别是改革开放以来,党和国家高度重视留学事业,制定和实施一系列方针政策,推动我国留学事业取得了令人瞩目的成绩。"同时习近平总书记要求,"在新形势下,留学工作要适应国家发展大势和党和国家工作大局,统筹谋划出国留学和来华留学,综合运用国际国内两种资源,培养造就更多优秀人才,努力开创留学工作新局面,为实现'两个一百年'奋斗目标、实现中华民族伟大复兴的中国梦不断做出新的更大的贡献。"国务院总理李克强在批示中进一步强调,"要进一步完善来华留学管理服务,增进各国人民的交流和友谊。"[②] 不少高校以此为契机,以汉语为载体,在来华留学生教育的过程中,担当贯彻执行文化交流政策和直接面对留学生传播文化的"双重身份",承担着跨文化传播的国际重任。除了传授科学知识、专业素质外,同时还具有弘扬中华文明的教学功能,引导来华留学生认知和了解中国优秀文化,培植来华留学生对中国文化内涵及价值观念的认知感和认同感,从而达到跨文化传播的课程设置效果。许多留学生学成回国后成为知华、友华、中国文化的传播使者和自己国家及地区经济发展的有力推动者。其中不乏有成为国家领导人及重要的政治家和社会活动家。作为社会精英,留学生群体对各国政治、经济、社会的发展至关重要,很多来华留学生学成回国

[①] 中华人民共和国教育部:http://www.moe.gov.cn/jyb_xwfb/gzdt_gzdt/s5987/201904/t20190412_377692.html. 2019-04-12.
[②] 董洪亮,魏哲哲. 适应国家发展大势和党和国家工作大局培养更多优秀人才开创留学工作新局面 [J]. 人民日报,2014-12-14:01.

后成为国家政治经济的中流砥柱。例如哈萨克斯坦前总理马西莫夫、埃塞俄比亚前总统穆拉图、泰国公主诗琳通等都曾留学中国。中国的留学经历使他们对中国怀有浓厚的感情,也有助于他们推动自己国家与中国全面友好关系的发展。①

当然,中国的东盟来华留学生日常教育与管理同西方国家的"和平演变"和"意识形态渗透"有着本质的区别,甚至是根本对立的。作为东盟来华留学生教育的一部分,要警惕西方国家所鼓吹的"普世价值"和"中国威胁论",引导东盟来华留学生正确认识中国及自己的民族和国家。正如缅甸教育部部长苗登基指出,中国与东盟的教育合作已逐渐步入了质量提升新阶段,为区域和平、繁荣、稳定做出了贡献。②

《推进共建"一带一路"教育行动》指出,沿线各国教育特色鲜明,资源丰富,互补性强,合作空间巨大。中国将对接沿线各国意愿,互鉴先进教育经验,共享优质教育资源,全面推动各国教育提速发展。国际人才,有德为先。高等教育要运用积极心理学对来华留学生进行日常辅导,为"一带一路"和东盟各国培养具有国际化的伦理道德,尊重中华文化,对中国友好、有情感的外籍人才。③在当前我国"一带一路"和复杂的国际形势、信息开放的时代,东盟来华留学生的日常教育给我们带来了很大的机遇,同时也面临着严峻的挑战。一直以来,特别是冷战时期,西方媒体和政客透过意识形态、双重标准和文化偏见的多棱镜来看待中国,对中国的报道存在普遍负面化抹黑倾向,导致不知情的民众对中国的文化呈现一定的负面印象。随着我国改革开放的深入,来华留学生的大规模发展,推动了我国高等教育改革,加快了教育国际化进程,更重要的是加强了我国与相关国家在政治、经济、文化等领域的交往,增进了中国与世界各国人民的友谊。通过调查,有近70%的来华留学生认为,通过留学接触,能消除他们对中国的误解;在了解中国方面,受采访者中有97%的来华留学生认为,通过接触加教育,能更好、更快的认知中国。中国—东盟构建命运共同体,是

---

① 叶淑兰. 外国留学生的中国观:基于对上海高校的调查[J]. 外交评论, 2013 (06):87.
② 李薛霏. 教育合作新起点人文交流新未来——第十一届中国—东盟教育交流周开幕[J]. 贵州日报, 2018-07-27.
③ 陈秀琼等. 积极心理学在东南亚来华留学生思想道德品质教育中的应用——以华侨大学176名留学生为例[J]. 内蒙古师范大学学报(教育科学版), 2017 (11):44.

符合求和平、谋发展、促合作、图共赢的时代潮流，符合亚洲和世界各国人民的共同利益。①

"构建命运共同体"离不开道德认知的支撑。东盟来华留学生是未来中国—东盟各国关系的重要桥梁，是中华文化的传播使者，做好其日常服务与引领工作意义重大，是培养国际人才的根本要求。"十年树木，百年树人"，马来西亚—中国友好协会会长马吉德表示，"希望未来中国与东盟民间友好组织能进一步改善合作机制，达成文化经济社会合作的目标，不断建设青少年交流平台，推动青少年来往。"②

第二节 东盟来华留学生教育的应然

东盟来华留学生教育是教育实践的范畴，有其"本然""必然"和"应然"之分。"本然"是指留学生教育规律性的东西；"必然"是指东盟来华留学生教育应该到达的理想状态；"应然"既是对"必然"的消解和超越，又是对"本然"的回归。东盟来华留学生教育的主体和对象最终还是东盟留学生，以人为本、实现东盟留学生的全面发展并与时代同步才是东盟来华留学生教育的"应然"。

---

① 习近平. 携手建设中国—东盟命运共同体［J］. 人民日报，2013-10-04：02.
② 王鹏，贺劭清. 第二届中国—东盟民间友好组织领导人会晤在川举行［EB/OL］. http：//www.chinanews.com/gn/2018/08-07/8592314.shtml. 2018-08-07.

一、来华留学生教育的目的

教育作为人类社会的一种特有现象,其目的就是扬善抑恶,使人不断走向完善和文明。日常教育,是教育的一个重要分支,其研究对象就是使受教育者实际的思想活动接近或达到特定的历史时期主流社会对人们的要求和期望。在不同的社会时代、不同的社会背景条件下,赋予日常教育不同的内涵和外延。现代东盟来华留学生的日常教育,就是在语言学习、专业学习的基础上,陶冶国际情感,培养国际品质,使受教育者具有正确的道德审美观,精神境界得到提升,社会责任得到落实,人类文明得到传承和发展。教育对象、教育者、教育方法、教育内容和教育环境等要素构成东盟来华留学生日常教育的主体框架。所以,从宏观上看,东盟来华留学生日常教育有五个方面的目的和作用。

(一)提高东盟来华留学生认识世界与改造世界的能力,实现自身的全面发展

在我们的问卷调查中,对"东盟来华留学生学习的目的"第一问题,排前三位的选项是学习汉语、中国文化和中医等专业知识。汉语是沟通与交往的语言,特别在中国经济发展日益走向世界舞台中央和"一带一路"热的国际环境下,汉语越来越受到各国留学生的青睐。中华文明博大精深,源远流长,郑和下西洋已是中国与东盟历史交流的佳话和见证。"欲治其国者,先治其家;欲齐其家者,先修其身""身修而后家齐,家齐而后国治"等中国哲学在思想道德教育中提倡的是"授人以鱼,不如授人以渔"。中国自远古炎帝,就开始研究"尝草"。中医将人体看成是气、形、神的统一,通过"望、闻、问、切",制定"汗、吐、下、和、温、清、补、消"等治疗方法,使用中药、针灸、推拿、按摩、拔罐、气功、食疗等多种治疗手段,使人体恢复阴阳平衡,创造了阴阳五行理论。语言、文化、健康三个主要内容构成东盟来华留学生进一步认识与改造世界的视野,实现留学生与留学生来源国"渔"的突破,共同构建人类命运共同体。

"授人以渔",渔即方法与技术,是人认识世界、改造世界的"德行与智慧"。人要正确认识世界、改造世界,就要有德行的思维方法和阴阳平衡的思维模式,这也是中国哲学和中医文化的精髓。东盟来华留学生教育首先就是要回答"渔"的问题,告诉留学生"德行和智慧是人生的真幸福",提升道德责任,是人全

面发展的应有之义。东盟来华留学生日常教育就是要培养留学生健康的思想、崇高的道德、完善的素质，同时培养留学生强烈的民族责任感与家国责任心，达到并超过国际留学生理应相匹配的国际思想、国际道德等国际素质，这样他们在回国后可以不断地发掘和发挥自身潜能，适应和推动人类社会不断向前健康发展。

（二）建设中国留学生教育品牌，提升留学生教育质量

留学生教育从历史的发展看，英国、美国等西方发达国家起步早，拥有像英国文化协会、美国国际教育协会、澳大利亚国际教育机构、日本学生支援机构等国际学生教育组织。特别是在新自由主义市场经济背景下，有些发达国家将国际学生教育作为产业来发展，成为国家和高校的重要经济来源。

我国作为最大的发展中国家、"一带一路"的倡议者，不可能走西方发达国家留学生教育的老路，更不会在现有国际体系中亦步亦趋。新时代，中国和东盟各国要承担的是创新推动世界治理体系变革的重任，因此，推动东盟来华留学生教育提质增效、内涵发展，是我国创建东盟来华留学生教育品牌的必由之路。

这种教育的质量观和品牌意识，是全面的而不是顾此失彼的，是为了构建人类命运共同体而不是只为经济利益。从东盟来华留学生层面看，就是要根据东盟各国留学生的现状，有的放矢，以便东盟各国留学生在华期间全面健康成长，提高来华留学生的整体素质。从高校层面看，就是要建立健全东盟来华留学生日常教育体系，促进高校的国际化办学水平。从国家和国际合作层面看，一方面是做好东盟来华留学生的能力教育，可以更好地传播中国文化，促进地区和国家间的和平与交往；另一方面就是通过大力发展留学生教育支持我国的教育事业发展，提升我国国际地位，塑造我国的国际教育大国形象，实现2020年留学中国计划和建设留学生教育强国目标。中国留学生教育品牌的构建，正如陈强指出，"我国从未将经济收益作为来华留学生教育的发展动力和目标，而是坚持立足于国家和世界发展的长远利益，重视发展其外交、教育、社会和文化意义。"[①]实现留学生的增质与收益、友好与交流。

[①] 陈强. 来华留学生教育怎么看［J］. 中国教育报，2018-09-21：6.

我国政府和高校一直以来都是以实际行动把提高来华留学生的教育质量作为留学生教育工作的中心。党中央更是在来华留学生教育初期就确定了"学习上严格要求，认真帮助；政治上积极影响，不强加于人；生活上适当照顾，严肃管理"的方针。早在1984年12月的教育部第三次外国留学生工作会议上，在重申"留学生工作的中心是抓好教学"的基础上，首次提出"接受和培养外国留学生是智力援外中一项具有战略意义的工作"，实现了我国留学生教育从履行国际主义义务的"政治援助"过渡到培养真才实学的合格人才的"智力援助"的转变。到了2013年，习近平总书记提出"一带一路"倡议后，为来华留学生教育，特别是沿线国家来华留学生教育带来了更为阳光明媚的春天。

（三）构建国际教育新理念，培养东盟来华留学生国际公民

美籍奥地利裔生物学家、系统论创始者贝塔朗菲的开放系统理论认为，开放系统是与环境交换物质的系统，表现为输入和输出、物质的组建与超越。对于开放系统而言，"边界"问题十分重要。组织与环境之间、不同的组织之间都存在着边界。留学生教育是教育系统内面向国际化、专业化的高端边界，是对封闭系统近亲繁殖的"优化"。因此，打通开放系统，加强教育交流，促进留学生教育，提高国际视野，培养国际公民，是全球化背景下世界各国人民的共识。

东盟和"一带一路"沿线国家，普遍国情繁复，地缘政治、宗教信仰、民心社情等都比较复杂，政治动荡很难预期，因此增进沿线各国人民的人文交流与文明互鉴，全面了解各国民间的民意和需求，在消除误解和疑虑的同时促进交流合作，努力营造沿线各国民众交流互信、理解包容的大格局是东盟来华留学生教育的内容之一。作为高校，要帮助留学生对沿线各国民众的语言文化、传统文化及宗教文化等方面有所了解。同时，来华留学生通过在中国的学习以及对中国的了解，也可以将在中国的所学、所感、所获带回国、带到沿线国家，把在中国的所学真正服务于自己的国家建设，成为"一带一路"的直接参与者和建设者，为"一带一路"倡议的持续推进注入源源不断的动力[①]。

亚洲地区中国和平统一促进联合总会会长王志民就曾表示，东盟各国的在华留学生不仅将成为稳固国家良好关系的纽带，更通过校企合作和来华留学生

---

① 周谷平，阚阅．"一带一路"倡议的人才支撑与教育路径［J］．教育研究，2015（10）：4-9．

落户驻外中资企业，实现国际企业本地化，进一步推动中国与东盟国家经济贸易往来与合作。实践证明，懂得两国文化、具有国际视野的留学生越来越受到跨国公司的青睐。

在 2017 年 7 月 28 日的第十届"中国—东盟教育交流周'一带一路'人才培养校企合作论坛"上发布的《"一带一路"国际人才培养白皮书》指出，对于"一带一路"沿线国家的中资企业而言，来华留学生这一巨大的人才资源库，可谓是"家门口"的国际人才。

这样的跨国人才不仅给企业带来了智力支撑，而且给留学生来源国与留学国的经济贸易往来带来了"人脉"，是国际关系健康发展的友好使者。因此，为适应"一带一路"建设需要，教育尤其是留学生教育，首要任务是人才培养。"一带一路"的建设，特别需要东盟来华留学生教育培养和输送符合"一带一路"建设战略需要的服务于各领域的高尖端人才[1]。把扩大来华留学生的国际视野作为教育理念，造就国际公民，通过教育"带路"，促进民心相通，命运相连。

（四）打造"五位一体"教育体系，提升东盟来华留学生"五个"能力

留学收益是东盟来华留学生教育不可忽略的问题，是提高留学生来华吸引力和提高留学生国际就业力的关键。对留学生来说，留学收益就是留学生个体希望通过留学实现个人的最大发展，由此带来可观的经济收入，取得较高的经济回报。

但现实表明，高投资并不意味着高回报。当前，"一带一路"建设尚处于探索与初步实施阶段，我国与沿线国家的经济与合作机制尚未健全。特别是由于地缘政治关系、地区冲突以及极端势力、恐怖主义等所导致的局部矛盾亦不同程度地存在着。无论是对我们发展中国家来讲，还是对留学生个体来讲，留学收益均具有较大的不确定性。[2] 留学生教育如何以不变应万变，是东盟来华留学

---

[1] 王娟. 高校国际化与"一带一路"倡议的对接——基于高校来华留学教育的研究[J]. 南京晓庄学院学报，2016（9）：64-67.
[2] 张继桥，刘宝存. 我国面向"一带一路"沿线国家留学教育：现状、挑战与对策[J]. 中国高等教育评论：2018（10）：90-104.

生教育品牌打造的关键。东盟来华留学生的本质是学习者，解决这一问题要靠留学生的"学习经验"来解决。

围绕这个问题，在留学生教育体系构建和能力提升方面，国外对留学生群体的研究有着广泛视角，他们从最初的临床心理学视角到后来的社会心理学、跨文化交际学视角，再到近些年以学生学习和发展视角着手展开研究。伴随着视角的转变，留学生群体也随之发生变化，从早期的"对跨国消极的遭遇者"到后来"对变化的积极回应者和问题的解决者"，再到如今的"学习者"的转变。[1] 这种转变为打造"五位一体"教育体系，提升东盟来华留学生"五个"能力提供了理论和实践条件。

"五位一体"的东盟来华留学生教育体系就是在专业学习的基础上，开展中国文化、法治文化、职业文化、心理健康和道德素质教育，提高留学生的文化适应能力、依法办事能力、职业竞争能力、心理调节能力和道德认知能力。中华文化是东盟来华留学生教育的宝贵素材。法治社会，需要培养法治思维。职业文化，重在能力、重在实践、重在创新，能很好地调动东盟来华留学生的学习积极性。对东盟留学生来说，身处异国，心理健康教育迫切需要。以道德、诚信为核心的道德素质教育是提高留学生综合素质的基本内容。从理论上看，包括文化素质目标、职业素质目标、道德素质目标、心理素质目标和法律素质目标，形成"五位一体"教育模式；从实践上看，是培养对我友好、学会求知、学会共处、学会做事、学会生存的跨国人才；从个体留学受益看，是提高其"学习经验"和实现学习期望的方式方法。

（五）开发国内、国际两个环境，培养东盟来华留学生五个认同

东盟来华留学生教育，是开放教育，是面向留学生来源国、中国和世界的教育，目的是培养学生的文化差异认同、法治理念认同、职业道德认同、睦邻友好认同和命运共同体认同。

在现代世界经济发展中，"一带一路"倡议中国家间，特别是中国—东盟的文化交流与合作十分重要。在20世纪，我国高等院校国际教育相对保守，更

---

[1] 马佳妮. "一带一路"沿线国家来华留学生就读经验研究[J]. 比较教育研究，2018（04）：19.

注重专业教育能力的宣传。在国家间文化交流中，中国往往属于文化和思想的接收方，在文化交流中的地位较为被动。新时代、新形势下，我国留学生教育应该顺应发展需要，应建立人类文明交流的主动地位，从接收方转变为输出方。随着"一带一路"倡议的实施，高校需要逐渐强化文化推广与思想宣传能力，这也是高校国际教育推行改革的基本要求。在此背景下，高校需要加强对东盟来华留学生的中国传统文化、中国特色教育，培养东盟来华留学生教育认同感和学习自豪感。

在2018年7月26日以"教育合作新起点人文交流新未来"为主题的第十一届"中国—东盟教育交流周"开幕式上，老挝教育部部长桑杜安·拉查塔邦表示，东盟和中国持续深化人文交流、教育合作，将成为双方战略伙伴关系深入发展的重要引擎。缅甸教育部部长苗登基说，中国与东盟的教育合作已逐渐步入了质量提升新阶段，为区域和平、繁荣、稳定做出了贡献。泰国教育部副部长索蓬·纳帕通说，东盟与中国在教育领域的合作具有战略意义，有着巨大潜力和广阔发展空间。中国工程院院士、贵州大学校长宋宝安说，中国和东盟国家的高校应凝聚共识、汇集智慧，打造更多共赢合作的项目，让交流周更加务实，合作成果更加显著。新加坡来华留学生代表陈嘉羚表示，要当好文化传播的使者，努力为推进中国与新加坡文化交流做出更多贡献。

正因为如此，2017年5月11日，国务院新闻办公室新闻发布会上将交流周列入"一带一路"民心相通的重要平台。东盟国家是"一带一路"重要区域，交流周作为中国与东盟国家开展合作交流的重要平台，有效服务着"一带一路"倡议，搭建起中国与东盟国家人文交流之桥。

在"一带一路"倡议实施过程中，教育是基础，人才为关键。我们唯有有针对性地培养大批具备国际化素质的本土化人才队伍，才能更好地促进"一带一路"倡议的发展。"一带一路"倡议需要工程技术与管理类专业技能人才，需要跨文化交流类人才，需要精通法律、国际贸易类人才，需要智库类人才。"一带一路"倡议实施需要多层次、全方位人才。"一带一路"倡议成败的关键在于人才。所以，在对"一带一路"沿线国家，包括东盟来华留学生进行教育时，也更为注重本土化人才的培养。①

二、来华留学生教育的本质

东盟来华留学生教育是高等教育的一部分，其本质就是引领留学生全面发展，实现跨文化传播，适应来源国和国际经济发展所需要的国际人才。这样的国际人才不仅需要专业的知识，更需要国际的视野、国际的素质、国际的道德。所以在东盟来华留学生教育实践中，需要文化教育、心理教育、法治教育、职业教育和道德教育等。

亨廷顿的"文明冲突论"和约瑟夫·奈的"软实力"论，将文化因素纳入国际关系的核心视域，成为文化外交的认知基础和跨文化传播理论的基石。

跨文化传播理论告诉我们，留学生教育不仅是具有知识性和思想性的国际交往活动，也具有提升双方文化软实力、改善双边关系和传播价值理念的战略意义。跨文化传播的过程就是通过不同的传播途径使本土文化价值观念被他国民众认知和共享。这就要有留学生的道德教育等非专业性教育。

道德教育是高校留学生教育最根本、最首要的任务，是全部教育目的的核心。高校道德教育是指教育者根据一定的社会要求和受教育者品德形成发展的规律与需要，有目的、有计划、有组织、系统地对受教育者施加一定社会或阶级的道德准则和法纪道德规范的影响，并通过其品德内部矛盾运动以使其养成教育者所期望的品德的教育活动。道德教育的本质在于使个人完成道德上的社会化。②道德教育就是要强调以人为本的主体性，重视留学生的全面发展，提高留学生在国际交往中的自觉性、自主性，让国际社会中的人能够具备世界交往中所需要的道德认知能力、道德选择能力和道德行为能力，这样才能适应国际社会不断前进的脚步，才能成为一个有道德情操的国际人才。③

道德在国际交往生活中发挥着广泛的规范作用，对一定社会系统起到深层次的维护作用。道德教育的过程就是通过对个体思想品德的塑造，通过对主体心理、情感和行为产生深层次的影响。东盟来华留学生道德教育的主题主要有

---

① 孙一. "一带一路"背景下高校来华留学生教育研究［J］. 黑龙江工业学院学报（综合版），2018（12）：44.
② 檀传宝. 学校道德教育原理，修订版［J］. 北京：教育科学出版社，2003：25.
③ 袁力. 中外高校道德教育的比较研究［J］. 山东师范大学硕士学位论文，2009（06）：07.

道德能力与个人发展、品格教育与社会利益、传统美德与良好行为等。

思想教育也是各国留学生教育的一部分，它与政治教育有本质的区别，其实质就是培养留学生思想素质，包括世界观、人生观和价值观。世界观，是学生对于整个世界的根本看法，包含他们对自身、自然和社会关系的根本看法，是最一般的思维形式。①

三、来华留学生教育的内容

1946 年，联合国教科文组织召开了第一届大会，提出了"国际理解教育"的概念。1948 年在日内瓦召开的国际公共教育大会第十一届会议上，联合国教科文组织明确提出了国际理解教育的基本框架，把培养学生的责任感、社会合作精神和欣赏国家间的历史发展等列入国际理解教育的重要内容。之后，国际理解教育逐步得到实践并日臻成熟。1968 年《作为学校课程和生活之组成部分的国际理解教育》是联合国教科文组织国际公共教育大会第三十一届会议的重要成果。该成果提出，国际理解教育不仅仅是传授知识，而应致力于发展有利于国际理解和尊重人权的态度和行为。② 随后，特别是 1974 年联合国教科文组织《关于教育促进国际理解、合作与和平及教育与人权和基本自由相联系的建议》出台，国际理解教育逐步被国际教育所代替并被人们接受，作为一种教育思潮，在世界各国普遍采用和广泛实践。

我国留学生教育前期发展一直缓慢，直到 1953 年后，才扩大了培养来自社会主义国家留学生的规模，在广西壮族自治区桂林市建立了"桂林中国语文专修班"，专门招收来自越南的来华留学生。

当时国家对培养来华留学生的要求是通过汉语的学习，培养学生掌握中文的一般能力，使他们在中国文化及其他方面获得初步认识，增进对华友好感情。

随着留学生，特别是东盟来华留学生规模的扩大，我国留学生教育内容和教育质量显著提升，不仅包括专业教育、培养专业人才，更在专业的基础上培养了国际化人才。

---

① 高星. 中美高校道德教育比较研究［J］. 中国地质大学（武汉）博士论文，2014（05）：15.
② 赵中建，等. 全球教育发展的历史轨迹［J］. 北京：教育科学出版社，2005：310-321.

张宗利等提出,我国高校接收和培养外国留学生的主要目标是培养出一批对华友好、道德高尚并学有所长的学生。由此目标决定,高校对来华留学生教育的内容主要包括:文化素质教育、道德规范教育、诚信教育、法制教育和国际理解教育。[①]

王吉芳认为,根据联合国教科文组织提出的现代素质教育应使受教育者"学会生存""学会做事""学会求知"和"学会共处"的教育思想,来华留学生思想道德素质教育应包括以下内容:①如何做人的教育;②关心他人的教育;③与人交往的教育;④享受人生的教育。要引导留学生在以合理的方式满足基本需要的基础之上,去努力追求和体验那些更高层次需要所带来的精神乐趣,诸如助人为乐、求知为乐、创造为乐、使之真正感到在中国留学期间是充实、欢乐与幸福的;⑤合作精神的教育[②]。

李本义、刘荣山认为,为提高来华留学生的道德感和责任感,对其思想道德的教育应包括法律、制度教育以及文化素质教育。[③]

中山大学教授周大鸣则从"理解"的角度来设计内容。他认为,重新审视文化多元性的表述方式,增进"自我"与"他者"的相互理解,在强调文化多元性的重要意义的同时引导留学生正视"他者"的存在,是全球化背景下维系文化多元性存续所需要积极面对的现实问题。[④]

从跨文化交流理论看,我国接收东盟来华留学生的出发点和落脚点是培养对华友好、学有所成的外来人士,这就要求我们重视来华留学生的教育问题。加强东盟来华留学生教育不仅是培养知华、友华人士的需要,同时也是提高来华留学生综合素质的需要、建设和谐校园的需要、推动我国留学生教育的需要、促进中华文化传播的需要和实现"一带一路"沿线国家经济社会繁荣的需要。由于东盟各国来华留学生身份具有特殊性,对其进行教育应与中国学生有所不同,应根据其具体的现状、宗教信仰、心理特点探索培养国际人才的途径。

---

① 张宗利,王凤丽,王春刚. 如何开展来华留学生的思想道德教育[J]. 中国管理信息化 2013(11):102.
② 王吉芳. 论来华留学生的道德素质教育[J]. 首都师范大学学报(社会科学版),2000(12):182-186.
③ 李本义,刘荣山. 论来华留学生的道德素质教育[J]. 湖北大学成人教育学院学报. 2006.(8):37-38.
④ 王宁,等. 寻求务实合作 创新交流平台 推动率先开放[J]. 贵州日报. 2011-08-18-6.

没有思想道德的教育，留学生教育只能是初级的、低水平的、不完善的，培养水平不可能有跨越式提高，竞争力也不强，最终也实现不了可持续发展。一直以来，我国对来华留学生的教育重点放在专业知识和技能的培养方面，忽视了他们的素质教育。部分来华留学生由于种种原因，出现了各种思想道德问题，这些问题没有及时得到解决，最终引起了一系列不良的后果，加强来华留学生思想道德教育势在必行。①

发展来华留学教育事业，对来华留学生进行专业知识以及综合教育，是要在国家外交和教育政策的引导下，结合来华留学生自身的特点，把这些远道而来的各国青年学子，培养成为了解中国、喜爱中国，既精通汉语又掌握专业知识的国际复合型人才，使他们为促进我国与世界各国在政治、经济、文化等方面的交流与合作做出积极贡献，这也是我国来华留学生教育事业的核心工作。为使来华留学生更全面、客观、深入地了解中国、评价中国，对其进行全面教育便是一项非常重要的内容。接收和培养外国留学生一方面是服务于国家外交战略的需要，培养知华、对华友好人士，这些具有留华背景的国际友好人士，是我国宝贵的外交财富和桥梁。另一方面，国内高校要成为世界一流大学就必须走向国际化，而留学生教育有助于提升我国高校的国际化水平、有助于教学质量的提高和管理模式的创新，对中国学生的外语学习也有很大的促进作用。

由于留学生群体的特殊性和复杂性，高校面临的形势较为严峻，留学生教育及管理方面面临的问题和困难也越来越多。结合留学生教育的实际，加强留学生的综合教育工作势在必行。一方面需要积极拓展高校留学生教育工作的内涵，另一方面需要积极探索符合留学生特色的教育工作途径和方法。②

拓展高校东盟来华留学生教育工作的内涵主要包括两个方面：一是将留学生素质教育工作纳入高校教育工作体系当中，这也是国际化背景下高校留学生教育工作面临的新情况、新课题；二是厘清和界定留学生教育工作本身的内涵，东盟来华留学生教育工作与本土学生的教育相比，既有一般性，也有特殊性，需要明晰二者的区别和联系。开展留学生教育工作，既要把握教育的一般规律，

---

① 王春刚. 加强来华留学生思想道德教育的必要性及其途径 [J]. 通化师范学院学报，2012（1）：93.
② 叶文. 浙江大学来华本科留学生适应性提升探索 [J]. 青少年研究与实践，2016（2）：18.

也要认清留学生教育的特殊性。积极加强留学生日常教育工作，积累留学生教育工作经验，特别是在厘清和界定留学生辅导员的工作职责、工作方式、路径发展和促进中外学生交流等方面开拓工作。

在世界各国留学生中，有的留学生认为人生就是为了享乐，留学的目的就是为了享乐。一部分留学生由于文化背景的差异，不能迅速适应留学国文化，出现了抵触情绪。还有的留学生比较自傲和道德素质不合格，个别留学生以自我为中心，过于自信，骄傲自满，认为自己优于他人，思想中没有尊师和尊重他人的概念。一些留学生甚至出现不接受教育和管理的现象，存在抵触心理。因此，从提高教学质量和完善管理角度来说，开展留学生综合教育是必然的趋势。

调查发现，对东盟来华留学生而言，困难最多的是在人际适应方面，然后是生活适应困难、学习适应困难和心理承受困难等。现代社会的发展要求人应该是多种素质的结合体，这样才能更好地生存和发展。国际社会一致公认大学生应具备"学会求知""学会共处""学会做事""学会生存"这四种素质，从而才能有效战胜"困难"。

我国为了给留学生提供平等一致的教学资源和管理服务，保障中外学生的文化交流与合法权益，教育部出台的《来华留学生高等教育质量规范（试行）》明确提出要推进中外学生教学、管理和服务的趋同化。同时根据来华留学生的风俗习惯和语言、文化差异，帮助来华留学生了解中国的国情和文化，并尽快融入学习和社会。

四、来华留学生教育的意义

东盟来华留学生群体在高等教育国际化的全球竞争中具有特殊的地位与作用，来华留学生教育也是我国高等教育体系中具有特殊意义的重要组成部分。它不仅提高了我国高等教育的国际化整体水平，而且能够为一些友好国家培养高层次人才，为各国友好的文化、经贸等各个领域的交往提供重要渠道。同时来华留学生因来自世界各国，其文化、习俗、宗教信仰等都存在很大的差异，给留学生教育和管理工作带来了极大的挑战。

做好来华留学生的工作，尤其是教育工作，既对促进我国高等教育教学改革、培养国际化人才和提高我国高等教育国际竞争力具有积极意义，也是我们的教育走向世界、参与国际教育服务竞争的重要内容。① 对留学生的教学管理模式如果不能与时俱进，及时转变，则会给来华留学生培养带来不利影响，甚至会演化成新的国际问题和社会矛盾。而且，培养国际化人才，必须要具备不同国家、民族、文化之间的相互理解力，才能真正实现教育的国际化。

刘延东曾指出，来华留学教育已成为中外人民友好交往的重要桥梁，成为培养友好国家特别是发展中国家优秀人才的重要平台，成为世界了解中国的重要窗口，成为推进中外教育务实合作的重要渠道。教育交流是不同国家之间人文交流的重要内容，是推进中国与各国平等合作、互利共赢的合作平台，是促进世界和平和人类共同繁荣发展的有效途径。②

教育是人文交流的重要载体，也是中国—东盟战略伙伴关系的重要支撑，在深化中国—东盟战略互信、牢固民意基础上发挥不可替代的作用。③

来华留学生教育是中国文化外交和跨文化传播的重要内容，其形式是"文化传播"，核心是"价值认同"；通过跨文化传播推介中华文明走向世界，达到不同文明的互相沟通和价值认同。

对于进一步做好来华留学生教育工作，推介中华文化核心价值观，使中华文化走向世界，让世界了解和认知历史源远流长、内涵博大精深、优秀道德传统的华夏文明，使中华文化具备与中国国际地位相匹配的传播力、影响力和话语权，有着重要的理论意义和实践意义。

因此，教育部于 2010 年 9 月发布的《留学中国计划》明确指出，来华留学工作在我国建设国际一流大学、推动教育国际化等方面具有重要作用，在培育我国软实力、宣传和谐世界理念等方面具有重要意义。

马来西亚新纪元学院负责人莫顺宗认为，以粮食工业、旅游业等为例，东盟各国的广阔土地与天然资源、加上众多通晓中文熟悉中华文化的人才，已经提供中国与东盟之间"官、产、学"合作的基本条件。若东南亚华文高校针对

---

① 薛雷：《留学生思想政治教育的现实问题与对策 [J]．通化师范学院学报，2018（5）：88．
② 中国计划 2020 年成亚洲最大留学目的地国．http://www.chinanews.com/edu/2010/09-30/2564874.shtml．
③ 陈东升．"一带一路"背景下中国—东盟教育交流与合作研究——基于国际服务贸易的视角 [J]．东南亚纵横，2017（03）：40．

性培养所需人才，结合国家间长期累积的经验与技术，中国与东盟拥有极为广阔的合作可能，并最终开创中国与东盟关系崭新篇章。[①]

为更好地与"一带一路"沿线国家切实实现"民心相通"，近年来我国采取很多有效措施吸引"一带一路"沿线国家学生来华留学，希望通过对"一带一路"沿线国家来华留学生的教育，有效促进教育交流及合作，促进"一带一路"沿线国家人民的相互交流、尊重、信任与理解，切实增强彼此间的友谊。

[①] 王宁，等. 寻求务实合作 创新交流平台 推动率先开放［J］. 贵州日报. 2011-08-18.

第二章　东盟来华留学生概况

中国与东盟地理相邻，山水相连，文化相通，血脉相亲，利益相融。正因为如此，东盟来华留学生的数量也在快速增长。据统计，从 2010 年开始，到 2014 年年底，中国与东盟国家往来留学生达 42.7 万人，其中，东盟国家来华留学生累计达 30.1 万人。① 仅 2018 年，中国—东盟双方互派留学生已超过 20 万。②

贵州省作为"一带一路"国家倡议发展承接东盟的重要省份，随着"中国—东盟教育交流周"的成功举办，东盟来黔留学生日益增多，合作的范围日益宽广。1991 年，中国与东盟开始对话；1997 年，建立睦邻互信的合作机制；2002 年 11 月，签署《全面经济合作框架协议》；2010 年建成中国—东盟自贸区，将人力资源开发作为重点合作领域之一。2003 年 10 月，中国和东盟签署了《面向和平与繁荣的战略伙伴关系联合宣言》，对增进教育、文化等方面的交流与合作机制进行了着重说明。2005 年中国—东盟领导人会议，增加将文化列为双方新的五大重点合作领域之一，在社会文化合作方面，增加文化和学术交流等与教育有关的交往，增进民间形式的交往。2007 年 1 月，中国和东盟签署服务贸易协议，承诺在中国与东盟 60 多个教育服务部门开放高于 WTO 水平的服务市场。③

在贵州省，自"中国—东盟教育交流周"于 2008 年举办以来，贵州省三十余所高校均与东盟国家院校建立了合作关系，开辟了"立足东盟、面向亚洲、辐射欧美"的教育对外开放格局，描绘了贵州教育打开山门、走向开放前沿的生动画面。

---

① 中国—东盟教育交流周取得实质成果 我国与东盟国家 4 年来往留学生 42.7 万人．http：//gzrb.gog.cn system/2015/08/02/014468026.shtml．
② 携手建丝路 风正一帆悬——前 15 届中国—东盟博览会投资促进推介活动回顾［2019-09-17］http：//www.sohu.com/a/341449060_103497．
③ 麦艳航．东盟留学生跨境消费对广西高等教育服务贸易影响研究［J］．广西大学硕士学位论文，2014（01）．

2008年7月首届"中国—东盟教育交流周"成功举办。2009年8月第二届"中国—东盟教育交流周"校长论坛提出,要加强双边和多边教育合作,建立中国东盟教育信息网平台,共同举办学术研讨会,联合培养博士、硕士研究生。2010年,中国—东盟教育部长首届圆桌会议和第三届"中国—东盟交流周"提议在未来10年内,中国提供10 000个政府奖学金名额,邀请东盟国家10 000名青年教师、学者、学生互动交流。2016年8月1日贵阳迎来了"中国—东盟教育交流周"的第九届盛会,东盟国家来华留学生从2010年的49 580人增长到2015年的71 101人。[①]

不过,从来华留学生教育整体看,虽然发展迅速,但也存在各种制约因素。例如,李轶群认为,来华留学生教育主要存在部分高校对留学生教育的重视程度不够,在招生、教学、管理等方面的体制机制创新相对滞后问题。[②]蒋凯指出,来华留学生教育的发展面临着教育层次偏低、学生所学专业种类来源国别分布不平衡、战略地位未得到足够重视,以及政策和规章制度不适应发展需要等问题。王军通过将发展中国家与发达国家的教育国际输出进行比较后发现,来华留学生教育在结构与布局方面存在较大的问题,如来华留学生在高校学生中所占比例偏低,类别层次偏低等。到目前为止,我国仍是世界上最大的留学生生源输出国,在高等教育国标贸易与服务中仍然处于劣势地位,高等教育尚处于自我跨越与追赶阶段,教育水平也亟待提升,同时,不同国家和地区对我国的了解仍停留在表层,误读与曲解现象比较普遍。此外,来华留学生教育还存在教学质量问题、政策执行阻滞问题、文化适应问题、思想教育问题、素质结构缺失现象等。

[①] 吕慎. 共筑中国东盟关系的新支柱——第九届"中国—东盟教育交流周"综述[J]. 光明日报. 2016-08-08: 3.
[②] 郜丹丹. 安徽省属重点高校来华留学生学历教育的现状、问题与对策研究——以安徽省三所高校为例[J]. 安徽大学硕士论文, 2018 (01).

第一节　东盟来华留学生基本概况

自中国和东盟建立对话关系尤其是中国—东盟自由贸易区建成以来,中国—东盟教育交流和合作日渐深入,并取得了显著成效。双方留学规模持续扩大,截至2015年,中国与东盟互派留学生逾19万人;其中,中国在东盟国家留学生已超过12万人,东盟国家在华留学生达到7.2万余人。到2020年,双方互派留学生人数双双超过10万的目标有望提前实现。[①]双方教育合作与交流领域覆盖面广,已逐渐涵盖基础教育、中等教育、职业教育和高等教育。

同时,双方境外合作办学也取得较快发展。统计表明,东南亚已成为中国境外办学最集中的地区,双边跨境教育合作项目也日益增多,中国教育机构在除柬埔寨和文莱外的其他7个东盟国家开展了几十个合作办学项目,覆盖了教育的各个层次。东盟国家中则有新加坡、马来西亚和泰国等国在华开展了几十个合作办学项目,办学层次以高等教育为主。

政府间合作机制和平台不断完善。中国同东盟10国之间均签署了教育交流合作协议,与泰国、马来西亚、印度尼西亚、越南和菲律宾等国还签有互认学历学位协议。每年在贵州省举行的"中国—东盟教育交流周暨教育部长圆桌会议"已成为双方教育交流合作的主要平台。2016年第二届"中国—东盟教育部长圆桌会议讨论"通过的《中国—东盟教育合作行动计划(2016—2020)》,成为中国与东盟之间首个教育领域五年行动计划,内容涵盖基础教育、高等教育、职业教育、学生交流、智库合作等多个领域。另外,每年在中国—东盟博览会期间举办的"中国—东盟职业教育联展暨论坛",其影响力也在不断提升。[②]

东盟来华留学生人数呈逐年增长趋势。截至2012年年底,东盟在华留学生

[①] 中国—东盟加强华文教育合作促进民心相通. http://www.chinanews.com/hr/2016/09-22/8011067.shtml.
[②] 陈东升. "一带一路"背景下中国—东盟教育交流与合作研究——基于国际服务贸易的视角[J]. 东南亚纵横, 2017(03): 40.

人数突破 6 万。2015 年东盟各国来华留学生人数见表 2-1。2016 年，东盟在中国留学生超 8 万人。

表 2-1　2015 年东盟各国来华留学生人数

序号	国别	2015 年东盟来华留学生人数		
		长期生	短期生	合计
1	泰国	14 545	5 431	19 976
2	印度尼西亚	10 289	2 405	12 694
3	越南	8 627	1 404	10 031
4	老挝	6 291	627	6 918
5	马来西亚	4 304	2 346	6 650
6	新加坡	2 268	2 597	4 865
7	缅甸	2 116	2 617	4 733
8	菲律宾	1 271	2 072	3 343
9	柬埔寨	1 451	378	1 829
10	文莱	30	32	62
合计		51 192	19 909	71 101

贵州省现有留学生主要来自老挝、泰国、印度尼西亚、越南、柬埔寨等东盟国家。2008 年，在黔东盟国家留学生仅有 3 人。2013 年，在黔东盟国家留学生为 250 人；2014 年，贵州省共招收留学生 1 500 余人，其中东盟学生占 80%以上。到 2016 年，在黔东盟国家留学生 1 528 人，比 2008 年增长了 509 倍。[①] 其中来自柬埔寨、老挝、马来西亚、菲律宾、泰国、越南等东盟国家的留学生在贵州大学已达 960 余人。据教育部统计，2018 年来华留学生人数排在前 15 位的国家中有 5 个是东盟国家，分别是泰国 28 608 人、印度尼西亚 15 050 人、老挝 14 645 人、越南 11 299 人、马来西亚 9 479 人。

目前来贵州省留学的东盟留学生分为公派和自费两种。贵州省政府设立了外国留学生来黔学习奖学金，制定了贵州省外国留学生奖学金暂行管理办法，并针对东盟留学生做了特别的规定：①博士生奖学金每人 20 000 元人民币/学年。②硕士生奖学金每人 15 000 元人民币/学年。③本科生奖学金每人 10 000 元人民币/学年。④专科生奖学金每人 6 000 元人民币/学年。⑤东盟国家留学生专

---

① 中国—东盟交流周 10 年 | 双向留学：搭起人文交流之桥 构建商旅发展新天地［2017-07-28］http：//www.sohu.com/a/160631653_258456。

项奖学金 8 000 元 / 人。该奖学金原则上仅向东盟国家在黔留学生提供,并重点倾斜执行校际交流协议的东盟国家优秀留学生。2013 年,贵州省设立的"贵州省外国留学生奖学金"在第六届东盟周开幕式上首次为东盟留学生颁发了"贵州省外国留学生奖学金暨东盟留学生专项奖学金"。此外,铜仁职业技术学院还专门设立了梵净山奖学金。

目前贵州省所招的东盟留学生有研究生、本科生、专科生、交流生。分布高校主要有贵州大学、贵州民族大学、贵州财经大学、铜仁职业技术学院等高校。从专业分布来看,东盟留学生主要选择了医学、管理、法律、汉语言文学、国际贸易、机械、金融、会计电算化、计算机、畜牧兽医、建筑工程等专业。

留学贵州省的东盟学生毕业回国后也取得较大的成就,贵州大学和铜仁职业技术学院已有近百名老挝籍留学生毕业回国服务,分别供职于老挝高等法院、总理府、交通部、能源部、高校、银行、私企等部门,为当地经济、社会发展贡献了应有的力量。

同时也存在一些问题,主要表现有:一是东盟来华留学生教育逐步走向规模化,但发展速度较为缓慢;二是东盟来华留学生生源地的地缘特征明显,生源结构国别不平衡;三是东盟来华留学生的教育层次体系日臻完善,但高层次学历教育比例偏小;四是东盟来华留学生就读的专业方向相对稳定,仍有很大扩展空间。究其原因,主要有两点:一是教育外部因素,包括地理位置、交通条件、经济发展水平、教育经费投入等;二是教育内部因素,包括教育质量、管理水平、招生宣传渠道、奖学金激励等。

第二节 东盟来华留学生面临的困难

东盟留学生千里迢迢来到中国,其最大的压力来源就是学业压力。通过访谈得知,东盟留学生由于对全新领域的基础知识匮乏以及学习过程中的力不从心,对老师在授课时过快的语速和夹杂的难以理解的方言感到无所适从,同时对要求以汉语为载体的作业感到巨大的精神压力。在这种情况下,留学生往往因为缺乏及时有效的帮助而无法完成。面对学业上的压力与困难,部分留学生有畏难情绪,思想松懈,影响了他们的学习积极性。

留学生用汉语进行社交活动时,有时会出现语序混乱、词不达意或沟通无效的现象,这给部分留学生带来了心理上的压力和挫败感。据观察,没有汉语基础的留学生,要完成从书写汉字到基本生活口语交流没有障碍,需要6个月至1年的汉语强化学习,一部分语言学习能力较弱的学生甚至要到第二年才能达到要求。

当前,影响东盟来华留学教育质量的因素非常复杂,涉及生源质量、教育水平、语言与文化障碍、管理模式等诸多方面。

目前,多数高校为东盟留学生提供的生活与文化服务不完善,其中比较典型的问题有以下几方面:高校能针对东盟来华留学生所提供的住宿、餐饮服务与中国学生有一定差异,但在留学生群体内部很少进行进一步细分,尤其是东盟国家来华留学生的生活和饮食习惯与欧美国家来华留学生有所不同,这在一定程度上影响了东盟来华留学生对学校生活服务的评价;另外,校内外文化服务内容相对较少,多数院校在东盟留学生集中管理组织设置上存在规模偏小的问题,面向来华留学生安排的各类文化服务、文化活动缺乏针对性,很难完全满足不同生源国家留学生的综合文化需求。

多数高校对课程国际化的理解和实施层次较低,如仅开设以"国际"命名的一般意义上的课程,而真正能体现有助于推进国际化进程的如双语课、跨国文化课、互换师生教学课等的比例还很小,基于国际化的课程结构改革还有待深化。①

  课程建设也缺乏东盟专家参与等国际元素，难以保证课程建设的国际标准。另外，在教学内容上对彼此国家政治、经济、文化、民风民俗的融合不够，不能很好地为学生提供具备国际视野的知识框架或载体，教材、仪器设备、教学方法等还难以满足高质量国际化人才培养的需要。

  从管理上看，绝大多数高校对留学生采用分离管理的机制，即专门成立针对留学生的教育学院和服务组织，这类管理模式将留学生和本国学生进行了分离。分散管理，虽然为来华留学生的常规学业管理和课程管理提供了一定便利性，但在留学生学习环境和住宿等方面未进行独立分类，阻碍了留学生学习状态的良性发展。许多留学生需要在多个院系和多个班级间进行频繁奔波，这使来华留学生的管理工作过于复杂，也不利于来华留学生有效融入中国式生活。留学生与本国学生间的学习交流、文化交流不够深入，在一定程度上造成留学生对学校的归属感和对本国文化的接触不足，并最终影响留学生的学习状态。

  部分高校对留学生日常教育工作还存在认识偏差。中国学生的思想政治教育突出思想性及政治性，由学校相关部门、辅导员老师、学生会及其他社团组织、班级班干部负责，层层递进，全面开展，主要围绕"三观"教育、爱国主义教育、国防教育、心理健康教育、安全法制教育、就业创业教育等内容展开。② 因此，不少高校认为传统意义上的思想教育主题内容与留学生群体联系不够紧密，而完全放弃对留学生的思想教育，没有构建合适的教育体系。

  从留学生本身来看，大部分东盟留学生对中国怀有强烈的向往和探知的欲望，他们来华学习的目的更多的是出于经济因素和文化需求，因而具有较强的社会融入度和文化认同感，涌现了一大批知华、友华人士，成为促进国与国之间关系发展和传播中国文化的友好"使者"。外国留学生对中国的认知主要受留学生来源国政治体制与中国的不同、母文化环境与异文化环境之间的文化价值差异，以及来源国同中国之间的国家关系变化这三个因素的影响。部分留学生因政治身份差异和价值认同障碍，加之文化背景的差别和生活习俗的不同而

---

① 韩进，陈东英. 构建中国—东盟高等教育命运共同体：阻碍、机制和计划[J]. 内蒙古师范大学学报（教育科学版），2018（04）：9.
② 陈梦卿. 高校留学生思想政治教育的现状及对策研究[J]. 科教文汇，2017（10）：8.

对中国产生认知偏差和误读。为此,学界提出了跨文化传播过程中产生的"文化休克"研究命题,认为不同文化交流的过程是冲突与融合并存的过程;不同文化之间的共同性和民族性的关系集中表现在母文化与异文化的关系之中。文化休克是跨文化交流中出现的一种心理现象和过程,即"理解"的功能性影响。

同时我们要看到,一些留学生的文化认同感不够强。我国与东盟许多国家有着相似的文化基因,但大多数东盟国家曾受殖民统治,宗主国的政治、经济尤其是文化烙印未完全消除。各国宗教信仰差异大。另外,东盟各国对我国和平发展的误解也映射出其对中国文化特别是儒家和谐文化缺乏全面认识。[①]

东盟留学生来自印度尼西亚、柬埔寨、缅甸、泰国、老挝等,由于社会制度、文化背景、生活习俗与中国差异很大,加之部分留学生文化水平较低,有的只有初中甚至小学文化程度,难以适应中国的文化环境和高校的学习要求,因此容易产生焦虑、厌学、失落等"文化休克"现象。

第三节 东盟来华留学生的情感认知

留学生是指持有外国护照,合法在中国大学读书的外国人,即具有外国人身份的学生。"外国人"这一身份特征是留学生最为显著的外显特征。"外国人"这一外部特征使东盟留学生在中国随处都能得到友好对待和照顾,感觉中国人对他们特别客气和友好。同时,留学生来华的目的是学习,"学习者"是东盟来华留学生的内在特征。

西方教育学家威尔逊认为道德是人类的精神状态、情感倾向和心理健康的领域。[②]也就是说思想道德品质是人们通过与外界环境发生相互作用,而形成的道德认知、信念、价值观、行为和情感模式。任何一种道德品质包含道德认知、道德情感、道德意志和道德行为。[③]东盟来华留学生作为"外国人"和"学习者",

---

① 黄璨,冯向东. 论中国东盟高等教育战略伙伴关系的构建[J]. 大学教育科学,2011(05):92-96.
② [英]约翰·威尔逊. 道德教育新论[M]. 蒋一之,译. 杭州:浙江教育出版社,2003:20.
③ 陈泽河,戚万学. 中学德育概论[J]. 济南:山东教育出版社,1991:46.

调查中发现，想与人交往的学生占 81.6%；有时没人可信赖的同学占 12.7%；总是觉得自己孤立无援的同学占 12.3%；内心孤独，与身边同学关系紧张的占 9.7%。这说明了留学生一方面渴望交往，渴望被容纳，另一方面又对别人不太信任，害怕交往，更不会主动交往。

留学生群体是一个对自身身份特征较为满意的群体；身份的特殊性使他们能够在社会上引起别人的注意，获得尊重和友好对待，生活上可以享受与中国学生不同的待遇。但身份特征所带来的特殊性不利于留学生以一种平等的心态来严格要求自己，有可能助长他们处处要求特殊的心理，不利于留学生的与人交往和自我成长。①

道德起源于生活且存在于生活之中，"积极成像"观点倡导者罗曼·W.皮尔说，态度决定一切，生活的态度是由个体所决定的，积极的态度就会带来积极的影响，就会有积极的行为模式去体验生活，自然而然就会培养优秀的品质。

因此，"学习者"是要接受道德教育的。道德之所以是不可或缺的，就因为它是人类把握世界、赢得生存的一种至关重要的方式。如果缺少了道德这种生存方式，人类就将丧失文明进步的成果，返回到野蛮甚至蒙昧的时代。② 东盟来华留学生的情感认知需要从道德情感、道德意志和道德行为来考察。

道德情感是留学生所具有的高级社会性情感，是与人的道德认识相伴而生的，是人产生善的道德行为的力量和源泉。情感因为道德的参与而高尚，道德因为情感的参与而更富人性的光辉。一般说来，引发善的道德行为是善的道德情感，引发的是恶的道德行为则是恶的、不道德的情感。

在世界上存在着两类事实：一类属于自然事实，这类事实是不涉及人的情感世界的，其判断正确与否可以通过真与假来表达。另一类属于社会伦理事实，这一类事实的一个显著的特点，是人及人的感情、利益等参与其中，判断其正确与否不能通过真与假来表达，只能通过善和恶来表达。与自然事实的属性表现为关系、性质、形式等不同，社会伦理事实更多地表现为幸福、正义、诚实等理想世界的属性。判断自然事实的真理性可以用实践的相互关系来验证，而

---

① 张立军，陈华文. 来华留学生群体特征研究 [J]. 学理论，2010（01）：125-127.
② 窦炎国. 论道德认知 [J]. 西北师大学报（社会科学版），2004（11）：19.

伦理判断在很大程度上带有判断者的观点、立场、兴趣、情感等主观色彩。①

道德情感的功能和作用主要表现在留学生对环境的评价反应、学习者之间的信息交流、群体关系的协调维系、对主体活动的导向激励，以及推动主体自我完善和人格提升五个方面。道德情感直接激发人们追求道德真理的热情，调动人们接受道德教育的自觉性和主动性，通过循情入理的途径，达到情通理达的效果，引导人们自愿接受、深刻领会一定的道德观念、道德原则和道德规范，从而为人们道德品质的形成奠定道德认识基础。道德情感还可以帮助主体对各种不同的道德教育信号进行比较选择，引导主体抵制、排斥那些不健康的道德影响，集中接受那些健康、积极、进步的道德影响。道德情感又是发生道德意志的动力。②

学生的道德认知过程不仅需要价值判断与善恶判断的参与，还应该有留学生情感的参与。道德情感对东盟来华留学生的道德认知过程具有重要的影响。道德情感是道德认识的激发力量与引导力量，它促使大学生积极地接受某种道德教育，努力地掌握有关的道德知识，有力地推动道德知识转化为道德信念。一方面，道德情感的激发作用，常常是道德教育成败的关键；另一方面，道德情感对道德认识有一种引导作用。

东盟来华留学生常见的自我认知偏差有：自我评价和自我认识所引起的自我否定、自我拒绝，对自我的认识缺乏科学的态度。

留学生，包括东盟来华留学生，往往心动而不行动，自制力较差，容易从众，随波逐流，缺乏对事物客观正确的辨别力，缺乏自我引导，对成败的认识、体验水平和归因方式有待提高。日常生活的表现就是习惯晚睡，并且在晚上喜欢大声地播放音乐。白天生活在自己同乡的圈子里，造成"同乡抱团"取暖，与中国学生交流较少。

这就是东盟来华留学生因文化休克而产生的焦虑、疲惫和失落，使其价值观念、自我认同观念产生混乱，无法安心读书生活，不利于教育活动的开展。

知行脱节的现象给我们提供了一个重要信息：道德感知和道德内化之间没

---

① 顾春雨. 对大学生道德认知特点的探索 [J]. 广西大学学报（哲学社会科学版），2007（10）：139.
② 徐启斌. 道德情感的功用 [J]. 江淮学刊，1997（08）：109-113.

有直接的、必然的生理通道和逻辑通道。在道德教育过程中,道德规范是以形如一般智力型知识的方式传播的。这种规范知识能否上升为信念并影响行动,与个体的道德认知过程密切相关,而不单单取决于教育者的讲授。要实现留学生道德的知行统一,提高留学生道德水平和德育效果,应当针对留学生道德认知的途径和特征对症下药,采取相应有效的方式。①

1963年年底,教育部召开全国来华留学生工作会议,强调必须加强领导,做好留学生工作。接收来华留学生的高校要配备专职人员(管理干部、授课教师和后勤职工)从事留学生工作,对留学生既要照顾又要严格管理,并重点做好留学生的思想工作。那时的来华留学生管理是一种"封闭式"的模式,留学生限制在一定的范围内学习和生活,与社会的互动交流较少。外国留学生来自不同的国家,文化背景不同,价值观念存在差异,基础知识水平各异,对中国的学习和管理方式也不太适应。尤其是1956年后,来华留学生的教学计划基本与中国学生的教学计划趋同,教学要求也与中国学生大体一致,部分留学生,特别是来自非洲的留学生因其文化水平和知识基础太差而无法继续学习,因此要求中途退学回国的比例大幅增加,给高校的留学生管理带来很大的困难。

1978年实行改革开放政策后,高校在来华留学生的培养方式上,由"封闭式灌输"转向"开放式引导",本着"解放思想,实事求是"的原则,教学内容中的意识形态因素逐渐淡化,更加注重科学知识传授和文化价值传播,即以培养来华留学生具备真才实学为目标,以提高教学质量为中心,在有序管理的前提下,改变当时外国留学生同中国社会隔离的状况,允许他们广泛接触社会,实地了解中国现状,在学习及考察过程中体验和感悟中国文化价值。②东盟来华留学生得到有效的情感体验。经验是理解人生的起点和基础,理解又是道德情感体验的重要一环。理解是人生经验的表达方式,它加入了情感、体验以及了解人的愿望。理解也意味着对所理解的人与事采取一种同情的态度或情感的介入。但了解不等于理解,因为了解只是一种主体对客体的反映,也许是客观和全面地反映,但并没有把自己摆进去,也就不可能有情感体验。留学生只有设

---

① 谢惠媛. 大学生道德认知状况调查[J]. 高教探索,2005(5):74.
② 石彤喆. 传播与接受:跨文化传播视角下来华留学生教育研究(1950—2015)[J]. 上海外国语大学博士论文,2017(05):97.

身处地把自己摆到学习者的位置上,然后进行道德情境假设,才会有道德情感的产生,这就需要"移情"。①

---

① 李建华. 论道德情感体验[J]. 中南大学学报(社会科学版),2003(02):10.

第三章　东盟来华留学生教育现状

2015年3月，国家发改委、外交部、商务部联合发布了《推动共建丝绸之路经济带和21世纪海上丝绸之路的愿景与行动》，其中明确指出，积极开展国际合作办学，扩大来华留学生规模，中国政府将向沿线国家提供10 000个奖学金名额。2016年7月，教育部印发《推进共建"一带一路"教育行动》，明确提出我国将进一步推动区域教育开放与交流，加强与"一带一路"沿线国家教育合作，为共建"一带一路"提供人才支撑，推进优质教育资源共享，将中国打造成为受沿线国家学子欢迎的留学目的地国。通过多年的努力，来华留学生教育取得了显著成就，但在教育质量和管理方面也存在一些问题，如管理服务存在漏洞等。针对这些问题，教育部围绕"规范管理、提质增效"的主题，在2018年印发《来华留学生高等教育质量规范（试行）》，对来华留学生质量保障做出了具体部署，为实现来华留学生教育健康可持续发展作了严格规范。

在东盟留学生教育方面，广西壮族自治区、云南省、贵州省等地，无论在招生、教育、管理，还是在研究、实践等方面都已经相当成熟，形成了一套个性打造的东盟来华留学生教育体系。

第一节　来华留学生培养目标

来华留学生教育，在新中国成立之初，具有一定的政治色彩。当时我国采取"另起炉灶，打扫干净屋子再请客，一边倒"的外交策略，来华留学工作主要是尽国际主义义务，为社会主义国家的建设培养人才。改革开放之后，来华留学工作主要是为了培养知华、友华和中外友谊的使者。

随着我国经济的发展和"一带一路"倡议的推动，来华留学生教育特别是东盟来华留学生教育，培养国际人才成为核心目的。

教育部于 2010 年 9 月发布了《留学中国计划》提出要"建立与我国国际地位、教育规模和水平相适应的来华留学工作与服务体系；造就出一大批来华留学教育的高水平师资；形成来华留学教育特色鲜明的大学群和高水平学科群；培养知华、友华的高素质来华留学生毕业生的目标。"

围绕这一目的，结合"国际人才"的标准，开展能力教育、适应教育和专业教育。能力本位是现代社会价值观念体系的基石和核心目标。[①] 培养国际化东盟留学人才，就要面向 21 世纪的人才需要，实现全面的发展。文化适应是东盟来华留学生教育的应有之意，跨文化适应的一个重要属性就是有目标的、发生作用的"互动"，以期形成"本土文化"与东盟各国文化之间的对话、沟通、理解、互融、共享。文化适应推动文化传播，衡量和评价跨文化传播的影响和效果，从本质上看，就是通过文化交流、沟通达到相互理解和互信，进而借鉴和认同对方的文化。如果把传播效果分解成阶梯模式，可分为获知→认识→喜欢→偏爱→相信→接受，从而有效实现东盟来华留学生的专业学习能力，对华沟通能力和国际贸易能力。

东盟来华留学生的培养目标关系到留学生培养中的课程制定、教育方法，关系到留学生未来的发展方向。我国长期以来对来华留学生因材施教，把以教师为主导的教学转变为学生主动学习的教学，开展丰富多彩的实践教学和体验式教学；教学内容方面，除了重视科技教育，也要强调人文教育，既教授知识，又重视能力培养；既突出专业技能，也拓展国际视野和培养对华友好。

第二节　教育环境与运行

自 2003 年与东盟建立战略协作伙伴关系以来，我国与东盟国家在教育方面的交流与合作也突飞猛进，特别是 2008 年以后，教育部、外交部、贵州省人民政府联合建立中国—东盟教育交流机制与平台，2010 年我国政府开始实施"双

---

① 汪青松. 构建和实施能力型高校人才培养方案［J］. 人才开发，2007（2）：25-26.

十万计划",来华东盟留学生人数猛增,但各校的留学生总人数不多、就读的系部与专业分散。这既为我国高等教育实现国际化发展提供了重大机遇,也对我国高校的教育教学、管理等工作提出了更高要求,对高校提升国际影响力服务国家战略的能力提出了严峻挑战,其中加强对东盟来华留学生的教育正在成为提升留学生教育质量、实现留学生教育目标的迫切需要。然而,从总体上看,我国高校尽管对东盟来华留学生的教育做了一些探索和努力,但仍有需要改进的地方。

根据美国学者拉斯韦尔创立的"5W模式"教育理论,如果"主体(Who)"政策不到位,"内容(What)"不具针对性,"媒介(Which Channel)"传播和管理缺乏溶入性,就会使"受众(Whom)"产生排他性,从而影响传播与教育"效果(What Effect)"。在东盟来华留学生跨文化教育方面,就要求作动态和持续的评估,从国家形象层面、双边关系层面、传授知识层面、交流合作机制、沟通桥梁作用、培养人才模式等进行全面而科学的评估,从而建立和完善既结合我国教育事业的实际现状,又符合国际教育发展趋势,具有中国特色的东盟来华留学生教育管理体系和教学质量保障评估体系。

一、双边推动

中国政府与东盟各国的协议、合约、讲话、联合声明、公报、谅解备忘录等国际政策为包括东盟来华留学生教育在内的中国和东盟高等教育合作提供了大前提、大环境。如常见的高等教育合作条款有:《中华人民共和国和印度尼西亚共和国关于未来双边合作方向的联合声明》《中华人民共和国政府和泰王国政府联合新闻公报》《纪念中国—东盟建立战略伙伴关系10周年联合声明》《中华人民共和国政府和菲律宾共和国政府文化协定执行计划》《新加坡共和国教育部与中华人民共和国教育部教育交流与合作备忘录》《中国—东盟教育部长圆桌会议贵阳声明》《中华人民共和国教育部与文莱达鲁萨兰国教育部关于高等教育合作谅解备忘录》《中华人民共和国教育部与泰王国教育部关于相互承认高等教育学历和学位的协定》等。[1]

---

[1] 罗弦,阚阅. 中国—东盟高等教育合作政策的回顾与展望[J]. 重庆高教研究,2017(01):53.

特别在 2010 年 8 月，首届"中国—东盟教育部长圆桌会议"顺利召开，标志中国与东盟国家高等教育合作迈入新阶段，使中国—东盟的合作不仅表现在留学生数量上，更注重全面务实和内容的向外延伸，还表现在留学生奖学金数量增加和覆盖范围扩大。如《中国—东盟教育部长圆桌会议贵阳声明》指出，要创新中国与东盟的人文交流机制，将高等教育交流与合作推向制度化。会议还倡议联合培养硕士和博士，推进学历和学位互认与学分转移等。2016 年召开的第二届"中国—东盟教育部长圆桌会议"通过了《中国—东盟教育合作行动计划（2016—2020）》，为中国和东盟教育领域各方面的合作做出了具体安排。2015 年 5 月，中国与印度尼西亚建立了高级别的人文交流机制，成为中国—东盟合作的典范。2013 年发布的《中泰关系发展远景规划》与 2014 年的《中华人民共和国政府和泰王国政府联合新闻公报》强调要加强在职业教育等领域的合作等。所有这些高层磋商机制、人文交流机制推动和保障了东盟来华留学生教育的顶层设计与科学运行。双边推动及实践成果充分展现并证明了中国和东盟国家高等教育合作在多层面、多领域具有历史和现实的基础，维持和深化了中国同东盟国家间的友好关系，以促进地区稳定繁荣，最终实现互利共赢。从双方的合作文件看，中国和东盟国家的教育合作不是一方对另一方的要求、指示、援助，而是建立在平等、尊重基础上的发展中国家的南南合作。中国与东盟国家的高等教育合作体现了中国在新形势下处理和周边国家关系的方针：坚持共同发展、合作共赢。也正因为如此，东盟来华留学生数量呈逐年上升的趋势，为东盟来华留学生教育的健康发展提供了国际环境和双边条件。

二、制度保障

为了实现中国—东盟互利互惠蓝图，在政府层面，除颁发政府奖学金外，国家还通过了相关规章制度，来规范东盟来华留学生教育的日常管理和课程开设，建立了中外合作办学评估机制，保障了东盟来华留学生的教育质量，打造了有关中外文化交流的活动品牌。

2010年教育部发布的《留学中国计划》是国家来华留学生教育战略的顶层设计，从主要任务、指导思想、发展思路、政策保障到管理体制、工作机制、培养模式、质量保障等20个方面作了阐述，特别提出了"服务"的概念。文件指出，汉语和中国概况应当作为接受学历教育的外国留学生的必修课，除学习哲学、政治学和经济学类专业的外国留学生外，其他专业的外国留学生均可免修政治理论课；而且指出，把政治理论课列为一门学科的课程内容，而不是作意识形态的宣传。文件要求，尊重来华留学生的不同社会制度、价值观念和宗教信仰。这为我们做好东盟来华留学生教育提供了根本指南。

另外，国家层面已在中外合作办学、来华留学生高等教育和专业质量、留学生办学资格等方面提出了质量评估（控制）标准。教育部还计划出台《来华留学生高等教育标准》和专业质量标准。指导和督查有关高校通过建立健全来华留学生管理机制、制定来华留学生培养方案与培养计划、实施活动课程等途径努力推动来华留学生教育的提升。

教育部和专业委员会在关于来华留学生的几项制度中对课程的设置提出了宏观的指导意见。其中，《中外合作办学评估方案》将教学管理是否开设了必要的国情课程和实践活动等作为评估指标之一。《来华留学生医学本科教育（英语授课）质量控制标准暂行规定》（教外来〔2007〕39号）第十三条规定：来华留学生医学本科的课程计划应包括中国文化教育课程、行为科学、人文社会科学和医学伦理学课程。《关于对中国政府奖学金本科来华留学生开展预科教育的通知》（教外来〔2009〕20号）要求对中国政府奖学金本科来华留学生新生的预科教育课程必须包括语言类、文化类、专业知识类和语言实践类。文化类包括中国文化、中国社会概况、跨文化交际等课程。

在《学校招收和培养国际学生管理办法》（中华人民共和国教育部、中华人民共和国外交部、中华人民共和国公安部令第 42 号）第十六条规定："汉语和中国概况应当作为高等学历教育的必修课；政治理论应当作为学习哲学、政治学专业的国际学生的必修课……"第二十五条规定："高等学校应当对国际学生开展中国法律法规、校纪校规、国情校情、中华优秀传统文化和风俗习惯等方面内容的教育……"第二十六条规定："高等学校一般不组织国际学生参加军训、政治性活动。"《全日制汉语国际教育硕士专业学位外国留学生指导性培养方案》（全国汉语国际教育硕士专业学位教育指导委员会编制）指出，学位公共课程含当代中国专题；学位核心课程含中华文化专题、跨文化交际；拓展课程含中华文化与跨文化交际类课程有中华文化经典、中外文化比较，训练课程含中华文化技艺与展示；专题讲座含语言、文化、教育专题讲座；文化体验方面有中国文化或中外文化交流体验活动。

所有这些规范性文件也为东盟来华留学生教育的运行及质量的提升提供了政策依据和教育指南。

三、文化推动

为了丰富东盟来华留学生的留学生活，提升留学生跨文化适应能力，同时也为培育"知华友华、助华建华"人士，教育部联合地方政府、行业学会、高校等单位建立了以"感知中国""留动中国""汉语桥""学在中国"等为主题活动的中外文化交流机制和中国—东盟教育交流机制。"中国—东盟文化交流周"等活动在贵州省各高校深受东盟来华留学生的喜爱和吸引留学生参与。

各高校也积极创新形式，组织了丰富多彩的东盟来华留学生教育、展演、竞赛活动，入学教育、汉语竞赛、汉字书写竞赛、辩论赛、演讲赛、体育竞赛、中国文化知识竞赛、书法竞赛、文艺表演、美食节、生源国的重大传统节日庆祝活动（如泼水节）等，如铜仁学院组织老挝留学生收看新闻"习近平总书记访问老挝"，长沙理工大学举办"我眼中的中国"留学生摄影比赛，上海大学举办来华留学生"魅力中国朗诵比赛"，贵州大学开展留学生国际文化理解与分享活动，铜仁职业技术学院每年举办的留学生节等活动，反响热烈。

四、教师引领

强大的师资力量是高校进步和发展的重要保障，是提高东盟来华留学生教学质量的关键所在。各高校，包括广西壮族自治区、云南省、贵州省有资格培养留学生的高校，都建设了国际教育学院，并且配有强有力的语言师资和专业师资。不少高校还聘有外籍教师和专业留学生生活辅导员。铜仁职业技术学院设有汉语水平考试（HSK）考点，所有讲授对外汉语课的教师均接受过专业的对外汉语教学和课程培训，大多数任课教师学历为国际汉语教育专业硕士研究生。

第三节 教育方法与途径

教育方法与生源有关。我国现行东盟来华留学生群体的招生、教育与管理基本上是在政策范围内由各高校自主进行。大致来说，当前对学位和非学位来华留学生的管理有两种模式：[①]一是由高等院校设立专门的教育与管理二重功能的综合学院，即国际教育学院，既负责全校留学生的招生与管理，同时又负责专业汉语类的学位生和非学位汉语学习生的教育与管理。这种模式下，综合学院规模通常较大，下级部门很多，行政方面包括学院行政事务部门、招生部门、留学生事务部门、学位生与非学位生教务部门、各类项目管理部门等；教学方面，除了满足汉语专业相关的学位留学生教育的正式师资人员与科研人员外，

---

① 赵金坡. 来华留学生区域性分层教育与管理平台的构建［J］. 高教探索. 2011（05）：92.

还包括大量的来自非校外的正式的兼职人员。二是由高等院校设立校级留学生管理办公室或中心，统一管理全院的留学生招生、住宿、签证等具体相关事务。不同专业的学位留学生，进入各相关专业所在院系；同时，高校单独成立类似"对外汉语学院"的二级院系，主要负责汉语专业类的学位留学生教学与来校进行汉语学习的非学位留学生的教学与管理事务。

教学过程中，特别注重校企联合培养东盟留学生人才。"一带一路"沿线国家在全球来华留学教育事业发展中占据着重要位置。为让"一带一路"沿线国家来华留学生的教育更具实效性，更符合"一带一路"倡议，很多高校在对"一带一路"沿线和东盟国家来华留学生进行教育时均采用校企合作模式。这样的教育方式不仅受到留学生的充分肯定，同样受到"一带一路"沿线国家的肯定。例如，早在2018年5月14日，长安大学即与陕汽控股集团正式签订"一带一路"国际化人才培养战略合作协议，由陕汽控股集团为"一带一路"沿线国家来华留学生提供实习基地，为他们提供"假期岗位实践"机会。随后，长安大学便安排7名"一带一路"沿线国家来华留学生到陕汽国际贸易岗位实习。

曾经，我国在来华留学生教育的实践中，"封闭管理"被误认为是"种族歧视"、"打工禁令"被误认为是"排斥外国人就业"；"中国革命史教学"被误认为是"灌输洗脑"，等等，这些都不利于跨文化传播，特别是影响了东盟来华留学生教育的效果和质量。

新时代，各高校根据国内外政治、经济形势的发展和国际教育市场的现状，审时度势，不断调整和完善教育方法，按不同来源国的生源特点制定相应的对策，注重"柔性"教育方式，以"文"化人，淡化意识形态取向，着力传播中华优秀传统文化价值及其和谐理念，以他者的平等关注和关怀来化解偏见和误读，取得了较好的成效。特别在东盟来华留学生教育过程中，各高校还要把个人与社会、思想与行为、教育主体与教育客体、内化与外化、教育与管理结合起来，实现专业教育与综合教育的相互促进。

当然，在调查中，也有少量高校，如少数高职院校因起步较晚和专业师资不足，不能满足东盟留学生教育发展的新要求，不利于在新形势下推动和发展高职院校东盟留学生教育和管理工作的发展，出现东盟留学生的教育与管理面临着发展中的不少问题。在学生管理方面，少数高校相关的规章制度尚未完善或没有可操作性,造成管理者怀有"来者皆是客"的传统观念和"管理即是服务"的陈旧理念,以及"东盟一家亲"的考虑,留学生处于"失控"状态。在教育教学方面,没有与留学生汉语水平相匹配的专用统一教材,致使留学生的教学内容出现不规范、不科学、无章可循的尴尬境况。此外,教学软硬件资源和实训基地、平台等也未能做到统筹安排和科学利用,使得留学生的学习方式停留在单一的讲授式教学方法上。在留学生社会适应方面,没有专门的东盟留学生跨文化适应问题咨询和服务岗位,造成少数留学生处于轻度抑郁状态或长期宅在寝室。

第四节 课程与教材

要实现培养合格的国际人才的目标,留学生教育要在课程设置、教学内容上下功夫。东盟来华留学生教育的教材建设,既要体现"学习者"的普遍要求,又要考虑来华留学生的特殊要求。

首先,东盟来华留学生是中国与东盟各国之间文化交流的介质,也是国际关系中的特殊群体,跨文化传播是国家实施文化外交的重要途径。由于来华留学生所在国的社会制度、价值观念和判断标准不同,由此产生文化认同差异,他们往往会在认知上形成对中国的误读和偏见。由于同质文化与异质文化具有不同的价值判断标准，因此如何使同质文化与异质文化求同存异、交流融合，向东盟来华留学生传播中华优秀文明，纠正因不同文化价值偏差产生的认知差异，仍是一个需要深入探讨和研究的课题，这个课题的核心就是对课程与教材的开发。

从这个意义上说，留学生对中国文化背景了解得越多，认识偏差就越小，因此高校开设文化交流的课程是少不了的。为了让留学生学习中国历史、哲学知识，了解中国文化习俗，可以增设一些跨文化交流的选修课，如伦理学、法学、心理学等方面的知识和理论讲座，这样既可以引导留学生掌握跨文化沟通和交流的技巧，还可以培养留学生的人文情怀。

以贵州省为例，各高校严格按照《学校招生和培养留学生管理办法》的要求，安排基本一致，语言阶段的学生根据汉语水平情况分为不同层级，安排语言课程和文化课程。根据学生汉语水平的差异，分零基础课程、初级课程、中级课程、高级课程。各层级的汉语课程有：汉语综合、汉语精读、汉语泛读、报刊选读、汉语口语、汉语听力、汉语写作、HSK 考试辅导等；中国文化课程有中国概况、中国书法、中国民族及宗教、中国影视、中国旅游文化、中国民间音乐舞蹈、中国饮食文化、中国烹饪、中国旅游、贵州少数民族民间文化和生活、贵州少数民族文化与艺术、人文贵州、太极拳、中国武术等。其他学历学位阶段课程为汉语授课，课程设置与各高校同专业和同年级的中国学生相同，国际学生不修思想政治系列课程。中国法律等课程，则根据学生个人意愿自由选择。

其次，东盟来华留学生学习的目的是成长为具有国际视野和国际贸易的人才，能够在"一带一路"倡议中服务自己民族和国家的发展。

从这个角度说，东盟来华留学生的人才培养方案、课程大纲、课程标准、评价标准，还要与国际接轨，建成一支英语驾驭能力强、专业知识过硬的师资队伍，开设具有本校特色的国际化的品牌专业。为了留学生真正学有所成，为激发留学生在华的学习兴趣，可以开设如体操、书法、民族音乐、手工制作等具有中国民族特色和留学生来源国风格的选修课，丰富留学生的生活；同时，增加留学生的实践机会，同中国学生一起参加社会实践和企业锻炼，提升实际操作的能力。[①]

在课程设置与教材开发方面，还要考虑到留学生的学习经验和经历，因为 t 它们对留学生来说非常重要。"留学生就读经验"一般是指其留学动机产生、人际互动、学习投入以及变化的个体跨国学习实践与体验。这种经验包括四个维度：行动选择性经验、互动性经验、实践性经验和反思性经验。"留学生就读经验"既包括留学的全过程，也包括因留学的行动而产生的结果；既强调其留学过程中的行为，同时也关注其留学期间的感知；它不只是留学生的直接经验，也是个体的反思性经验。[②]

根据这需要和原理，开发目的国优秀传统和先进文化的课程非常必要。以 1953 年出版的针对外国留学生的语法教科书《中国语法教材》为例，课文中的例句均选自当时国内语文教材的课文、介绍模范人物，以及部分歌颂新中国革命建设事业的文章：如《给毛主席的信》《我爱北京》《毛主席和工人》《一个模范生产小组》《人民歌手》《两面红旗》《赶走了贫困》《第一次收获》《马克思之为人》《见列宁去》《为了祖国》《新爱国主义》《解放军和老百姓》《美国的真正悲剧》等。另外也适当采用了一些文学和历史的课文，如《玄奘的西游》《屈原》《纪念鲁迅先生》《高尔基》《雷雨》《骆驼祥子》等历史人物和名家名作就非常好。总之，要以东盟来华留学生的学习经验开发教程和开展课程建设。

最后，对各地高校来说，还可以开发地方特色教材。如在贵州省，就具有东盟来华留学生教育得天独厚的资源优势。这种优势主要体现在两个方面：一是外部社会环境优越；二是内部教育资源丰富，有利于东盟来华留学生课程建设。贵州省具有丰富的旅游资源，拥有秀丽的自然风光和深厚的人文景观。贵州省还是生态文明建设的典型，稳定和谐的社会发展环境是东盟留学生选择来黔接受高等学历教育需要重要考量的主要因素之一。近几年在大数据、大生态、大健康建设下，贵州省已形成了内外联动的开放格局，对外开放工作已经站在新的历史起点上。内部教育资源更是非常丰富，贵州省无论在高等教育规模、政府政策支持，还是在留学生教育激励和留学教育成本等方面，都是得天独厚的。

---

① 高剑. 来华留学生素质教育探析［J］. 辽宁师范大学学报（社会科学版），2009（11）：138.
② 马佳妮. "一带一路"沿线国家来华留学生就读经验研究［J］. 比较教育研究，2018（04）：19-28.

目前，贵州省的不少高校就借助大数据的优势完善留学生课程体系。东盟留学生来黔后首先面对的问题就是语言关，人与人之间的交流必须通过语言这一载体才能更好地实现，在新环境中遇到的困难和问题必须通过扎实的语言基本功来解决。来黔东盟留学生大多汉语水平不高，而汉语水平是东盟留学生获取奖学金的考核条件之一，因此贵州省不少高校充分利用贵州省大数据的优势，积极开展对外汉语课程体系及相关师资的建设，利用慕课和微课的方式打造本校的特色课程资源。①

---

① 尹湘旭. 贵州高职院校东盟留学生管理策略研究［J］. 领导科学论坛，2018（9）：73.

第四章 "五位一体"的东盟来华留学生教育内容

进一步提质提高东盟来华留学生就业国际竞争力，进一步做大做强东盟来华留学生教育是我国教育改革和发展的一个重要目标，而要实现这一目标，就必须深入了解东盟留学生的想法，即需要进行什么样的学习。带着这个问题，课题组进行了深入的访谈和研究。

课题组运用"期望—感知"模型进行了对比调研与访谈。在期望部分，东盟来华留学生的期望值非常高，他们在学校品牌形象、课程内容、教学过程、情感、课外活动、教学条件、就业服务、生活服务等方面都有所关注，对有些方面感知值低。其中期望值与感知值势差较大的是课程内容、教学过程、情感、课外活动、交流、生活服务等维度。接受访谈的东盟来华留学生大都认为，来中国学习，不应该局限于技术和知识上的学习，而是应和中国学生一样，学习先进理念、理解中国文化，接受德、智、体、美全面的素质教育与提升，这才是留学的真谛。文化素质的学习也是留学学习中的重要一环。

从这一基点出发，课题组对照东盟来华留学生教育存在的问题，综合运用国内外教育质量理论、文化适应理论、留学生需求理论等，提出与专业教育相对称、相匹配的"五位一体"东盟来华留学生教育内容，形成了中国文化教育、法治文化教育、职业文化教育、心理健康教育和道德素养教育"五位一体"的教育体系。

通过近几年的实践，在调研中发现，东盟来华留学生不仅对语言课和专业课的感知值提升了，对中华的优秀文化等期望值和兴趣度也提升了，在他们不知不觉中增强了对中华知识的热爱，提升了自身的国际视野和国际交往能力。

第一节　教育理念

综观近现代以来留学生的教育史，留学生的教育理念无论在国内，还是在国外，都经历了一个漫长的发展过程。在西方留学生教育老牌国家，总体上是从语言培训到专业教育，从政治渗透到文化渗透。

我国留学生教育总体上呈现了从"外国人"到"学习者"的转变。20世纪50年代，我国对外国留学生，实行的是不分国别源的"一刀切"统一管理，待遇上实行"特殊照顾"。20世纪八九十年代，随着对内改革、对外开放的基本国策的推动，我国的经济得到快速发展，参与世界经济的程度也空前提高。加上我国与美国建立正式外交关系，与苏联在20世纪80年代逐步实现关系正常化，我国做出扩大接受来华留学生规模的重大决策和一系列工作部署，制定和完善相关政策，初步建立了一个开放的来华留学生教育体制。在教育内容上于1979年首次鲜明地提出"教学是中心环节"的要求，标志着来华留学生工作由"重宣传"向"重教学"的转折。接受来华留学生的指导思想和战略目标是"促进中外学术交流、科技经贸合作、弘扬中华文化"。而且为了规范高等教育标准、提高高等教育质量，与国际教育体制相衔接，我国在加强对高校宏观管理的前提下，扩大和下放了高校的办学自主权，给予高校自主招收、教学、管理自费来华留学生的权力等。

进入21世纪以来，中国经济进入高速发展阶段，国民总收入在2015年已跃居世界第二位，成为全球经济发展的重要动力。在对外政策上，中国实施和平与发展的外交方针，以求同存异的大国胸怀，构建了和平崛起的负责任大国的形象，得到了国际社会的普遍认可和赞赏。国际影响的扩大，经济实力的增强，必然带动国际文化教育交流的频繁互动。随着中国接受来华留学生的各项法律法规和管理机制更加规范和完备，建立与我国国际地位、教育规模和水平相适应的来华留学工作与服务体系已成为高等教育国际化的目标，也是中国高等院校建设世界一流大学的重要指标。这时教育内容由"智力援助"转变为理解和沟通的"文化认同和共享",通过传播和弘扬中国优秀传统文化,使来华留学生对中国文化有认知感和认同感,认同并不是放弃"母文化",而是理解和共享"异文化",达到两种文化的沟通与融合。

要做好东盟来华留学生教育,就得做好东盟留学生文化适应的功课。所有留学生到中国或者他国学习,首先面临的是文化适应问题和知识学习问题。从内容上讲主要包括语言适应、校园文化适应、环境适应、教育制度适应、管理体制适应、学习强度适应等。"一切问题,由文化问题产生;一切问题,由文化问题解决。"①文化是人在生产、生活实践活动中发挥创造性的成果,它的价值体现在诸多方面,从最深刻的内核看,集中于真、善、美三方面。留学生教育不仅要传授一般知识,更要传播真、善、美。求真、向善、趋美概括了留学生到中国求学的所有理想追求与向往。求真作为人类的理想追求之一,一直激励着人类认识客观世界、改造客观世界。"善"意味着人具有较高的德行,对善的向往是人类从古至今的理想追求。"善"就是大学生道德自觉生成过程中的指向灯。"爱美之心,人皆有之",美能够引起人的愉悦感受。留学生追求美、趋于美的过程是对自我生命力量的发掘。对美的追求使东盟来华留学生的生命状态更加美好、完善,其内里包含着道德人格的丰满与完善。在留学生教育中,对美的追求主要包括感受美、鉴赏美、创造美等校园活动。

当然,多元文化、多元价值、多边贸易是当前世界发展的趋势,目的国和来源国宗教信仰、民族习惯等的不同是必须尊重的客观存在。如何运用多元文化的现实陶冶大学生道德自觉的生成、而不是一味将之拒于门外,才是适当解决问题的方式。留学生文化适应形成文化自觉,是东盟来华留学生学习的应有追求。

东盟来华留学生是中国与东盟间教育互动与文化交流的生力军。在全球多元文化并存、各种意识形态互相交错的今天,东盟来华留学生的文化选择越来越多,单纯的关注和培养东盟来华留学生的思想品德俨然已经不合时宜,唯有将东盟来华留学生的思想教育置于文化自觉的视角下,借鉴文化自觉的方法论塑造东盟来华留学生的道德品质,以文化的自觉引领思想道德的自觉,才能使

---

① 钱穆. 文化学大义 [J]. 台北:台北中正书局,1952. 02.

东盟来华留学生形成符合当代社会发展的道德观、价值观。文化自觉是指"生活在一定文化中的人对其文化有自知之明，明白它的来历、形成过程、所具有的特色和它发展的取向，文化自觉中不带有任何文化回归的意思，它不是复旧，也不是全盘西化或全盘他化，自知之明是为了加强对文化转型的自主能力，取得决定适应新环境、新时代文化选择的自主地位"。[1]

也正因为如此，留学生教育要从"政治援助"向"互利互惠"转变，形成培养人才、增进友谊、维护世界和平的教育理念，推动东盟来华留学生教育领跑世界教育发展，领跑"一带一路"建设，领跑来源国和目的国文化交流与经济发展。

特别在习近平总书记"人类命运共同体"新理念的提出后，受到国际社会的广泛赞同和参与，使中华民族最基本的文化基因与当代各种文化体真正实现了适应式发展，使来华留学生学习知行合一。表现在广西壮族自治区、福建省、云南省、贵州省各高校，东盟来华留学生教育呈现出趋同化管理、专业化培养、科学化提升、生活化适应的"四化"教育理念，实现了与专业教育相协调、相对称的中国文化教育、法治文化教育、职业文化教育、心理健康教育和道德素养教育的协同推进。

第二节 中国文化教育

中国是四大文明古国之一，经历数千年沉淀下来的优秀传统文化内涵丰富、影响深远，是人类文明的重要结晶。在西方所谓的"普世价值"与全球各地文化剧烈碰撞过程中，世界许多有识之士开始把寻觅破解跨文化传播迷局与困境之良方的目光投向东方世界与中国传统文化思想。这种思想是包括东盟来华留学生在内的所有爱好中国文化的学习者和国际友人的最佳学习材料。原中国驻东盟大使佟晓玲说，随着中国—东盟友好交流不断加强，双方民众对彼此文化

---

[1] 费孝通. 反思·对话·文化自觉 [J]. 北京大学学报（哲学社会科学版），1997（03）：22.

兴趣增强，学习中文和中国的历史、文化已经在东南亚国家悄然成风。①

一、中国文化的范围

文化一词，内涵丰富。英国文化人类学创始者泰勒认为"文化"是整个生活方式的总和，包括知识、信仰、艺术、道德、法律、习俗，以及包括作为社会成员的个人而获得的任何能力、习惯在内的一种综合体，也可以理解为是人类某个民族或社会所共有的价值观和意义体系。美国学者理查德·内德·勒博从国际关系理论出发，认为其维度包括军事、政治、经济、历史和文化（心理）。这些文化的概念，其范畴当然不完全适用于东盟来华留学生。

从人的成长角度讲，文化是一个价值体系，其中核心的价值观念提供了人们对事物进行客观判断的基本标准，人们追求"真、善、美"并且摒弃"假、恶、丑"。②那么，东盟来华留学生首选的中国文化就是专指能提供给学习者"真、善、美"的基本评价体系。

的确，中国文化博大精深，不可能面面俱到，对东盟来华留学生来说，掌握其精髓才是关键。总体上，中国优秀传统文化的具体内涵以"人与自然""人与社会"和"人与自身"三个层面的命题为基础衍生而来，分别体现了遵循规律、开放包容、自强不息的总体特征。例如，"人与自然"，主要有"天人合一""人是自然的一部分"等思想；"人与社会"主要有厚德载物、兼容并蓄，以开放、宽容、同情的胸怀，互补不足，水可载舟亦可覆舟等。从目前看，各高校尚未完成统一的针对东盟来华留学生学习的中国文化教材。③

调研中，也有不少东盟来华留学生对中国经济文化感兴趣，如贞观之治、景德镇陶瓷、中国高铁等。同样，理论界也有类似观点。美国学者约瑟夫·奈2008年初对记者说，中国的经济增长不仅让发展中国家获益巨大，中国特殊的发展模式和道路也被一些国家视为可效仿的榜样……更重要的是将来，中国倡

---

① 付松."对外开放 教育先行——第四届"中国—东盟教育交流周"观察"[J].当代贵州，2011（9）：25.
② 刘婧，郭凤志，等.《论文化教化在提升国民道德素养中的作用[J].思想教育研究，2016（4）：25-28.
③ 鲁婷婷，吴昊."中国传统文化在高职院校留学生跨文化教育中的实践研究—以常州信息职业技术学院为例"[J].常州信息职业技术学院学报，2016（04）：60.

导的政治价值观、社会发展模式和对外政策做法,会进一步在世界公众中产生共鸣和影响力。①不少印度的中国问题专家也认为,中国模式包括:经济上,制定适合本国国情的对外开放政策,趋利避害,与全球化潮流齐头并进;外交上,与邻为善、稳固周边;政治上,稳步推进适合国情的民主改革。②基于此,在中国文化部分,除介绍文学、艺术方面的优秀传统文化外,可以把经济文化放在附页中作为感兴趣的学生学习参考。

二、中国文化与"一带一路"倡议

"一带一路"倡议要打造"政治互信、经济融合、文化包容的利益共同体、命运共同体和责任共同体",文化认同成为"一带一路"倡议的重要方面。学习中国传统文化,有助于提高东盟等"一带一路"沿线国家来华留学生学习兴趣,激发他们对中国文化的探索和热爱,从而可以推动沿线国家的国家贸易与经济往来,实现合作共赢。

进入21世纪以来,经济全球化迅猛发展,科技进步日新月异,使世界各国经济和贸易相互渗透,各国的彼此依存度加大,共同利益的领域扩大,发展经济、创新科技、提高综合国力,已成为各国追求的首要目标。2013年,习近平总书记出访中亚和东南亚国家期间提出共建"丝绸之路经济带"和"21世纪海上丝绸之路"的倡议。2015年9月,国家主席习近平在纽约联合国总部的演讲中提到设立南南合作援助基金,将增加对最不发达国家的投资,力争2030年达到120亿美元,并免除对最不发达国家、内陆发展中国家、小岛屿发展中国家2015年年底到期未还的政府间无息贷款债务。2015年11月,国家主席习近平出席二十国集团领导人第十次峰会,倡导共同完善全球经济治理,共同应对各种全球性挑战,共同倡导新型全球发展伙伴关系,共同实现长远发展。中国人民愿意同各国人民在实现各自梦想的过程中相互支持、相互帮助,愿意同各国尤其是周边邻国共同发展、共同繁荣。

从"一带一路"倡议的提出到发展的历程可以看出,中国倡导的人类命运共同体思维完全超越了冷战时期大国争夺主导权的思维,体现着中华文化"亲、

---

① 詹得雄. 国外热议"中国模式"及其启示[J]. 参考消息,2008-03-27.
② 宿景祥. 世界看好中国模式[J]. 环球时报,2004-04-28.

诚、惠、容"的人类情怀和中华民族远亲不如近邻的"和"文化。

和平、发展、公平、正义、民主、自由是全人类的共同价值,和平、发展、合作、共赢已成为当今时代主题。中国提出的"一带一路"倡议契合了和平、发展、合作、共赢的时代主题。

更重要的,"一带一路"倡议也是东盟来华留学生学成后的国际舞台。对东盟来华留学生来说,在学习中国文化中了解"一带一路"倡议的真谛,才能真正成为国际人才,更好地在国际市场发挥更重要的作用,服务于自己国家和民族的发展。

三、走出文化误区

由于东盟来华留学生所在国的社会制度与价值观念不同,由此产生了文化差异,往往会形成对中国文化的误读和偏见。另外如果高校的管理和教学方式方法不对,如个别高校非趋同化管理使部分留学生产生"优越感";封闭管理使他们产生"隔离感";"灌输式"的教学方式使留学生产生"被洗脑感",这在一定程度上导致他们对中国文化的认知偏差。更重要的,还有个别西方国家的"双重标准",都是我们在东盟来华留学生教育中需要注意的问题。

来自加纳的留学生伊曼纽尔·约翰·海维(Emmanuel John Hevi)于1960年11月来华留学,海维的非洲本土政治意识强烈,然而由于他对中国当时的政治制度和社会环境有误解,一年多后就退学提早离开中国。海维退学回国后不久出版了一本书,题为《一个非洲学生在中国》(An African Student in China),书中详述了他在中国留学的经历和感受。他认为,不适应当时中国的政治氛围,也不认可中国的发展道路和模式。

由于不同文化存在着差异性,文化价值观的多元性使不同文化体系处于结构性不适应。这就需要不同文化体之间的相互沟通、理解、融合和共享,实现跨文化适应,力求同质文化与异质文化能求同存异、交流融合,纠正因不同文化价值偏差产生的认知差异,理解和接受不同文化的共性和特性,以达到不同文化间的互鉴共享。

所以在中国文化教育中,必须要明确以下几个问题。

一是坚决反对文化至上主义、文化垄断主义、文化侵略主义等思想观念和行为的存在。因为人类文化没有高低优劣之分，我们要做的就是文化的尊重、理解、适应、认同与自觉。

文化尊重不仅是学校、老师尊重东盟各国的文化，还要引导学生，包括东盟来华留学生尊重自己和其他国家的文化，这是开放、包容的基本要求和国际人才的基本素质。文化理解是文化认同的前提，包括自文化理解、他文化理解和世界大文化理解三个层面。① 文化包容不仅包括尊重不同文化类型的存在及彼此之间的差异，还包括引导东盟来华留学生把不同的文化有选择性地溶解或融化于本体之中。

二是坚定文化自信。文化自信是文化主体对身处其中的作为客体的文化，通过对象性的文化认知、批判、反思、比较及认同等系列过程，形成对自身文化价值和文化生命力的确信和肯定的稳定性心理特征。② 文化自信需要长期的积累并内化于心，才能外化于行。在开展中国文化教育中，一方面要自信中国文化，并身体力行，这就要有中国文化功底好的老师。另一方面要培养东盟来华留学生对自己民族的文化自信，并能用理性、历史、系统的眼光看待不同文化发展，全面客观地把握文化发展规律，主动担当自己民族的文化发展责任，兼容并蓄，取长补短，改革创新，实现民族文化的超越发展③，解决不同文化之间的分歧和问题，形成文化自觉，实现中国—东盟的友谊长青。

---

① 王屹，等."一带一路"背景下职业教育对外开放的文化认同研究[J].中国职业技术教育，2018(12)：37.
② 刘林涛.文化自信的概念、本质特征及其当代价值[J].思想教育研究，2016(04)：21-24.
③ 查建友.文化自信·文化自省·文化自觉[J].理论视野，2017(06)：28-33.

东盟来华留学生作为学习者，知晓、理解、接受中国文化和跨文化适应，做到文化认同，于己于国，都是非常有利的。正确认知中国，与中国文化互动和共享，不仅能增进中国文化的感染力和亲和力，还能使他们成为中国文化的传播者和中国—东盟文化交流的使者。他们学成回国后，既可以对自我文化认可和发扬，增强民族文化的归属感和自豪感，又可以在跨文化交流中，显示对外来文化的认同与交流互鉴，从而具有国际人才的品质。

中国文化中的中国梦追求和平、向往幸福、奉献世界，给世界带来的是机遇不是威胁，是和平不是动荡，是进步不是倒退。中国梦与东盟各国梦是人类文明、人类进步、人类发展范畴。全球史背景下的中国梦与世界梦、东盟梦在人类文明上相联，共同利益促使中国梦与东盟各国梦在人类进步的过程中相通，人类命运共同体建设使得中国与"一带一路"沿线国家在人类发展上相融。①

例如，"中国—东盟教育交流周"专设中国—东盟人文交流系列活动，已涉及医学、文化、艺术等领域，发挥了文化教育在东盟留学生培养等方面的基础性先导作用，已成为交流周品牌。

第三节 法治文化教育

法治文化，对东盟来华留学生来说，不仅包括中国法治文化，还包括国际贸易的相关法律和东盟各国的相关法律和法治文化等。树立法律观念，养成法治意识，自觉遵守我国法律等对于包括东盟来华留学生在内的国际学生的生活、学习和今后的工作都有着重要的影响，甚至决定着成败。

一、法治意识淡薄的危害

从调研情况看，目前很少有高校针对留学生专门开设法治文化课。更重要的是，许多来华留学生对学校的规章制度概念模糊，常常为了追求自己的所谓自由，忽视了学校纪律。比如在有些高校，留学生酗酒、半夜唱歌、随意旷课

---

① 汪青松. 中国梦与世界梦的人类高度 [J]. 毛泽东邓小平理论研究，2016（4）：72-75.

的事情经常发生。课题组在调研中还发现,个别学校为了避免留学生"不寻常的生活习惯"影响国内学生,干脆把留学生放在单独的"留学生楼",实行分开管理,结果造成更多的问题甚至犯罪。

综观近几年的统计,来华留学生违法犯罪主要有以下四种类型:第一种是人身伤害类;第二种是侵犯财产类;第三种是交通肇事类;第四种是侵犯女性类。究其原因,主要还是来华留学生法律意识淡薄、跨文化的不适应以及高校疏于管理和法治教育。① 所以,从管理与教育的角度分析,在东盟来华留学生中提前开展法治文化教育,是有利于国际高素质人才培养的。

二、法治文化内涵

法治的渊源可追溯至希腊的雅典城邦时期,经过几千年的发展,现已成为人类社会的主流治国方略和正义模式。法治的含义,简单地说就是指主要依靠正义之法来治理所在国家和管理社会从而使权力和权利得以合理配置的社会状态。法治应该成为一个所有大学生的理念。② 对东盟来华留学生来说,就是中国法治思想和教育的规章制度。

法治文化是一个国家或民族对于法律生活所持有的以价值观为核心的思维方式和行为方式。法治文化从文化学角度上又可以分为显性法治文化和隐性法治文化。显性法治文化包括法律法规、法律制度和法律设施等;隐性的法治文化包括法律心理、法律意识和法律思想等。作为即将成长成为国际和"一带一路"人才的东盟来华留学生,不仅要具有一定的显性法律知识,还要有一定的隐性的法治意识,树立法治思维。主动学习法律,建立法律原则、法律制度的认知,养成崇尚公平、公正、公开的法律习惯,树立在社会关系中和面临多种解决问题的方式时,首先选择法律方式的法治观念。

我国倡导的法治文化的基本内涵,则是党领导下的人民民主,是人民民主精神的高度凝练。以人民民主为内涵的法治文化,在价值观念上,体现主体平

---

① 吕途,崔建伟,徐凤江. 来华留学生违法犯罪的类型、成因及预防[J]. 齐齐哈尔大学学报(哲学社会科学版),2014(04):67-70.
② [美]伯尔曼. 法律与宗教[J]. 梁治平,译. 上海:上海三联书店,1991:14.

等观、诚实信用观和法律至上观；在意识观念上，体现自由、平等和人权。[①] 作为在中国学习的东盟留学生，应该有所学习，自觉实现对中国文化的了解从"认知"向"认同"转化，形成以中国法治文化价值为观察视角，思考和分析中国和平崛起的深层文化渊源。

而且，在学习和留学阶段，东盟来华留学生还要养成校园法治文化。校园法治文化既是以法治为取向建构校园文化的结果，又是法治文化在校园这一特定区域独特的表达形式，它体现着法治的精神和理念、价值取向与行为方式。其内容包括全体师生及学校管理者在校园法律关系中所形成的法治精神意识、法治规范制度、法治行为方式和法治物质载体等方面。其中，法治精神意识是校园法治文化的核心内容。[②] 校园法治文化包括：校园法治精神文化，校园法治规范文化，校园法治行为文化，校园法治载体文化。

三、校园法治文化教育

树立法治文化，要从校园开始。作为在中国留学的东盟学生，校园是其生活的地方。作为学校，要实行趋同化管理，开展法治教育、培养法治思维，加强法治文化建设。

在法治教育方面，主要有校园纪律和社会法治。校园纪律教育旨在维护留学生在华的人身安全，规范留学生日常行为，遵守法律法规、校纪校规。其教育的目的在于帮助留学生熟悉学校环境，适应当地生活，减少交流障碍，促进其更好地融入大环境。社会法治包括中国法律和东盟及世界相关法律等，旨在帮助东盟来华留学生熟悉相关法及其法治精神，为以后参与国际人才竞争和国际贸易打好法治基础。

在法治思维方面，就是培养留学生规则思维、合法思维、诚信思维、程序思维和责任思维。由于受西方经济危机的干扰，贸易保护主义、霸权主义、欺凌主义有所抬头，代替了过去的殖民主义和冷战思维，给世界带来了不安定因素。所以 21 世纪人类命运共同体的构建，更需要规则思维、合法思维、诚信思维、

---

① 严励. 法治建设的基石 [J]. 同济大学学报（社会科学版），2007（4）：55.
② 刘鲁吉，等. 大学校园法治文化建构研究 [J]. 山东省青年管理干部学院学报，2009（3）：100.

程序思维和责任思维。

对东盟来华留学生来说，法治思维可以分为三个层面：法律知识、法治理念、法律行为。培养法治思维，首先要学习法律知识。其次，要法律知识内化为心理上对于法律原则的认同感。最后要在行动和今后的工作中运用。

对东盟来华留学生比较集中的高校，要主动创建校园法治文化品牌，开展主题鲜明、价值明确的法治文化教育及实践活动。为了留学生健康发展，活动必须体现现代法治所蕴含的公平正义、民主和谐、以人为本和尊重差异文化等基本价值诉求。以喜闻乐见、通俗易懂的形式和载体吸引最广泛的同学参与进来。活动更要凝练特色、打造精品，使学生在轻松愉快的活动中获得有意义的法治价值进而内化为留学生的自觉意识和行为修养。

第四节　职业文化教育

职业文化一般指人们在一定的历史条件下逐渐形成的深厚的、稳固的精神影响力，表现为职业道德、职业价值观以及职业意义等。其核心内容是对职业使命、职业礼仪和职业荣誉感等的自愿遵从与自觉体认。中国和东盟的职业文化既有联系又有区别，但彼此间具有很强的借鉴意义。学习中国及东盟普遍意义的职业文化，对推动"一带一路"倡议，以及构建双边和多边经济发展具有长远的价值。

一、职业文化教育存在的问题

留学教育的最终目的是为了帮助留学生就业，培养跨国人才。通过调研发现，一方面国际企业需要大量的具有一定职业文化和职业精神的国际毕业生；另一方面，高校在培养留学生时重技术轻职业教育，造成了人才与企业需求的脱节。从长远看，这不仅不利于包括东盟来华留学生在内的国际学生的成长，也不利于高等教育质量的提升和国际教育交流。

一是人才培养定位存在偏差。如某大学医学院，对东盟来华医学生的教育的目标就是培养合格的医学专业化人才，注重的是对其"医学知识"的传授和"医学能力"的培养。这种"医学能力本位"的教育理念，在师生中形成了重医学能力、轻职业文化和职业道德教育的倾向。直接造成其课程体系的严重不完整：在来华医学生教育中，只有基础医学和临床医学的专业课程，没有人文社会科学的课程以及有关职业道德教育的课程。

二是任课教师缺乏对东盟来华留学生文化背景的了解。大多教师知识结构单一，对授课专业留学生的已有职业认知和今后工作职业文化的需要不了解。有的教师甚至缺乏应有的责任心，对留学生采取"迁就""放任"的态度，"降低标准""应付差事"，致使留学生职业道德教育、职业文化教育在无形之中弱化和虚无化。

三是东盟来华留学生对职业文化教育认识偏差。由于未来就业地和就业单位、就业岗位不明确，不少留学生认为职业距离自己还比较遥远；加上一提到职业文化，东盟来华留学生单纯的认识只有中国职业文化，自己未来不一定就在中国就业，所以，不少留学生对职业文化的学习没有积极性和主动性，甚至有抵触情绪，造成自身学习的范围变得狭隘。

从东盟来华留学生就业竞争力看，留得下、用得着、发展快的国际学生，大多是那些既重视知识教育又重视职业教育的高校毕业生。

二、职业文化教育的意义

加强对东盟来华留学生的职业道德教育,提高其职业道德素质,不仅关系到留学生今后的择业、就业,也关系着他们未来的职业发展。因为,职业文化教育,说到底就是引导东盟来华留学生在异国他乡不会迷茫,能根据世界人才发展趋势,科学的规划职业生涯,培养健康的职业心理、塑造完整的职业人格。具体说,就是在留学生教育中,促成他们养成端正的职业品质,客观的认识职业地位;遵守职业道德,养成爱岗敬业,有积极健康的职业心态;了解职业与人生,学会与人合作和沟通,勇于参与竞争,敢于迎接挑战;积极接受新事物、新知识、新观点、新方法。

职业文化展现的是一种职业心态,是一种职业品质,是一种职业能力。[①] 职业文化的根本目的在于职业与人的和谐发展,真正实现职业与职业人的有效结合。高校留学期间的职业道德观念和职业价值取向在青年留学生中,乃至在他们今后的工作中都有着引导作用和示范效应,因而学习期间的职业道德状况直接关系着他们今后的工作精神。

三、职业文化教育的内容

职业文化教育就是培养职业人,对东盟来华留学生来说,就是成长为国际高素质职业人才。具体做法包括以下几方面。

一是要加强以诚实守信、团结合作为核心的基本职业道德规范教育,培养包括东盟来华留学生在内的大学生讲真话、做实事、重承诺、守信用的基本职业品质,以及良好的合作意识和团队精神。在现代国际社会中人与人之间除了亲人、同学等关系之外,更多的是与自己的职业活动密切相关的人际交往。职业关系不仅遍及社会和世界的各个角落,而且又相互联系,从事每一职业的人都会与从事同一职业或从事其他职业的人发生这样或那样的联系,因而每个人的职业道德状况必然会对他人产生影响。东盟来华留学生是未来中国—东盟各个领域职业活动的主角,以诚实守信、团结合作为核心的基本职业道德规范教育,

---

① 汪文首. 高校校园职业文化特征分析[J]. 湖南社会科学, 2010 (6): 138.

有助于东盟来华留学生在今后的职业活动中自觉规范自己的职业行为,协调好各种关系,最大限度地减少地区间、国家间的矛盾和冲突,减少国际贸易中的风险因素,从而形成诚信、有序、互利、共赢的关系。

二是要加强以遵纪守法、平等竞争为核心的职业操守教育。加强以遵纪守法、平等竞争为核心的职业操守教育,就是要增强东盟来华留学生的劳动纪律观念,提高其遵纪守法、忠于职守、依法行事的自觉性。目前在国际交往和贸易中,还存在着各种错误的价值观和投机取巧的现象。在这种情况下职业道德自律就显得尤为重要。加强对大学生以遵纪守法、平等竞争为核心的职业操守教育,可以增强他们的法律意识,确立正确的价值追求目标,牢固筑起职业道德的防线,有效防范职业犯罪和冒险主义。

三是要加强以服务国家、不断创新为核心的职业责任教育。当今世界,随着生产力的发展,社会分工的专业化水平日益提高,贸易保护主义有所抬头,同时国家间的交往和依赖不断加强。这一方面需要有国际视野的留学生,推动世界经济的发展;另一方面中国—东盟同样要在21世纪抓住主动权,推动"一带一路"沿线国家的建设和繁荣。这就要求未来的从业者要能承担起相应的国家责任,履行职业义务,规范自身的职业活动,有效协调职业目标与共同理想的关系,实现人与社会、人与国家的和谐发展。

四是要加强保护环境、人类命运共同体为核心的职业理念教育。留学生是未来国际社会的中坚,他们的环保意识和共同体意识直接关系着中国—东盟和未来世界的发展状况。对他们进行节约资源、保护环境、造福后代的职业理念教育,有助于他们在今后的职业岗位上以环境保护的理念为导向,加强行业自律和职业自律,承担起资源的源头保护、生态的修复和人类命运共同体建设等责任,更好地促进人与自然的和谐相处,从而实现生态文明建设的目标。[1]

另外,必须针对东盟来华留学生所学专业开展专业职业文化教育。例如东盟来华留学生不少是来学习医学的,不仅得教他们"医术",还得教他们"仁术"。国际医学教育组织提出的"全球医学教育最基本要求"明确涉及7个最基本能力:职业价值、态度、行为和伦理,医学科学基础知识,临床技能,沟通技能,

---

[1] 武晓华. 加强大学生职业道德教育的若干思考[J]. 思想政治教育研究, 2014(2): 119-121.

群体健康和卫生系统,信息管理,批判性思维和研究。①

可见,除了公共职业文化教育,还要传授专业职业文化。最终使东盟来华留学生实现"四个学会",为未来的职业发展打下良好的基础。"四个学会"具体包括以下内容。

(1)学会学习。学习不仅是留学期间的事情,还是回国后、工作上继续要做的事情。学会学习不仅是在中国期间所应具有的能力,而且也是在以后的工作学习中所需要的,更是留学生未来职业发展所必须具备的素质和基本条件。美国人类未来学家埃德家·富尔认为,未来的文盲是不会学习的人,而不是不识字的人。时代与社会的发展对教育提出了挑战,留学教育需要培养注重国际能力的人才而非只是知识满腹的人才。作为高校,要善于教导东盟来华留学生运用有效的学习方法,加强职业素养,最终实现留学生未来的持续发展。

(2)学会工作。东盟来华留学生学习的最终目的还是工作,学会工作就是能够将所学习的知识能有效运用于工作中的实践,包括跨国适应能力、世界思维能力、职业发展能力和人际交往能力等。如跨国适应性能力是指东盟来华留学生能在不同的国家中,能正确处理好人与人之间、人与环境之间和自我与国家之间的关系。世界思维能力是能够积极运用所认识的和科学的方法来观察和思考国际问题、民族问题和国际贸易问题,形成正确的认识世界和解决问题的能力。

(3)学会生存。学会生存需要东盟来华留学生具有全面的综合能力,以能够更好地在自己和他国生存与发展。特别在国际风云变幻的不同条件下,具有创造和批判精神以及客观判断的能力,能够正确地选择人生的道路和努力创造自己的人生价值。②

(4)学会包容。当今世界,文化多元,民族多样。作为国际人才的东盟来华留学生,要学会求同存异,尊重和包容不同的民族习惯和风土人情。学会珍惜他人、理解与宽容他人,并且同情和帮助他人,坚决摒弃自私自利的心理,自觉树立民族担当、国际担当。

---

① 纽约中华民学基金会. 全球医学教育最低基本要求[J]. 医学教育,2002(8):23-25.
② 王丽丽. 职业院校职业文化与学生的可持续发展研究[J]. 河北师范大学硕士论文,2012(06):4-10.

第五节　心理健康教育

中国和东盟，尽管山水相连、民族"相亲"。但对于从来没有出过国门的年轻东盟来华留学生来说，由于"本土文化"意识与中华"异域文化"之间存在差异，眼见生人、脚踏生地，可能会产生"文化休克""水土不服"等心理障碍问题。

一、心理问题缘由

首先，东盟来华留学生正处于由青少年期向成人期过渡的年龄阶段，因此在自律性和能动性的角色担当中略显力不从心，会在学习、价值观、人际关系、经济能力以及未来就业等问题上，感受到各种心理上的压力、困惑和不适应，产生行动上的无所适从和精神上的苦闷。其次，从东盟来华留学生的生活来看，也存在着各种各样的困难，主要表现为他们离开自己熟悉的本国环境，来到陌生的中国生活时会产生的种种本能上的不适应。最后，就是语言和文化学习问题，由于在新的完全陌生环境下，还要学习非母语和非母语表达的专业知识，这些都会给留学生带来很多的心理压力。需要较长时间的"心理适应"和"文化适应"才能度过心理困难期。

什么是东盟来华留学生的心理问题？美国著名的跨文化心理学家约翰·贝利提出了跨文化心理学。他认为，留学生的"文化适应"问题来源于两国文化的差异性，甚至产生文化休克，这就是心理障碍。他进一步指出，文化适应的过程实际上对发生相互接触的两个不同文化都会产生影响，文化适应过程可能产生四种结果：整合、同化、分离或边缘化。[1]对于有着"外国人"和"学生"双重身份的来华留学生来说，在面临不同的政治制度、价值观念和文化传统时，一般会产生心理上的困惑，甚至产生自身角色差异和地位迷失。在教育过程中，

---

[1] D. J. Sam, J. W. Berry. The Cambridge Handbook of Acculturation Psychology [J]. pp. 12-19, 35.

如果不及时帮扶，就会产生心理危机和心理障碍。

二、心理健康的重要性

在整个东盟来华留学生成长过程中，心理健康非常重要，没有阳光心态，就没有美好未来。良好的心理素质既是东盟来华留学生学习、生活、交往、发展、成才的基本前提，也是决定其今后人生成败的关键。同时，具备良好的心理素质是东盟来华留学生自身全面发展的内在要求，面对国际人才市场的激烈竞争，其迫切需要提高自身的全面素质，以适应国际社会的发展。对高校来说，东盟来华留学生的心理健康与否，也影响着中国—东盟与高校的稳定与安全。

我国接收和培养东盟来华留学生的根本目标是加快教育交流，培养国际人才，增多东盟各国青年大学生对中国的了解和对中国的情感认同和文化认同。因此，加快文化适应，加强心理辅导，是东盟来华留学生教育的重要组成部分。

三、心理健康教育

心理学把这种心理障碍称为文化休克，其大致经历兴奋阶段、休克阶段、适应阶段和稳定阶段。[①]作为心理健康教育，就是要破解来华留学生在中国的跨文化适应问题，缩短文化休克阶段，扫清心理障碍，帮助东盟留学生克服由于不同文化、价值观差异和异质文化环境陌生等因素产生的失落、焦虑、压抑、沮丧甚至是敌视的情绪和心理。尤其要积极主动对来自不同社会制度和文化背景的东盟来华留学生传授有针对性的学习内容，采取弹性的管理方式，使他们早日适应中国的社会环境和学习氛围，适应过程就是心理帮扶的过程，也是"知华"过程，[②]为"爱华""友华"打好心理基础，留下第一印象。尽早消除东盟来华留学生在学习期间的焦虑、厌学、失落等"文化休克"现象。

针对可能存在的文化适应的心理问题，在日常工作中，高校及教师要变被动为主动，把做好东盟来华留学生心理健康工作既当作安全教育的重要组成部分，也当作弘扬中华文化，培养中国—东盟睦邻友好的重要任务。特别要引导

---

① 程茹军.全球化背景下的文化、跨文化交流与文化休克[J].河北师范大学学报（哲学社会科学版）2007（03）：150-154.
② 叶淑兰.外国留学生的中国观：基于对上海高校的调查[J].外交评论，2013（6）：87-107.

东盟来华留学生及时调整心态，正确认识自身定位，及时转化和认清自己的学生身份，而不是个体的外国人身份。来华的目的是学习知识，同时也是了解和融入中国社会文化环境的过程。高校要多组织课外活动和集体活动，让东盟来华留学生能及时感受到集体的温暖和家的感觉。配足配齐专业的心理健康教育老师，按时开展心理教育与咨询，注重与留学生的心理沟通工作，让他们尽快适应中国的社会文化环境并加深对中国文化的认知和认同。

第六节 道德素养教育

从人文素养的视角，东盟来华留学生除了要学习和参与中国文化、职业文化、法治文化、心理健康教育活动外，还要加强道德修养，这也是国际教育和人的全面发展的需要。

一、道德素养教育的意义

道德素养就是国际学生素质养成中的道德部分，是指留学生在文化适应中道德品质、道德意识等方面自我锻炼、自我改造、自我修养的过程。道德素养的养成是一种道德实践活动，是形成道德品质和道德人格的主要过程和途径。道德教育是道德素养提升的外在条件，具有道德教育的政策理论依据、学科理论依据、研究理论依据、现实理论依据和历史理论依据。[①]

在我国传统的道德教育中，提出培养理想人格，形成了以儒家为中心，道家和法家等流派为辅的人伦道德学说体系。这种道德教育重自我教育与自我反省，主张"修身，齐家，治国，平天下"。近代的陶行知强调知行合一。

西方等国家也一直重视道德教育。亚里士多德认为道德教育的目的在通过实际活动和反复练习，逐渐养成具有中庸、适度、公正、节制和勇敢的美好德行。他指出，感情冲动的职能的完善的活动被称为伦理上的德行，诸如节制、勇敢

---

① 王春刚，王凤丽．来华留学生思想道德教育的理论依据探析［J］．前沿，2013（21）：114．

和豪爽,等等。①夸美纽斯在《大教学论》中指出,人生来便具有"学问""道德"和"信仰"的种子。但是,它们的发展完全取决于人所受的教育。人人都可以接受教育、得到发展。教育的目的,就是培养在身体、智慧、德行和信仰等方面和谐发展的人。②

综观人类教育发展史和东盟来华留学生发展需要,思想道德教育理应是我国高等教育的基本内容之一,是中国—东盟文化教育交流的有机组成部分,也是推动我国高等教育国际化的重要动力。③

二、道德素养教育的内容

我国自新中国成立后特别是改革开放以来,大学生思想道德教育坚持育人为本,德育为先,取得了长足发展。但在留学生思想道德教育方面一直比较滞后,至今,东盟来华留学生道德教育的内涵、内容、原则和方法还没有统一的范式,各高校也没有形成完全统一的教材体系。

课题组在调研中,有的专家认为应包括德行教育、文化素质教育;有的则认为应把如何做人、关心他人、与人交往和享受人生作为主要内容。实际教学中,各高校总体是将道德教育分为道德行为教育、道德规范教育、道德思维教育三个层次,并从道德知识素养、观念素养、道德判断素养和道德行为素养四个维度开展德育工作。具体日常工作表现在规章制度和日常活动上。

在制度方面,各高校一般都要求东盟来华留学生遵守教学秩序和相关的道德行为规范。如在学习上,留学生要按时上下课,尊重师长,穿着得体,爱护教学设备和学习环境。在日常生活方面,需尊重其他学生的生活习惯和作息时间,尊重我国的社会公德,言行文明。不得酗酒滋事,不得传播非法书刊和音像制品,遵守网络道德。在宗教方面,各高校都尊重东盟来华留学生的宗教信仰,同时要求其遵守我国的法律、法规,要求不得从事违法活动,禁止留学生在校园内传播宗教,禁止非法宗教聚会等。

---

① [美]梯利. 西方哲学史(增补修订版)[J]. 北京:商务印书馆,2019(01):94.
② 高雅珍. 古代西方德育思想[J]. 道德与文明,1995(03):39.
③ 王春刚,等. 来华留学生思想道德教育的研究现状及价值分析[J]. 辽宁教育行政学院学报,2015(03):54.

在活动方面,各高校一般通过主题班会、主题活动的形式开展道德教育,如有的高校开展东盟来华留学生中国和东盟的重要节日庆祝活动、春节留校的参加春节传统活动等,通过在活动中传递美德,提升留学生的道德修养。

三、道德素养教育的方法

东盟来华留学生来自东盟的不同国家,有着不同的文化背景和宗教信仰,每个国家和民族文化都有自己的一个道德共同体,有其自己的道德价值体系。如何实现跨文化的道德教育,是对东盟来华留学道德教育的重点和难点。

杜威指出,强迫性和封闭性是道德灌输的两个特征。作为面向21世纪的中国高等教育,开放性、发展性、主体性和实践性才是东盟来华留学生德育的基本特征和要求。第一,要使德育超越认知领域,不能简单地告诉留学生什么是善、什么是恶,而要让留学生参与道德实践,在实践中对善恶做出自己的评价,鼓励留学生通过自己的实践、自己的理智活动,获得道德上的成熟。第二,根据文化适应性原理,我们在东盟来华留学生德育中,不能过于强调不同的文化在道德价值体系、道德观点上的差异性,而忽视不同文化在道德与价值观方面的相同、相通之处。即在德育中,要从中国和东盟双方的价值相同和不同处着手,而不是仅仅从单个民族文化出发进行单纯的理论讲授和说教。否则,很难激发东盟来华留学生对道德教育的认同与共鸣。[①]

根据道德教育的实践性和开放性开展高校的东盟留学生德育工作,第一,应该充分考虑东盟国家不同大学生个体之间的差异,考虑他们的不同成长背景,使学生依靠自己的道德思维树立自己的人生观、世界观、价值观和道德观念。在道德素养培育过程中,应该注重对学生内心正能量的一种激发,肯定东盟来华留学生个体的生活经验和其所展现出的特殊文化背景,了解自身的个性和与他人在道德判断上的不同,将道德素养培育目标转化为适合自身特点的价值目标,成为适合他们自己的生活、学习、工作和待人处事的方式。第二,要建立多元、开放、包容的德育系统,因为道德素养培育的目的并非求同而是存异。

---

① 夏睦群. 来华留学医学生职业道德教育研究——以天津医科大学为例[J]. 天津医科大学硕士论文,2012.05.

所以在德育过程中,可以引导东盟来华留学生学会理解他人的不同经历是如何受到多元文化背景影响的,从而在自我和他人之间形成一种理解和认同,学会接受不同人的观点。① 第三,根据德育的实践性,高校道德素养培育的内容可以融入大学生的社会实践等活动中,让学生亲自在社会实践、课外活动、文体活动中观察和体会社会的不同道德现象和不同个体的道德思维方式,从而引发学生对道德事件背后所隐含的价值规范和道德判断在情感上的感悟、在思维上的理解和在心理上的接受。在真实的生活、社会情境以及和同学相处中受教育,从而使受过道德素养培育的留学生做出自由的、自然的、真实的,具有客观性和相对性的道德判断。第四,身教重于言教。人的道德行为是在一定的文化环境下做出的,受到文化环境的影响。对东盟来华留学生来说,校园的文化环境,特别是教师的一言一行,是他们调整自身行为、提高道德素养的重要环境因素,教师在留学生道德教育过程中担任重要角色。因此,国际教育学院的教师应是才德俱优、即言即行的人。文化教化是一个变自然人为道德人,使人更有道德、更加文明的过程。教师的崇高品德和威信能防止学生的行为流于放纵;相反,教师的失检行为,对留学生的道德形成是有害的。针对这个特点,高校要有目的地选拔素质高、知识结构全面、责任心较强的教师承担留学生课程,以保证授课教学水平、保证东盟来华留学生道德教育的教学质量。

---

① 赵卿. 关于大学生道德素养培育的研究——基于对后现代主义思潮的思考[J]. 华东师范大学硕士论文, 2014(03): 35.

第五章 "五位一体"的东盟来华留学生教育方法与途径

伴随着"一带一路"全球治理新模式的形成与推进,建立一个政治互信、经济融合、文化包容的利益共同体、命运共同体和责任共同体,越来越成为各国的共识和目标追求。世界各国之间的经济发展是紧密联系的,同样,不同思想文化之间的联系也更加密切,通过彼此的交流、对话、沟通、融合,共同为整个人类文明宝库增添财富。我国对东盟来华留学生教育的着眼点则在于推动中国—东盟的文明和进步,合作与和谐。高校是教育对外开放的桥头堡,不同国家高校之间的交流与合作,是架起不同文明互促互动的桥梁。

留学生教育是一种跨国家的教育,教育对象来自境外,教育过程在境内,留学生学成后服务于国际社会。留学生教育的培养目标不仅受到接收国社会要求的制约,也受派遣国和国际社会要求的制约。加强对东盟来华留学生的教育,按照"教书育人"的原则,使东盟来华留学生的思想与行为符合中国国情,使广大中国人民能够理解和接受他们,同时使他们在中国的生活心情舒畅,有利于我国培养大量对华友好、全面发展、符合派遣国和接收国教育要求的国际化人才,对促进人类共同进步和世界和平发展具有重要的意义。

在以"十年教育同携手,'一带一路'谱新篇"为主题的第十届"中国—东盟教育交流周"开幕会上,刘延东曾表示,"中国—东盟教育交流周"举办了10年,成为教育合作和人文交流的高端平台,成为双方互学互鉴、合作共赢的坚实桥梁。站在新起点上,双方应着眼面向和平与繁荣的战略伙伴关系,加强人文交流,拓宽各领域合作渠道,培育友好合作的社会民意基础。应围绕"一带一路"建设,促进战略对接,夯实中国—东盟教育交流平台,加强人才培养,深化智库合作,开展联合研究,为构建更为紧密的命运共同体,再创"辉煌十年"做出新贡献。

围绕这个目标,目前关于留学生教育的方法和路径,国内外已从不同的视角,呈现了非常全面和成熟的制度成果、实践成果和理论成果。国外方面，对留学生的教育，从最初的临床心理学视角到后来的社会心理学、跨文化交际学视角，再到近些年以学生学习和发展视角，把对留学生群体的认识从早期"对跨国消极的遭遇者"到后来"对变化的积极回应者和问题的解决者"，再到如今的"学习者"，教育方法和途径也实现了转移和成熟。国内方面，一是制度更加完善。各高校充分认识到了来华留学生教育的公共性，采取了参与、互动、协同的教育治理思路，以公共政策为主导，在加强规划和政策引导、改善生源状况、推动教育和产业相结合、提高人才培养质量等方面，采取问题导向、路径明确、现实可行的应对策略。① 二是对东盟来华留学生的认识从"外国人"转向"学习者"。各高校都认为留学生除了"跨国者"的身份外，最重要的一个特征就是"学习者"。② 三是认识到了自身的不足。我国在提供支持服务方面，不仅质量亟待提升，而且服务内容较为单一，服务范围较为狭窄，与国际上主要留学生接收国相比相差甚远。③ 因为东盟来华留学生思想道德教育过程是非常复杂的过程，既不同于知识传授，也不同于一般的思想政治教育，具有自身独特的特点，表现为复杂性与艰巨性、教育性与引导性、统一性与多样性、连续性与阶段性、反复性与漫长性等特点，④ 需要我们不断的研究和探索。

第一节 教育方法

东盟来华留学生"五位一体"教育的实现，东盟来华留学生国际素质的提升，最终还是要靠教育方法来运行和推动，方法对了，就会事半功倍。

---

① 陈强，文雯. "一带一路"倡议下来华留学生教育：使命、挑战和对策［J］. 高校教育管理，2018（5）：28-33.
② 马佳妮. "一带一路"沿线国家来华留学生就读经验研究［J］. 比较教育研究，2018（4）：20.
③ 丁笑炳. 高校来华留学生支持服务满意度调查与思考——基于上海高校的数据［J］. 高校教育管理，2018（01）：115-124.
④ 王春刚. 来华留学生思想道德教育过程的构成要素及特点分析［J］. 淮海工学院学报（人文社会科学版），2015（05）：121-123.

一、西方代表性教育理念与方法

西方思想道德教育非常成熟,而且特点鲜明。如早在亚里士多德时期,就坚持以人道主义为基础。提倡人的价值与尊严,注意人的需要与利益。所以在教育方法和手段上坚持引导和自我反思相结合,可以说,采取非灌输式的教育是西方思想道德教育的基本方法和手段。

杜威提出"教育即生活"和"学校即社会"的观点。他强调学校的道德教育要和社会生活联系起来,他认为如果学校的德育与社会生活脱离,那就没有道德目标,也没有什么目的,所以道德教育应在社会生活中进行。

拉斯提出的价值澄清理论特别注重发展人的自主性和独立能力。拉斯主张价值观的形成不是教条式地灌输而是通过澄清的方法,他认为学校的教育者应该帮助学生在混乱的价值观中澄清自己的观点,教育者的价值观不能影响到学生价值观的选择,教育者只是帮助并引导学生应该怎么样去选择,不是强制他们选择什么,所以在这个过程中教育者应该保持绝对中立。[①]

另外,社群主义公民教育思想、生态德育理论、社会学习理论、哈贝马斯的"生活世界"理论等都值得我们了解和发扬。

二、东盟部分国家思想教育理念与方法

东盟国家与我国云南省、广西壮族自治区、贵州省山水相连,民族文化相近、风俗习惯相似。贵州省的苗族、布依族、侗族与越南侬族、老挝苗族、泰国泰族等多个东盟国家的民族具有深远的历史渊源,它们是同根生的民族,在生活习惯、宗教信仰、文化认同上都有诸多相似之处。相似的生活习惯、文化习俗使东盟国家思想教育不同程度地受到了中华文化的影响。

泰国是一个多民族、多元文化共生共荣的国家,被冠以"微笑的国度"。泰国在 800 多年的发展历史中逐渐形成了自己独特的民族文化传统,建立了顺应时代发展的社会道德教育体系和社会行为规范,这些为泰国保持相对稳定发展和经济繁荣注入了动力。如泰国 Sathya Sai 学校以"知识的尽头是智慧,文化

---

① 柳芳. 美国公民教育对我国思想政治教育的启示[J]. 高校科技,2016(06):144.

的尽头是完美,智慧的尽头是自由,教育的尽头是品行"作为校训。学生在汲取科学文化营养的同时最大化地吸取人类自身价值,把规范的人类品德行为内化为儿童固有的心理品质,从小培养学生基本的人类精神品质,使每个学生都能自觉地把遵守社会道德规范根植于内心,成为遵纪守法的好公民。把"教育的尽头是品行"作为学校教育的基础,并把学校教育与爱、和平、真理、正当行为、非暴力五大人类价值结合起来[①]。

"有才而无德者乃无用也,有德而无才者乃万事难成也。"这是越南共产党和越南民主共和国的缔造者胡志明关于教育的思想的主要内容。越南政府将胡志明思想作为现代道德教育的基本方向,提高革命道德,将青少年培养成为"建设社会主义又'红'又'专'的革命接班人"[②]。其思想道德教育体系是:第一,充分体现社会主义国家的性质和特点。多年来,越南一直坚持号召和组织全民进行榜样学习,以对胡志明事迹的学习为重点。第二,重视全面发展教育。在各级各类学校教育中,要求学生既重视知识、技能的学习,更要重视做人。第三,越南思想道德教育的理论根据和现实依据,是人格发展理论、越南特色、马克思主义化的胡志明主义,加上不同时期国家面临的重点问题以及民族传统文化。第四,围绕交通安全、就业等社会问题开展主题教育。越南教育部颁布了在全国加强中小学交通安全教育的文件,要求各级各类学校的学生都要学习、遵守交通法,并为其家人做榜样。这方面的表现将被作为对学生进行思想道德测评的重要内容。

新加坡也被视为是一个多种族、多元文化能够相互融合并和谐共处的奇迹国家,有着不同民族背景和语言习惯的新加坡人共同生活在同一片土地上。通过不同阶段的公民和道德教育,形成独具新加坡特色的公民意识和国民精神。在新加坡教育者看来,一个有道德的人应具有的品质应该也是一个合格公民应具有的品质,或者说,一个合格的新加坡公民应该也是一个有着优良道德品质和素养的人。基于此,新加坡公民与道德教育的目的在于使学生从小明确他是国家的公民,了解他对国家的责任和义务。新加坡的公民与道德教育实践的独

---

① 张春海. 泰国 Sathya Sai 学校道德教育的特色及其启示 [J]. 现代中小学教育,2015(05):112-116.
② 张璐. 越南当代学校道德教育研究 [J]. 桂林:广西师范大学硕士论文,2015:16-17.

特之处还在于它的东西交互性。这种交互性在于它既汲取了东方伦理的优秀传统,体现了中华儒家文化在德育上的延展性;又抵住了西方现代文明的冲击,体现了传统与现代的包容性。①

马来西亚是多民族国家,非常重视对国家价值观的认同教育。在课程上,没有专门设置德育课程,而是注重隐性德育工作的开展。马来西亚思想道德教育的内容比较具体,如指导学生做班级财政报告,让学生体验怎样珍惜财物,怎样帮助别人,怎样为社会做力所能及的事,怎样与国外学生进行交往等。②

三、中国古代德育实践

在我国古代社会,统治者和思想家高度重视对人民进行思想道德教育,从不同角度探讨思想道德教育,形成了具有东方特色的德育思想。

在教育目标上,提出培养理想人格。培养理想人格是我国传统思想道德教育的首要问题。培养至真至善的圣贤和正人君子,是我国传统思想道德教育的理想人格最高诉求。孔子的理想人格是仁智统一、内圣外王的圣贤。孟子的理想人格是培养具有浩然正气的大丈夫,道家的理想人格是见素抱朴,少私寡欲与自然归一的人。法家的理想人格是明法、行法的人才。

在教育内容方面,重伦理道德和人伦关系。人伦道德是我国传统思想道德教育的主题,一部"中国古代德育思想史,就是人伦道德的不断嬗变及传递的历史"。其中儒家的孔子提出思想道德教育的基本内容是"仁"和"礼",以仁为主,仁者要知仁、志仁和行仁,同时要以礼辅助仁,要求内能达仁,外能合礼。孟子认为人性本善,人都有"四端",主张思想道德教育的内容是明人伦而行仁义。道家和法家的教育思想虽然不同于儒家,但也都从不同角度探讨人伦关系。道家认为思想道德教育应该效仿道、顺应自然,顺应人性、主张无为而治。法家主张思想道德教育以法为教师、以吏为师,推行法治。在教育途径方面,突出强调家庭教育的重要性。我国传统思想道德教育一直把家庭教育作为重要的途径和手段,从孔子、孟子到岳飞都受母教的影响。颜之推是家庭教育思想的倡

---

① 卢文洁. 新加坡中小学公民与道德教育课程研究与启示[J]. 华中师范大学硕士学位论文,2012:1-2.
② 刘惊铎. 东南亚三国思想道德教育考察报告[J]. 中国德育,2009(01):83-84.

导者，他充分肯定了家庭教育的重要性。颜之推认为家庭教育具有得天独厚的优势，家庭教育要及早进行，严格要求与关心慈爱相结合，以身作则、潜移默化。

在教育方法上，中国古代先贤提出过许多道德教育的思想和方法，其中儒家的道德教育思想和方法对后世的影响巨大。在浩如烟海的儒家典籍中，道德教育思想和方法的论述丰富深厚，古代先贤以自己对人性的深刻理解和洞察，对道德教育及方法进行了全面阐发，形成了一整套较为系统的并具东方特色的德育方法，它包括克己自省、迁善改过的修身自得方法；身体力行、躬行践履的实践示范方法；循序渐进、积善成德的持续培养方法；环境渗透、制度规约的熏陶管理方法。

以孔子思想为代表的儒家先贤，高度重视修身的作用，儒家经典《大学》突出地论述了修身在"齐家、治国、平天下"中的重要意义。人之所以要修身，一是为去物欲所蔽，修养人性之本善；二是以修身为本，实现儒家的"内圣外王"的价值目标。孔子认为克己自省是完善人格，达到道德至高境界的途径，在道德修养方法上他特别强调"克己"，用社会道德准则约束自己。克己自省、迁善改过的修身自得方法是中国文化中特有的塑造至善道德的重要途径，它倡导个人对自己的道德认识、道德动机和道德行为进行反省，不断克服错误的道德观念，凭借内心信念来择涤道德行为，时刻以社会道德规范来严格约束自己的言行。"克己""内讼""正心""诚意"等进行反省内求方法，对于陶冶民族性格和培育民族精神起到了巨大的作用。

思想道德教育方法上主要有以下几方面：

（1）身体力行、躬行践履。一是受教育者在接受道德教育的过程中，要将所得到的道德认识转变为道德行为，付诸实践，形成良好的道德习惯；二是通过教育者本人的示范行为，对受教育者产生的道德影响。中国儒家贤哲孔子、荀子都曾高度赞扬过那些虽不善言辞、却遵循道德原则身体力行、躬行实践的君子，而耻于那些言过其实、躬之不逮的人。儒家重视身教示范的作用，孔子说："其身正，不令而行；其身不正，虽令不从"，教育者自己行为不端不正，却要求受教育者遵守道德准则，受教育者不可能心悦诚服。道德教育效果的重要力量，来源于道德理想人格的感召性。为此，孔子提出"圣人""贤人""君子""士人"的榜样标准。这些榜样都是明万物之理，集孝、悌、忠、义、信、礼、直、谦、勇诸美德于一身，正是在这些榜样的引导下，中国历代志士仁人层出不穷。

（2）循序渐进、积善成德。这一方法包含了道德教育过程的一贯性和持续性，道德习惯的自然养成及内化接受过程的重要性。儒家对道德教育过程的一贯性和持续性强调从小开始，至老而不辍，并为这一过程中不同年龄、不同层次的人提供了操作性很强的教育方法。例如，朱熹把对学生的教育划分为"小学"和"大学"两个阶段进行，这两个阶段对学生的要求不同，学习的内容也不一样，但它又是一个连续不断的统一的受教过程，小学是"学其事"，大学是"明其理"。他把小学的"学其事"规定为五部分："衣服冠履""语言步趋""洒扫清洁""读书写事""杂细事宜"，每一项都与道德修养相连。在做这些事情的过程中，使学生接受纲常伦理的教育。大学阶段，就要"教之以穷理、正心、修己、治人之道"，朱熹在浩繁的儒家经典中选择了《论语》《孟子》《大学》《中庸》作为大学的基本教材，并对其重新进行了诠释。

（3）环境渗透、制度规约。这种方法认为人所处的环境的道德状况对于一个人的道德养成具有重要意义。因此，应该使受教育者始终处于有利于德行培养的良好的环境中。环境渗透和制度的规约包括家庭、学校和社会三个方面。儒家认为，家庭教育环境是道德教育的基础。它的重点在于孝德的培养。儒家文化历来有注重孝道的传统，认为孝德是一切道德之本源，也是一切道德实践的起点。孝德的重要性不仅是人的品德培养的要求，而且也是社会稳定的根本要素。孝德的内涵是亲亲敬长，外延是敬业爱民。儒家通过家训规约、叙家谱继先德的方法，教导子弟谨身守节，处世尽责，不忘祖先美德，继承孝悌，光耀门楣。学校教育是道德教育的最好的环境，朱熹提出"立学校以教其民"。学校教育的关键是教师，儒家认为"大学之道，在明明德"，即以道德教人，教师首先要育人之德，所以，教师必是道德品质十分高尚的人。父母和长辈也竭力为自己的孩子寻找一个道德良师。我国古代教育论著《礼记》中的重要一篇，儒家的重要著述之一《学记》，对教师应该有什么样的人格特征进行了系统的阐述。认为教师应该善喻善问、热情耐心地教导学生；知兴知善、懂得教育教学的规律和方法；明了"长善救失"的道理；做到教学相长、不断进取等。儒家认为社会环境对人的道德陶冶有十分重要的作用。孔子说："性相近也，习相远也。"孔子把人的道德品质的差异归结为习染的结果，习与性成，向社会学习而形成个人品性。提倡尊老爱幼、礼让谦和的社会风气，对社会各阶层进行道德教育，教育内容具有通俗性、普及性、针对性。①

东西方传统思想道德教育思想与实践经验，为来华留学生"五位一体"教育提供诸多借鉴。首先，要高度重视道德教育，树立德育至上理念。其次，科学确立教育目标，培养个性鲜明、全面发展的国际人才。再次，优化教育内容，积极借鉴东西方道德教育的合理内容。最后，综合运用各种教育方法和手段，将引导与内省、理性与情感等教育方法有机结合。

在现代道德教育中，吸收这些彰显先哲的丰博思想和闪光才智的道德教育方法，可以使我们知所取径。

四、东盟来华留学生"五位一体"教育方法的政策依据

政策依据是指国家相关机构制定的留学生管理规定和办法，对来华留学生"五位一体"教育活动提供的理论指导和理论根据。政策依据是来华留学生教育的基本依据，决定着来华留学生教育的方向和原则，是来华留学生教育顺利进行的根本保障。为了加强和完善来华留学生管理工作，国家教育部、外交部、公安部联合相继出台了《普通高等学校学生管理规定》（中华人民共和国教育部第41号令）《学校招收和培养国际学生管理办法》（中华人民共和国教育部第42号令）《关于加强来华留学生安全教育和管理的紧急通知》《来华各类奖学金生突发事件应急处理程序》等政策，这些政策从宏观到微观，从理论到实践对留学生管理工作做出了系统的说明。

这些政策涉及来华留学生教育的内容主要包括：在管理体制方面，实行三级管理。教育部统筹管理全国来华留学工作，省、自治区、直辖市教育行政部门负责本地区高等学校接受外国留学生工作的协调管理，高等学校具体负责外国留学生的招生、教育教学及日常管理工作。在教学方面，针对留学生的思想特点开展教学活动。高等学校应当根据学校统一的教学计划安排外国留学生的学习活动，并结合外国留学生的心理和文化特点开展教育教学活动。在校内管理方面，高校要依法管理留学生，尊重留学生的宗教信仰，鼓励留学生参加学

---

① 祖嘉合. 儒家道德教育方法对现代道德教育的启示［J］. 学校党建与思想教育，2005（12）：10-13.

校举行的文体活动和社会公益活动。高等学校依照国家有关法律、法规和学校规章制度对外国留学生进行教育和管理,一般不组织外国留学生参加政治性活动,应当尊重外国留学生的民族习俗和宗教信仰,但不提供举行宗教仪式的场所。校内严禁进行传教及宗教聚会等活动。在社会管理方面,要求留学生遵守我国的法律法规、不得从事违反社会管理的相关活动。学校应当教育外国留学生遵守我国的法律、法规及学校的规章制度和纪律,尊重我国的社会公德和风俗习惯。在安全教育方面,要求加强留学生各方面的安全教育。做好以法制教育和加强自我保护为主要内容的宣传教育工作,加强留学生的交通安全教育,对一些性格孤僻、适应性差、思乡情重的学生要给予特殊的关怀和照顾。在处理突发事件上,要坚持快速反应,密切配合,及时报告和妥善安置。

上述这些内容既是留学生管理的指导思想,更是来华留学生思想道德教育的理论方针,对来华留学生思想道德教育具有重要的指导作用。首先,明确了来华留学生思想道德教育的主体和客体,主体主要包括国家、省、高校及具体负责留学生管理的教师。客体指的是在我国高等学校注册接受学历教育和非学历教育的外国公民。其次,指明了开展来华留学生思想道德教育对于增强社会稳定、国际声誉和高等教育国际化的重要性。再次,明确来华留学生思想道德教育的内容。指出了来华留学生思想道德教育应包括思想、道德、法治、心理等方面的教育。最后,指出来华留学生思想道德教育的方法和途径。教育者要以引导为主,根据留学生实际进行教学,倡导留学生积极参与各种公益活动和文体活动。

五、东盟来华留学生教育的原则

(一)以人为本,尊重个体

以人为本在人类生活活动的各个领域普遍有效,但具体表现形式各有不同。以人为本是思想道德教育领域的本质要求,强调要突出人的发展、人是教育的中心,也是教育的目的;人是教育的出发点,也是教育的归宿;人是教育的基础,也是教育的根本。学校思想道德教育要以人为本就是要把人作为教育的出发点和落脚点,把学生看作具有独立个性和特定观念的主体,在教育过程中重视启发引导学生的内在的教育需要,通过调动和激发人主动学习和发展的积极性、主动性、创造性,使他们形成高水平的思想道德素质和高尚的道德品质,促进学生的全面发展。

对于东盟来华留学生这个特殊群体而言,首先应树立"以人为本"的教育与管理相结合作为东盟来华留学生教育的核心理念。教育管理要坚持"以人为本",贴近实际、贴近学生、贴近生活,努力提高思想教育的针对性、实效性与吸引力、感染力,培养"知华、友华、亲华"人才;要坚持解决思想问题与解决实际问题相结合,既以理服人又以情感人,加上导之以行相结合来增强教育与管理的实际效果的原则,在教育与管理中坚持"以人为本",求真、求实,从细微处着手,切实解决他们的具体问题。教育使人形成一定的社会观念、法律观念和道德观念等,而管理则使人做出规范的社会行为、法律行为和道德行为。把教育和管理结合起来加以实施,就是使人的思想和行为得到一定的规范,使自律和他律、内在约束与外在约束结合起来。尽管东盟来华留学生的教育和管理有其独特的地方,但是教育管理的基本原则是一致的。遵循严格教育与人文关怀相结合的原则,适应留学生文化的多样性,为留学生做好服务是教育管理工作的前提。

因此,对东盟来华留学生的教育就必须尊重学生个性,承认个性差异,做到因人而异,区别对待,使学生各有所好、各展所长。贯彻尊重个性原则,就必须了解留学生的心理,注重因材施教。心理学的研究成果表明,人的发展受到多种因素的影响和制约,在教育活动中必须充分考虑他们的身心特征,并遵循其规律,充分发挥他们的主观能动性,培养主体意识。正是立足于培养学生的主体性、发展学生个性的教育,就不能用一个统一的模式和标准来要求每个学生,而应从学生不同的个性实际情况出发,了解其心理、尊重其个性,为激发和最充分地发挥每个人的潜能创造必要的条件和环境,因材施教,使他们在各自的基础上提高素质。

(二)积极影响,尊重文化

一是要尊重东盟留学生的宗教信仰。东盟留学生来自东盟的各个国家,他们有着不同的个人信仰和宗教信仰。宗教文化的不同,导致学生们的思想文化和意识形态均有不同。因此,他们在认识问题和解决问题的态度也可能会有差异。如果不以合理恰当的方式对待东盟留学生的信仰,将导致诸多的不和谐事件发生。学校在对留学生进行思想教育的时候，必须特别注意对留学生信仰的考虑，要在尊重和理解留学生信仰的基础上开展教学和管理工作。这样做是因为，学校对留学生的思想教育的目的并不是要求留学生放弃自己的信仰，而是需要在中国文化与留学生的宗教信仰文化中寻找相似点，在这个相似点的基础上，与留学生建立良好的交流关系。不过，对于那些非法传教活动，学校决不能坐视不理，应该采取有效的措施予以规制，以此还校园一片清净。[①]

　　二是要尊重东盟留学生的风俗习惯。不同的国家、民族有不同的生活习惯、饮食习惯、语言习惯，还有很多不同的文化禁忌、语言禁忌。因此，在对东盟留学生进行宿舍编号、电话设置等需要用到数字的场合，要注意；又如万象的学生不吃"十肉"，即人、象、虎、豹、狮、马、狗、蛇、猫、龟，要特别避开，缅甸学生不食牛肉，信仰伊斯兰教的学生不食猪肉，所以学校有必要设置专供留学生的就餐点。在东盟国家，大多忌讳使用左手交际、摸头。政治、文化、宗教等方面的不同，导致留学生们在认识问题和解决问题的态度和方式有着一定的差距，如果不理解和不尊重，将使得留学生思想教育工作寸步难行。而只有留学生之间、中国学生与留学生之间相互给予足够的尊重和理解才能在校园里面和谐友好的相处。否则，暴力事件、滋事事件将在校园里频繁发生。这显然会严重影响学生们在学校的生活和学习。泰国德育既贯穿着浓厚的佛教精神，又包含着民族古老的文化传统。"师佛一体，寺校同义，信佛、忠君、爱国和科学、经济发展有机地融为一体。"泰国留学生忠实信仰佛教，主要是小乘佛教为主的宗教信仰。在泰国家家有佛坛，村村有佛庙，人人戴佛像。正是因为对佛教的忠诚信仰，泰国留学生拥有着泰国人普遍拥有的那种安静坦然、善良诚实、谦恭礼让的优良品德。泰国留学生热爱佛教文化，并且身体力行宣扬佛文化，每一位泰国留学生都是佛教文化的活载体。他们慈悲为怀，不会对别人发火动怒，讲究修身养性，认为对别人发火是种卑劣的行为，有损自我的修养。因此，泰国留学生大多心地善良，富有佛家慈悲气质。习惯的差别并不是一朝一夕就能改变的，在对留学生的思想教育工作中，要了解留学生所在国家的风俗习惯，这样才能更好地与之相处。

---

① 关秋红. 关于来华留学生思想教育工作的几点认识 [J]. 牡丹江大学学报，2008（09）：115-116.

三是要注重思想道德教育的方式和方法。来到新的国家,留学生难免会感到不安或产生其他的负面情绪,因此在与留学生交流时要注意我们的态度,避免使用过于激烈的言辞,以免伤害到留学生的感情,使其对思想教育工作产生抵触情绪。留学生与我国的大学生之间、留学生与留学生之间、留学生与教师之间发生矛盾或问题的概率很大,单纯的预防措施并不能完全防止相关问题的发生,因此这就需要教师具有良好的调节能力,遇到问题要耐心地为每名留学生解答。例如,很多留学生所在的国家可能对于晚上熄灯的问题没有严格的要求,我国高校对按时熄灯的要求是必要的,这时如果不能将这些情况正确地向留学生传达、解释,很可能会造成不必要的误解。这时就需要对留学生的耐心疏导,讲明我国高校的相关规定,使其能心悦诚服地遵守校规。①

(三)全面发展,尊重规律

马克思指出,作为现实的人,其使命就是全面发展自己。教育要以此为逻辑起点,激发学生的积极性与创造性,在重视学生社会属性的同时,关注学生作为人的自然属性,实现社会性和自然性并重的双向建构,并把人的主体性置于一定的高度,这也是人本化教育理念的体现。

首先,可以针对个体迫切需要解决的实际问题给予帮助,通过营造浓厚的人文氛围,使教育回归现实的人。例如,美国学校根据学生在成长过程中面临的问题,如暴力、吸毒、环保等现实社会问题,有针对性地进行教育,把人的发展需求置于人性的养成及其内在潜能激发上,而不是一味地强调对社会造成的影响。这些教育内容与学生的社会生活紧密联系,有利于帮助学生解决所面临的实际问题。其次,在留学生教育实践中,应充分考虑学生的身心发展阶段及可接受程度,有针对性地开展不同形式的教育,体现层次性和连续性的统一。最后,从教育的实施上,应避免对留学生进行生硬的、直接的、非理性的灌输,注重引导留学生参加社会实践,师生平等对话,让留学生在开放的环境中亲身体验与感悟,乐意接受教师所传授的知识,从而培养留学生的道德判断力与实践能力。社群主义认为,公民教育应当以全体成员的权利需求为基础,培养成

---

① 王冰一. 留学生教育管理工作中的思想教育 [J]. 天津市经理学院学报 2013(04):31-32.

员对其所属政治社群的认同感,实现政治社会的共同利益。毛泽东指出:"人们要想得到工作的胜利即得到预想的结果,一定要使自己的思想合于客观外界的规律性,如果不合,就会在实践中失败。"

(四)平等信任,宽严适度

中外不同的文化传统导致中外师生之间的关系有着极其明显的不同。在我国,儒家思想根植于政治、经济、文化,这导致我国特别推崇尊师重道,老师与学生之间是长辈与晚辈的关系,中国有句古语一直流传至今,即"一日为师,终身为父"。可见,在中国,学生必须像对待自己的父亲那样对待自己的老师。东盟国家的情形与此不同,老师和学生之间的关系其实是平等的个体关系,学生和老师平等的对话,老师不会过多地干涉学生的学习和生活。基于这种根深蒂固的观念模式,在我国高校,授课老师和留学生之间建立平等信任的关系则显得十分的重要,这对于最大限度的发挥高校留学生思想教育的作用起着不可忽视的推动作用。

此外,东盟国家受西方国家影响,讲求个人的个性解放和自由,且这种观念已经深深地融于人们的血脉。正是在这种观念的支配下,那些东盟来华留学生有着自己独有的行事准则,但有时候这些准则会与高校制定的留学生规章制度不一致。此时,高校的教师必须警惕,一方面,不能对留学生约束得过于严格,否则可能激起他们的逆反心理。另一方面,也不能放任他们这样下去。而是要让老师和留学生通过沟通,互相了解,建立平等信任的关系,在此基础上对留学生进行教育和引导。其实,平等信任是人们进行一切事物的纽带。每个人都是独立的个体,都希望获得平等的社会地位和他人给予的信任,这让人们能够在社会上迅速地对自己进行定位,实现自己的价值。信任是相互的,只有给予别人足够的信任,别人才会对你产生信任。留学生远离自己的国家、远离亲人和朋友来到中国学习,其中的艰辛和困难只有他们自己才能切身的体会。因此,在学习工作中,教师以平等的态度对待他们,帮助他们,给予他们足够的信任,能够使他们迅速地调整心态,真正地融入学习和生活当中去。

(五)仁爱豁达,开放育人

来华留学生是中外文化交流的桥梁。要想培养出对我国友好的优秀来华留学生，留学生管理干部和教师都必须爱每个学生，这是作为一名留学生工作者的最基本的条件之一。教师热爱学生，这是创造性地工作的前提，教师热爱本职工作，主要体现在热爱学生上。苏联教育家苏霍姆林斯基说："同情心，对人由衷的关怀，这就是教育才能的血和肉，教师不能是一个冷淡无情的人。"这种爱首先是建立在对教师职业的热爱和精通业务的基础上的，只有爱学生的教师才能真正做到一切为了学生，为他们的成才尽心、尽力、尽责。因此，我们说师生关系融洽是做好留学生思想教育工作的最基本条件之一。而要做到师生关系融洽，那么平时就要多与留学生谈心，互相交流，及时了解留学生在学习中遇到的问题和困难，并及时给予帮助和解决。教师爱护学生，则要在教学中区别对待、因材施教。根据留学生的基础和其实际学习需要，削枝强干，对学习基础差的留学生安排个别辅导。我们的留学生管理干部要爱学生，要想留学生之所想，解留学生之所难，平时主动关心他们，切实地帮助他们，在工作中体现出敬业与无私奉献的精神。我们的留学生管理干部要爱学生，在工作中廉洁奉公，对留学生一视同仁，不厚此薄彼。要以高度的责任心、无私的奉献精神和辛勤工作，获得来华留学生的信任，从而使我们的工作得以更顺利地进行。

我们的来华留学生思想教育有它宽容的一面，同时也有它严格的一面。俗话说"严师出高徒"。教育只有严，才能实现教育的社会目标，培养出高素质的学生，更好地体现教育对社会的重大意义。

教育中的"严"有其特定的内涵：对学生提出目标要求的肯定性；对学生违纪行为纠正的坚决性；对学生不良习惯纠正的持续性；对学生学习要求的严格性；对班级日常事务、师生关系处理的严肃性；对学生个性培养的持久性；对学生道德品质培养的原则性等。严的前提是尊重学生、爱学生，严要与科学的方法相结合，严要讲究艺术性。在来华留学生思想教育中，我们要坚持严格管理，不但要制定外国留学生各项管理制度，而且还要在执行上严格化。因为加强外国留学生管理既是保证留学生教育教学质量的主要措施，也是激发留学生刻苦学习信念的重要手段。我们必须严格按照教育部和国务院学位办制定的《外国留学生学籍规定》，结合学校的具体实际，严格教学管理。如严格考勤、考试等制度，坚决执行质量标准。我们在对外国留学生教育的过程中也经常出现教与罚的问题。因此，我们要对不同的学生采取不同的办法来积极地进行思想教育，调动他们的学习积极性。对那些学习不努力、成绩差的留学生采取试读和留级制度；对那些学习刻苦、成绩不够理想的留学生进行鼓励引导，如设立满勤奖等，帮助他们改进学习方法，增强他们学习的自信心和学习兴趣。对那些学习努力勤奋、学习成绩优秀的学生要给予奖励，如设立优秀学生奖、优秀班长奖等，激励他们更好地学习、进步，顺利地完成学业。我们不但要对学生严，对管理人员及教师更要严格。留学生管理人员及教师在留学生面前，不只是管理者和教师的形象，同时也代表着当代中国人的形象，这种双重身份，要求我们不断提高管理人员和教师的素质。这也是不断督促教师积极参与教学改革、提高对外汉语教学的质量，体现和维护大学优良校风、学风的重要保证，并在此基础上从严进行规范化、制度化的管理。

今天的大学不再是自我封闭的象牙塔，而是充满朝气、充满活力，面向社会、面向人生、面向世界、面向未来的新型园地。大学之"大"，在于大学给予人们一种开阔的视野、开放的思维和充分、自由、全面、和谐发展的空间。大学阶段是大学生走向社会、融于生活、开拓人生、创造价值的前提，它与人的生活、与人生发展具有更为紧密的联系。因而，大学教育必须具有开放性、发散性、立体性、自由性和创造性，注重以开放的视野、发散的视角、立体的维度、自由的模式和充满创造性的气魄来培养人、塑造人。这正是大学和大学教育的真谛。作为留学生教育重要组成部分的思想道德教育，也必须树立开放育人的理念，着眼于开放性的个人和开放性的社会，同人的开放性的思想活动同频共振，同社会的开放性发展合拍，才能使教育更加贴近实际、贴近生活，面向世界、面向未来。

六、几种实用的思想道德教育方法

东盟来华留学生教育不易的最根本原因在于跨文化冲突。特别是新来的留学生，初到中国，刚刚入学的一段时间是其感觉最困难的。语言不通畅，交流有障碍，对中国的政策、国情、文化不了解，吃住也不习惯，没有朋友，焦虑紧张的不良情绪等极易使留学生产生孤独无助、无所适从的感觉。他们无暇应付学业上的难题、生活中的麻烦，更无暇主动接受道德教育以加强品德修养。所在国文化与中国文化之间的差距影响了留学生的心理健康，思乡而孤独感、寂寞无助感对心理健康也有显著影响。一系列的心理健康问题使得道德教育缺少良好的心理基础，一旦留学生的心理问题得不到疏解和发泄，很容易导致心理和生理上的病痛。文化、生活、语言上的差异给留学生带来困扰的同时也给教育管理者带来了难题，其中之一就是宗教信仰与风俗习惯的差异。来自东盟各国的大多数留学生们都是忠实的教徒，宗教信仰的不同、种族之间的文化碰撞以及潜意识中对本国文化的捍卫，使得摩擦、碰撞与冲突无法避免[①]。

基于以上主要原因，在东盟来华留学生道德教育中需要开展以下几方面教育。

（一）认知教育

开展认知教育的主要方法有：一是专题培训。根据留学生个性化的专业或技能需求，开展专门的培养训练，例如汉语强化、特长发展等，选配专门的教师给予指导。这是解决留学生来华学习目的的基本教育形式。在培训中不仅施以专业技能，而且融入中国文化。二是课堂教育。学校按照东盟留学生培养方案，编制教学计划，让留学生接受通用的、公共的知识和技能，如计算、书法、汉语等知识技能的学习。将不同国家的学生集中在一起，可以培养他们的相互尊重、友好相处的良好品德。三是交流讨论。在教师的指导下，让留学生自由发言，不仅能帮助他们理解消化知识、增强口语能力，还能产生不同文化的交锋、交流，领略多元文化的魅力，使他们学会尊重不同文化，学会海纳百川、吸收不同民族的优秀文化精髓。

（二）实践教育

实践教育是指以学生在课堂上获得的理论知识为基础，通过学生亲身参与和体验的教学型实践、专业型实践和科技型实践，实现知识向能力转化的过程，以培养高素质应用型人才。实践教育理念的价值在于：第一，实践教育符合育人的学习规律。如护理专业学生专业素质和实践能力的培养由表及里、由浅入深、由低到高、由简到繁，学生受到了全面、系统地训练。第二，实践教育符

---

① 涂三堂. 基于跨文化交流的视域看来华留学生的思想道德教育工作［J］. 青年文学家，2013（09）：210.

合教育的客观规律。学生通过学习知识获得能力，有利于消解课堂教育中普遍存在的抽象、教条、与现实脱节等弊端。第三，实践教育符合自我教育的规律。它使学生们养成独立思考、勇于探索的优秀品行。第四，实践教育符合素质教育的规律。它让学生了解知行统一的意义，注重把实践融入学习和生活之中。几种主要的方式如下。

一是社团活动。开展丰富多彩的校园文化活动，丰富东盟来华留学生的校园生活，在留学生中广泛开展丰富多彩的以培养人文素质为中心的校园文化活动，如灵活多样的小型学术活动、文艺与体育活动、书法及绘画比赛等，营造民主、平等、宽松、和谐的氛围，让留学生根据自己的兴趣爱好、感性经验、气质特征选择活动项目，积极主动地融入其中，推动留学生之间的交往、师生之间的交往和中外学生之间的交往，促进留学生适应性和幸福感的增长，以及自信、自知、自尊人格品质的形成。校园生活不只在校内，走出校门，投入社会也是丰富校园文化生活的重要途径。组织留学生深入工厂、农村、社区、医院，开展社会调查，进行社会实践，为他们提供接触和了解中国社会的平台。既能让留学生真正感受中国的社会文化和道德文明，消除对中国文化的排斥心理，增进对中国的友好感情，也有助于学生了解社会对人才的需求，增强学习的动力，使思想道德教育的目标在潜移默化中实现。①

二是技能大赛。技能大赛原本是依据国家职业技能标准，结合生产和经营工作实际开展的以突出操作技能和解决实际问题能力为重点的、有组织的群众

---

① 张宗利，王凤丽，王春刚. 如何开展来华留学生的思想道德教育［J］. 中国管理信息化，2013（06）：102-103.

性竞赛活动。在留学生教育中举办的技能大赛主要是以学习知识、理解文化、检阅成果、交流互动为目的的教育教学活动。例如：汉字读写、汉语歌赛、本民族舞蹈会演等，这些轻松活泼、易于激发留学生热情的学习活动，不仅能强化他们知识和技能的学习，还能培养留学生平等、包容、自信、友善、创新等良好品德。

三是公益服务。服务学习是一种建立在经验理论学习基础之上的，将课程教学与社区服务相结合的教育方法，旨在为国际社会培养负责任的公民。在留学生的实践活动中，还要考虑到留学生所学的理论知识与社会服务的实际需要，善于引导留学生思考问题的方式，从而提高留学生的社会实践能力和社会责任意识。

四是文化考察。充分利用地方人文资源开展留学生思想教育。地方人文资源是指地方天然的或世世代代所创造形成的独特的物质文化和精神文化的总和。它是一个地方所特有的精神财富，包括独特的地理环境、风土人情、历史事件以及当前所存在的各类有教育意义的事物，诸如人文积淀的物、人文色彩的事以及人格魅力的人等。地方人文资源是地方文明进步的累积，是一个区域、一个民族的根脉所系，它影响着人的精神和灵魂，引导人们积极向上，是推进人类社会前进的强大动力。每个地方都有地方所特有的特色文化，是人们重要的精神财富，也是学校留学生教育的重要资源。学校组织留学生参观自然景观、民俗文化等，从中接受中国地方文化的熏陶，拓展他们的文化视野，培养他们包容心态，是来华留学生教育的终极目标。

（三）生活教育

生活教育主要是指生活化的教育，这里的生活化是相对于理想化与工具化以及知识化而言的，也就是说道德教育跟生活有很大关系，教育的根基就是生活，受教育者能适应社会、拥有一个健康人格，对社会生活能做到积极参与，这就决定了教育的根基是生活的目的所在。一方面是使教育把应具有的生命力与有效性重新找回来。另一方面是帮助教育把本来面目重新找回来；再者，对于教育问题，考虑时要以生活作为基点。生活既是出发点也是结束点，"落后的生活"被"前进的生活"引导，实现教育同现实生活的良性互动。对于教育来说，生活是其发展的源泉,也是发展的现实动力。"以人为本"是它所倡导的价值取向,人是它所注重的主体地位,理解人、尊重人是它所重视的,它的最终指向是人能在全面、自由以及和谐状态下发展。开展教育时通过实际生活,在生活中进行,教育的根本途径应是实际生活过程。它基本上依托的是人们在现实生活中的经验,生活中的各个方面都要渗透教育活动,在这里,终身过程是教育所强调的,通过生活化的方式,将教育内容与途径潜移默化到人们的现实生活中。

(1)管理服务。在一定程度上,精致化理念既是管理范畴,又是一种文化和意识范畴。因此,留学生的思想道德教育的精致化实施可分成三方面进行:第一,精致的文化;第二,精致的思维;第三,精致的管理。首先,对精致文化而言,主要是把留学生的生活、学习基地作为基础,也就是将宿舍和课堂作为基础阵地,以提高学生的个性发展和综合能力水平的校园文化为精致文化的核心重点进行建设,以此就明确了留学生思想道德教育精致文化的着力点。其次,对精致思维而言,主要是将科学管理与人本管理思维结合在一起,使二者呈现相辅相成的关系。同时在新时期的互联网时代背景下,还要强化对创新思维的培养,将其作为精致思维的重点,站在实际基点上,展望未来思想道德教育的前瞻性需要,以此保障留学生思想道德教育的领先性。最后,在精致管理上,主要按照规则、个性及痕迹管理这几个要点进行。

(2)生活指导。对初来乍到的留学生,通过关心他们的生活,协助他们整理居室、购买物品、介绍情况、说明规则、引导办理学习生活事务,给予他们异国他乡的温暖,使他们尽快摆脱陌生感、孤独感,尽快适应校园生活,是不可或缺的生活课,有利于培养留学生热诚、友好的情感。

(3)朋辈交友。面向在华留学生的"朋辈互助"机制,其伦理意义发轫于美国心理学家 Harris(1995)的群体社会化理论,亦能追溯到 Rogers 的人本主义理论。美国心理学家 Harris 认为朋辈群体是造成个体差别的重要影响因素,对个体的影响甚至超过了基因及家庭,他认为朋辈群体对人的影响会逐渐取代幼年时家庭对其的影响,成为人社会化的主要影响因素。该理论对高校面向在华留学生开展朋辈活动具有较好的指导意义。诸如促进良好群体的形成,有利于朋辈之间心与心的沟通与交流,可以通过在群体中发挥榜样作用,有利于互相模仿、共同进步,从而形成优秀的群体跨文化交际氛围。Rogers(1969)提出的"以人为中心"的教育模式则对"朋辈互助"中朋辈互助员的角色提出了要求，并强调朋辈互助员通过对受助者的辅导和帮助实现自我提高与成长。① 班杜拉社会学习理论强调榜样示范的重要作用。班杜拉通过分析大量实证资料，认为当观察者和榜样示范者在兴趣爱好、价值观和年龄等方面存在相似性时，容易使观察者在心理上产生向榜样示范者学习的倾向，尤其当榜样示范者和观察者在某些特点接近时，榜样示范者的吸引力会更大。朋辈教育的原义是具有相同背景或共同语言的人在一起分享信息、观念或行为技能，以实现教育目标的教育方法。这在西方发达国家被广泛运用于教育领域。所谓朋辈，就是朋友和同辈的简称，他们年龄相近，职位相当，是生活境遇相似的群体，可以是相互熟悉的，也可以是相互陌生的。朋辈教育的核心内容就是朋辈互助。在高校，无论是中国学生还是留学生，由于年龄接近，学识水平相近，有着相同或相近的价值观生活方式和人生经历，自然性鸿沟小，共通性大，互动性高，因而在他们之间进行的互助往往效果很显著。通常表现为互相传授学习、生活、工作等方面的经验，及时进行思想、心理的交流和沟通。优秀朋辈群体尽自己所能给周围朋辈以精神上的鼓励和学习上的帮助，让彼此充分体验身边伙伴的关爱，借以见贤思齐、激发上进，实现优势互补、互相促进、共同成长的教育方式。据有关调查显示，当大学生有了思想困惑时，首先选择的是向朋友和同学倾诉，其次是向父母和亲属倾诉，选择向辅导员倾诉的只占10%。德育的过程中，在教师面前，学生往往感觉自己处于一种从属地位，很难达到真正意义上平等的思想交流、问题探讨的过程。而大学生朋辈教育者则不同，他们来自于学生中间，成长于同学中间，具有年龄相近，成长条件和所关注的问题相同等特点，相互间联系点和共鸣点比较多，具有增强教育感染力的先天优势，朋辈之间的易沟通、有同感和安全感等特点。②

在东盟来华留学生教育中，将大学生群体中优秀党员、学生干部作为朋辈教育者，通过发挥他们的榜样示范作用作为基本的教育手段。在朋辈教育中，

---

① 崔卉. 面向高校在华留学生朋辈互助机制构建的研究——以扬州大学在华留学生朋辈交际现状为例[J]. 江苏科技信息，2014（08）：68-70.
② 王伯然，陈秀清，朱影. 创新开展朋辈教育：探索社会主义核心价值观教育新路径——以河北师范大学汇华学院为例[J]. 教育现代化，2016（18）：149.

大学生榜样符合观察学习榜样示范的基本条件，教育效果显著。高校朋辈教育遵循现实生活的原则，是指朋辈教育的开展要紧密围绕大学生的现实生活，以大学生的生活范围为境域。朋辈教育的内容和方法来源于现实生活，朋辈教育实践活动发生在现实生活。高校教育管理者在制定朋辈教育方案时，既要与时俱进，又要立足大学生的生活世界。正是由于朋辈教育者的身份是大学生，生活在大学生群体中，经历或正在经历大学生所面临的学业压力、就业压力、生活压力以及情感困惑等，当他们成为教育者对身边同学展开教育实践活动时，才能更好地站在受教育者的立场去理解、尊重和关心受教育者。朋辈教育者将自身亲历或耳濡目染的生活实例通过潜移默化的方式影响受教育者，所取得的教育效果能够事半功倍。[①] 面向在华留学生的"朋辈互助"机制需要高校留学生教育管理工作者严格选拔、培训品学兼优的大学生，在专业管理人员的协助监督下，旨在从道德言行、法制伦理以及心理健康、日常生活等方面对需要帮助的留学生提供无偿自愿的帮助和支持的活动。

（4）心理健康教育。东盟来华留学生不仅需要面对学习和生活的压力，还需要面对在跨文化交际中引发的各类心理问题。因此，研究来华留学生的心理健康问题显得更为复杂。目前为止，对留学生的心理健康标准都集中在身心健康、交际能力、自我评价、学习态度、智力水平、情绪稳定、环境适应性等方面，具体内容包括以下几方面：

①自我评价。能够对自己做出积极向上的正确评价，对自己有信心，对未来有积极的期望。

②智力水平。留学生具备同龄人应该具备的智力水平，能适应当前学习要求和压力，能准时完成学业。

③情绪稳定。留学生能保持长期稳定的良好情绪，维持良好的心理平衡状态，能自我化解生活中的负面情绪，不钻死角，不认死理。

④生活态度。留学生要具有积极的学习生活态度，对学习生活有热情、有激情，并能制定短期的学习目标。

⑤良好的适应环境能力。留学生在新环境中能根据社会要求和道德规范行

---

① 谭亮. 高校朋辈教育的理论、要素与原则探析[J]. 创新与创业教育，2015（06）：58.

事，做事情符合社会准则。当出现文化冲突时，能做出判断，对异国文化要有包容的态度，能够区分主流文化和非主流文化，正确看待中西文化差异。能处理好文化冲突所造成的思乡情绪和心理问题。

留学生来华学习时是从一种文化进入到另一种文化，生活环境、生活习惯及价值观等已形成的具有稳定性的心理特征会面临很多变化和冲突，给生活造成压力，并带来身体和心理上的不适应，美国文化人类学家奥伯格称之为"文化休克"[①]。文化休克现象的出现主要由于西方传统文化崇尚个人主义，以自我为中心。当留学生进入另一种文化环境生活、学习时，本身固有的文化自然而然的与中国的传统文化产生碰撞。同时，留学生们来自世界各地，相互之间也存在文化、宗教及信仰方面的差异，不同国家和地区的留学生在共同的生活和学习中也不可避免的会产生文化冲突。因此，对留学生的心理健康辅导与教育变得尤为重要。

对留学生的心理健康教育，应该是结合其身体、心理特征，积极探索建立来华留学生心理健康辅导体系，解决留学生出现的各种心理健康问题。

一是建立导师、班主任、辅导员定期沟通机制。出现心理问题的留学生往往无法完成正常学业，因此，留学生的学习状况在大多数情况下是学生心理状态的指南针，建立起导师、班主任、辅导员定期沟通机制，有利于辅导员老师及时了解留学生的学习状况，帮助留学生解决学习中出现的各种问题，防止留学生因学习压力过大而产生各种心理健康问题。

二是加强留学生校园文化建设。东盟来华留学生大都刚从高中毕业，来到异国他乡求学，极易出现强烈的思乡情绪。丰富的校园文化生活能帮助来华留学生提高其文化适应能力，减少思乡情绪，提高人际交流能力，从而减少来华留学生的心理健康问题。

三是建立留学生心理健康咨询室。高校应建立专门针对来华留学生的心理健康辅导中心，聘请心理健康学者担任咨询师的工作，针对来华留学生的心理特征，结合生源国文化，解决留学生心理健康出现的各类问题。

四是提高留学生辅导员素质。高校辅导员是直接服务管理来华留学生的一

---

① 孙茜. 浅论来华留学生的心理健康辅导与教育机制[J]. 学理论，2014（29）：159.

线工作人员，来华留学生的专任辅导员应该具备相应的心理咨询师技能，提高其心理问题敏感度和解决心理健康问题的能力，在与留学生接触的第一时间发现问题并解决问题。

五是开设来华留学生心理健康教育课程。来华留学生学习和生活中出现困难而引发的短暂负面情绪并不会使学生出现严重的心理健康问题，而这种负面情绪如果得不到良好排解，加上学习和生活中的困难得不到解决，负面情绪便就可能会长期积累，会出现自闭、轻生等严重后果。因此，学校应该尝试为留学生新生开展文化适应、心理辅导、心理素质培训等课程，加强学生文化适应能力，达到预防心理疾病的效果。因此，随着贵州省东盟来华留学生规模的不断扩大，应借鉴我国高校中国学生心理健康教育与辅导体系，对留学生进行心理症状剖析，结合留学生的生源国文化，在高校中进行来华留学生的心理健康教育与辅导。

（5）网络教育。现代生活中，互联网已经逐渐渗透到人们生活的各个方面，影响着人们的行为习惯和生活方式，甚至成为现代教育的新途径和载体。网络使得人们之间的距离更加接近，也使得思想变得全球化。一个人可以通过网络将文字、声音及图像随时随地传送给具有终端设备的另一个人，也就是说，教育已经打破了传统教育方式的局限，不再受时间和地点的约束。互联网时代是一个多元文化、多元思想并存的时代，在此情况下，教育者和受教育者的思想都会深受其影响。网络思想教育具有良好的发展优势，主要表现在以下几个方面：一是网络环境下，信息量较大，涉及时空更广，能够为受教育者创造"多维立体式"的教育模式，而教育者也可以对受教育者进行多维度教学；二是网络信息较为开放和多样化，能够实现全球化传递，并带来一定的经济收益，同时，面对不同的生活背景以及文化观念，受教育者可以有更多的选择空间；三是通过网络，教育者能够实施"虚拟情景"式方法，借助声音、图像等方式等进行教育；四是网络能够给受教育者和教育者建立一个平等交互的平台，两者可以通过网上谈论、聊天和评论等形式讨论思想政治相关知识，及时有效解决实际问题。[①] 留

---

① 姜占峰. 论现代思想政治教育新方法——评〈现代思想政治教育方法论［J］. 学研，2016（05）：78-79.

学生与教师通过网络技术进行沟通，能使学生和教师更加平等地进行交流，从而实现两者之间的有效互动，使学生能够把心里所想表达出来，教师针对学生的看法进行引导，从而完成教育工作。

第二节 "五位一体"的教育路径

"五位一体"的东盟来华留学生思想道德教育需要在正确方法的指导和高校各部门的协调配合下，通过制度牵动、课程拉动、实践推动、服务驱动和环境鼓动的"五动"而实现。

一、制度牵动

"五位一体"的东盟来华留学生思想道德教育是一项工程浩大的科学的教育实践活动，需要中国—东盟层面、国家层面、学校层面三个层面的政策和制度保障，才能牵动东盟来华留学生思想道德教育健康、有序、长足发展。

（1）中国—东盟层面。东盟国家与中国有地缘上的优势，又都是发展中国家，且东盟也是世界上华人最多的地方，因此中国和东盟有着许多共同利益。一直以来，中国始终奉行"坚持大国是关键、周边是首要、发展中国家是基础、多边是舞台的原则"和人类命运共同体的理念，和"一带一路"沿线国家一道，为中国梦、东盟梦和世界梦不懈奋斗。如马来西亚是东盟成员国中最早提出和中国改善关系并建立外交关系的国家；泰国是东盟成员国中，一直与中国保持友好关系的国家之一；中缅之间也一直保持着高层互访……中国和东盟各国都签订了《联合声明》《谅解备忘录》《合作协议》或者《联合公报》，还出台了《中国—东盟战略伙伴关系2030年愿景》。特别是"中国—东盟教育交流活动周"活动，为健康发展东盟留学生教育在中国—东盟层面建立了良性机制。

更值得一提的是，2008年7月26日—8月1日，中国外交部、教育部、贵州省人民政府在贵州共同主办了首届"中国—东盟教育交流周"，开启了我国西南地区与东盟国家高校间合作新篇章，不仅进一步增进了中国与东盟国家之间的了解、友谊与合作，也为中国和东盟的高校推动留学生教育搭建了平台和合作机制。

下一步，为了更好地开展"五位一体"的东盟来华留学生思想道德教育，中国—东盟层面需要在实习—就业工作、人文教育交流工作方面提供顶层设计和定期互动机制。

（2）国家层面。我国根据有关原则和高等教育实际，出台了一系列如《高等学校接受外国留学生管理规定》《学校招收和培养国际学生管理办法》《推进共建"一带一路"教育行动》《中华人民共和国中外合作办学条例实施办法》《教育部国际合作与交流司关于中国政府奖学金的管理规定》《来华留学生高等教育质量规范（试行）》等文件，为各高校开展来华留学生教育提供了政策指导和行动指南。

当然，除了华南、西南片区的几个省，国家层面及省级层面还没有专门出台针对东盟来华留学生教育的有关规定和办法。为了突出地域特点和留学生个体特征，下一步可以在东盟来华留学生招生、考核等方面的规定进行补充和完善，加快推进东盟来华留学生向纵深和高学历发展。

（3）学校层面。学校是"五位一体"的东盟来华留学生思想道德教育的执行者。目前，广东省、广西壮族自治区、云南省、贵州省的相关高校都制定了比较完善的东盟来华留学生管理制度，涉及课堂教学、课外活动、生活指导、学习指导和寝室管理等。但在心理辅导、职业教育、法治教育等方面还比较欠缺，没有形成规范的体系和执行的合力。在东盟来华留学生学业标准上有"照顾"的嫌疑，没有达到规定的刚性约束和制度的规范牵动作用。

另外，客观地讲，除了区位占绝对优势外，西南、华南片区高校目前的国际化教学水平还不足以在东盟生源吸引方面成为"卖方市场"。因此，各高校要积极利用《国家中长期教育改革和发展规划纲要（2010—2020）》的"实施来华留学预备教育"，构建东盟来华留学预备教育体系，提升东盟留学生教育质量；充分利用"一带一路"的发展机遇，创建中国—东盟职业教育中心等研究机构，做好"五位一体"的制度建设研究。

二、课程拉动

课程拉动是"五位一体"的东盟来华留学生思想道德教育的核心动力，着力点包括课堂教学、课程体系建设和理论建设。

课堂教学是留学生职业道德教育的主渠道,对留学生全面系统地了解和掌握中国文化、法治文化、职业文化、心理健康和道德素养发挥了不可或缺的主阵地作用。在教学中,教师要根据东盟留学生这一群体的特性和个性,在对如医学专业的学生,及时进行医学职业道德等教育,对来自医疗实践的现实问题进行讨论,指导和帮助留学生在课堂上充分表达个人观点,促进其对自己的观点重新审视与思考,提高处理实际工作中的价值、伦理、道德的分析能力、判断能力。

在课堂教学环节,一是要设置文化通识课,对中国文化常识进行直接传递并在不同的专业教学课程中,引导性地加入历史教育、价值观教育等思想教育内容,实现显性传播;二是设置文化鉴赏课,采用启发式教学和"影响流"传播,引导留学生体会、感悟价值观内涵。

当前,课堂教学还要构建和实现"趋同化教学"与"个性化助学"相结合的东盟来华留学生培养体系。据调查发现,不少高校的留学生教学尚处于学籍编外管理、单独开班授课、降低出门标准等"差异化教学"模式,这和提高我国高等教育质量、培养国际高素质人才的大趋势、大方向并不相符。

"趋同化教学"是指遵循在培养计划、教学环境、学业要求等方面尽可能与中国学生保持一致的原则下实施东盟来华留学生的教学管理。"趋同化教学"是我国高校留学生教育向"同一化教学"逐步看齐的过渡措施。"趋同化教学"确实会给东盟来华留学生带来较大的压力,也会给教师的教学带来诸多挑战和困难。

为了有效缓解学生的学业压力,可以开展阅读答疑、作业讨论等方面的帮扶,使学生及时得到学习指导与咨询。"趋同化教学"的同时需要构建和推动东盟来华留学生"个性化助学"体系和功能,在课堂教学之外为东盟留学生提供尽可能多的指导和帮助,包括补充个性化课程、提供学业伙伴、建立导师制等具体措施。①

"五位一体"东盟来华留学生教育的实施,也和专业课一样,需要课程的支撑。

---

① 王军. 我国来华留学生教育的基本定位与应对策略[J]. 中国高教研究,2008(12):88-92.

截至目前,尚未有哪所高校专门针对东盟来华留学生出版了中国文化、法治文化、职业文化、心理健康或道德教育方面的系列教材。

理念是行动的向导。在教材的开发方面,要不断进行理论创新,使中国文化、法治文化、职业文化、心理健康和道德教育既有故事的感染力,又有理论的说服力,不落于形式主义的俗套与空洞形式的说教。用深厚的文化理论支撑起"五位一体"东盟来华留学生教育课程体系构建与课程开发。

从目前调研看,绝大多数学校在留学生人文和道德教育方面都是开展一些形式主义的活动,出现庸俗化、娱乐化的倾向,导致留学生参与率不高、积极性不足的问题。因此,"五位一体"的理论课程开发迫在眉睫。

例如,在讲授中华文化的严以律己时,目前各校的教法和做法是:开展一个以"严以律己"为主题的中文演讲比赛活动,或者是开展一次"'慎独'何用"的讨论或辩论。而且年年重复,没有深度和新意。其实在编写"五位一体"东盟来华留学生教育的理论课程时,我们可以给教师和学生无限的发挥和想象空间:先从宋朝太宗皇帝赵光义赵氏家族"克己择善"的家训说起,再讲到近现代的邓时敏"修身立品,以勤宜德"的家风展开,从古到今,娓娓道来,最后从家训、家风上升到"严以律己"的自律,由故事到理论,深入浅出,激发东盟来华留学生的兴趣和共鸣。

留学生教育需要从形式教育上升到理论教育,不能泛泛开展形式主义的活动。

举办活动是必然的,但与活动教育相比,理论教育具有以下特点和优势:一是全面性。理论教育把所有的教育内容按照一定的教育单元进行系统排列,强调教育内容的连续性。理论教育并不是一种单项的专门活动,而是一种系统长期的教育活动,便于把理论内容完整地呈现在学生面前,形成知识结构的整体和思维方式的逻辑。二是集中性。理论教育途径是最集中反映思想道德教育内容的教育途径,它浓缩了所有的感性认识或初步理性认识的精华,是所有教育内容中概括性程度最高、内容最精炼、观点最明确集中的内容。三是稳定性。与实践教育途径及其他教育途径相比,理论教育途径具有稳定性。这种稳定性首先是由理性知识内容的稳定性决定的,理性知识内容是对感性知识内容的抽象和深化。其次是由理论教育过程决定的,从理论教育的过程来看,理论教育活动一般采取相对稳定的课堂教育方式来进行，与感性认识和经常性的日常道德教育活动相比，课堂教育活动具有更强的稳定性。

课程的拉动，课程是保障，考核是动力。在推进"五位一体"的东盟来华留学生教育过程中，还要以学分制改革为抓手，推进国际留学生教育公认的评价考核体系，保障教育教学质量的稳步推进。

过硬的教学质量是保障留学生教育健康可持续发展的前提。只有不断地提高教学质量，才能树立良好的口碑，吸引更多留学生前来就读。首先，正如前文所说，高校要以国际化人才培养为目标，不断完善培养方案，改进教学内容，建立课程体系，创新教学方法和手段，积极探索国际化人才培养模式。其次，学校要制定和完善留学生教学管理及考核制度，明确留学生教学管理部门的职责，建设并不断优化留学生教学质量保障体系，对留学生教学的各个环节进行考核和分析，及时发现问题并迅速加以调整。

三、实践推动

实践和理论是一对双胞胎，实践教学和理论教学是相辅相成、相互补充的，对东盟来华留学生教育来说，二者缺一不可。实践育人本质上是一种参与和体验式的教育。东盟来华留学生只有通过自身接触、感知和体验，才能把感性认识和实际经验上升为理性认识。实践育人途径是理论育人途径的有益补充，是理论教育的延伸，同时也是一种新的思想道德教育形式。

追求知和行的统一是职业文化教育的基本理念。内化于心谓之德，外化与行谓之道。让留学生"知"是指导学生"行"的前提，组织留学生"行"、实践道德理论才是"知"的目的。启发、引导东盟来华留学生参加各项实践活动，是高校职业文化教育的重要内容。

如"中国—东盟文化交流活动周"中，为了加深年轻一代对彼此文化的理解，促进文化交流，每一届的交流周均举办青少年文化、体育、艺术、语言交流活动。每届交流周都组织培训学生志愿者承担接待服务工作，让学生有机会学习并了解外事礼仪、国际会议流程和东盟国家的文化教育情况。其中第七届"中国—东盟文化交流活动周"期间举办的"中国—东盟大学生趣味运动会"，让中国学生与东盟学生同台竞技、互相切磋，不仅增进了双方的了解，也深化了友谊。

还有通过"中国—东盟大学生论坛""东盟留学生中国文化知识大赛""东盟留学生汉字听写大赛"等活动，推动了东盟学生学习汉语的积极性，增强了他们对中国文化、社会的了解，促进了双边学生互动互学。

贵州省接收东盟留学生的高校在这方面做得比较成功，内容也比较丰富。如许多学校通过举办东盟国家传统节日"泼水节"，"东盟文化节""东盟美食节""中外留学生之夜""东盟风情图片展""中外文化论坛"等活动，并利用图文及网络宣传，在校园里营造多元文化的氛围，拉近东盟学子与贵州学生的情感距离，增进了解、开阔视野、和谐共生，形成尊重、了解、包容、学习不同文化、习俗的良好风气。

因此，除了专业课程外，可以设置各类特色兴趣课程，如书法、武术、太极拳、中国戏剧艺术欣赏，中国传统的山水、花鸟、人物画等，同时组织留学生外出考察，实地了解中国社会现状和欣赏如诗如画的优美景色。这些针对留学生的教学模式，不仅有利于他们掌握所学的专业知识，也加深了留学生对中国传统文化的认知和认同，丰富了实践教学内容。

实践育人的推动作用主要体现在哪里呢？实践育人与理论育人相比具有以下特点：一是以学生的直接经验为内容。理论教育途径比较重视间接经验的学习，主要对人类社会实践结果的学习、运用和掌握，而实践教育则强调从学生的直接经验出发来学习，强调学生从实践中感受和体会，强调学生的参与性。二是以实践活动为主要载体。实践教育的主要载体是学生的各种外部活动，如专业实习、社会实践活动、拓展训练、文体活动、公益性活动等。这些活动既可以在课堂内进行，又可以在课堂外进行，具有广泛实用性。因此，实践育人可以达到知行统一的功效，实现教育内容的"内化"，进而转化为良好的行为习惯。

当然，再先进的教育，如果方法不对，结果也是事倍功半。目前个别高校开展的实践活动的主要问题有：随意性和麻木性。在调研中，东盟来华留学生反馈活动的娱乐性太强，根本没有体验价值，而且所有开展的活动，就活动而活动，甚至带有完成任务的仓促感，没有背景的了解，没有理论的深化。

四、服务驱动

"五位一体"的东盟来华留学生教育要想落地生根，离不开高效的管理服务、活泼的文化服务和周到的语言服务。

（1）坚持管理也是服务、服务也是管理的思维，进一步完善东盟来华留学生教学和管理。第一，在经济全球化和高等教育国际化的背景下，高校在重视文化传播途径和方式的同时，应全面坚持"以教学为中心"的方针，提高教学和培养质量，发挥我国高等教育的学科专业优势，吸引更多高层次人才。应拓宽思路、理顺机制，探索培养模式、教育质量、管理方法的创新手段，在逐步实施教育国际化的过程中，从办学模式、生源层次、课程设置、生活管理等方面，进行大胆地探索和改革。要切实从追求规模扩张逐渐向培养层次和提高质量转变，注重教育服务管理的全方位提升和经济效益的叠加。第二，正确对待东盟来华留学生来自不同文化背景的国家的差异性，逐步实施来华留学生的趋同管理、趋同服务，把留学生的双重身份主要定位于"学生"身份，而不是独立个体的"外国人"身份，使东盟留学生尽快适应校园环境。同时在一视同仁的前提下，关注并重点考虑留学生群体的特殊性，给予其更多的关注和关心，例如，可以根据不同国家的文化特色、习俗等举办各种类型的活动，在更大程度上满足留学生的心理诉求。第三，对待留学生上要坚持以人为本的教育理念，坚持"人性化"理念，从更多层面换位思考，给予他们更多的文化理解和学习支持，从而间接保障留学生不会因为留学生身份而受到不公平待遇乃至歧视，进而消除留学生的日常学习顾虑和生活疑惑，让东盟留学生和中国本土学生拥有相同的学习环境和学习资源，使留学生感受到家的温暖，真正放心把自己"交给学校"，融入学校。

（2）丰富文化生活，做好文化服务。文化交往是东盟来华留学生生活的重要环节，也是实现中国传统文化有效传播的重要手段。对于校园空间而言，校园文化活动是主要的实现途径。因此，一是要丰富校园文化活动的内容。除了在校园中建设中国传统文化主题的景观建筑、举办面向留学生的国学讲堂、传统文化月等活动，营造传统文化气息浓郁的校园文化氛围，还要在校园外广泛开展参观中国传统文化展览活动和中国传统文化体验的素质拓展活动，近距离感受中国传统文化魅力。二是要提高渠道宣传的质量。互联网环境下，媒介影响思维的作用更加明显，留学生同样是在互联网下成长起来的一代，要会用、擅用互联网平台进行中国传统文化的网络传播，如开设相关主题的微信平台，号召东盟留学生关注，定时推送留学生喜闻乐见的信息。

（3）加快语言培训，完善语言服务。语言是影响东盟来华留学生活动和学习质量的关键因素。从国际学生流动的趋势和人数来看，第一是流向美国、英国、澳大利亚、加拿大等以英语为母语的国家，因为英语是当前最通用的语言，占据天时地利。近年来伴随中国经济、社会、教育的发展，汉语进入国外主流社会和教学大纲是历史趋向。特别是"一带一路"倡议深入人心，汉语将越来越受到青年大学生的青睐。根据以上两个判断，各高校要做好英语和汉语两种语言的培训服务。

五、环境鼓动

创设环境，实现环境育人是"五位一体"东盟来华留学生教育的应有之义。

环境育人，有时又称情景育人，是一种不通过正式的教学活动，对留学生的知识、情感信念、意志行为和价值观等方面起到潜移默化的作用，促成教育目的的实现。这种环境包括：物质情境如学校建筑、设施设备等；文化情境如教师言行、校园文化、各种仪式等；人际情境如师生关系、同学关系、学风、班风、校风、校纪等；创设情景，如举办表彰大会、评选好人好事、宣传感人事迹等。这种环境一般具有独特性，是学校通过长期沉淀，能有意或无意地传授给留学生的思想、知识和经验的宝贵精神财富。

因为环境教育对受教育者的影响通常都是在"非目的性""无计划"的自发偶然情况下发挥作用，可以说是一种无课堂、跨时空的教育，而且这种环境长期存在于学校教育之中，弥漫于整个校园环境，所以还是一种"全天候"的教育因素。因此具有特殊的教育作用：一是能陶冶情操。学校的校园环境、建筑物、雕塑、文化走廊等都具有美学价值，能产生美的感觉，从而激发东盟来华留学生创造美好生活的欲望和动机；良好的校风、班风使人变得阳光、向上、豁达、宽容、善良。同样，具有崇高人格魅力的教师特别有一种优质的熏陶力，能给人启发和鼓舞。二是规范作用。一直传承的、深厚的校园文化，包括规则制定、人文管理等，对留学生有一种规范和约束的作用，使学生在一传十、十传百中调整自己的思想和行为，以适应学校的文化底蕴。久而久之，这种"无意识"地被内化的规范，就会成为留学生的一种高尚地自觉。

在这方面许多老牌高校做得最好，在调查中获悉，有的高校不用召开主题班会来说教，东盟来华留学生就知道该做什么、不该做什么。完全是靠自己在学姐、学长那里传承下来的"习惯"或者在校园文化体验后的莫名自觉。

高职院校在环境育人方面要加强。有些高校建得像厂房，根本不像学校，进了这样的校园，学生根本没有学习的冲动和欲望。

第六章 "五位一体"的东盟来华留学生教育队伍建设

东盟国家来华留学生已成为我国高校留学生教育中的主体对象，如何为东盟国家培养高素质、复合型专业人才已成为高校来华留学教育研究的重要课题。其中，东盟国家来华留学生教育是实现东盟国家来华留学教育目标的基本保证。加强东盟来华留学生教育不仅是培养"知华""友华""亲华"、高素质、复合型国际化人才的需要，同时也是提高东盟来华留学生综合素质、提高留学生管理水平和促进传播中国文化的需要。因此，我们必须重视东盟来华留学生的教育问题。

东盟国家与中国地缘相近，同属世界东方国家，与我国历史文化传统差异小于西方国家。尽管如此，东盟来华留学生还是有其历史文化传统身份的独特性，对其进行教育应与中国学生有所不同。王春刚（2015）指出，来华留学生思想教育过程由教育主体、教育客体、教育目标、教育中介和教育环体等一系列要素构成，这些要素相互影响、相互制约、相互作用，共同构成了一个整体。[①] 其中，来华留学生教育主体，即具备特定素质，根据国家、社会和学校相关要求，有计划、有目的对来华留学生进行教育的人。我们认为，来华留学生教育主体就是指对来华留学生教育起主导作用、施加关键影响的教师团体。关于东盟来华留学生教育队伍建设，我们将从教育队伍的结构、标准和培养三方面展开论述。

---

① 王春刚，刘洋. 来华留学生思想道德教育过程的构成要素及特点分析[J]. 高等农业教育，2015（06）：83.

第一节　教育队伍结构

东盟来华留学生教育者是东盟来华留学生教育活动的主体，其队伍结构组成和素质的高低直接影响东盟来华留学生教育的方向和效果，并对来华留学生素质水平的提高有很大的制约作用。大思政观认为思想道德教育活动存在于教学管理活动中的各个方面，思想道德教育者是个广泛的概念，它既包括专职从事思想道德教育的工作人员，也包括兼职从事思想道德教育活动的工作人员以及在特定空间和时间针对某些特定对象进行思想道德教育活动的人。[①]

王春刚认为，来华留学生教育主体从广义上讲，包括一切对来华留学生进行教育和影响的人，具体包括各级留学生教育主管部门相关人员、全体任课教师、辅导员、公寓的管理人员、同学，也包括留学生本人。从狭义角度，教育主体指的是从事来华留学生教育专任教师和承担教育任务的辅导员[②]。完成大学生教育的各项任务，归根到底要靠人、靠队伍。教育队伍即从事教育活动的人员的有组织的集合体。[③] 根据东盟来华留学生的跨文化背景、思想道德现状，结合我国法律法规、政策形势、战略发展规划以及来华留学生思想道德教育内容，我们认为，东盟来华留学生教育队伍结构应包括所有对东盟来华留学生教育活动施加影响的群体。

一、依据来华留学生"五位一体"教育内容划分

来华留学教育过程中，教育者围绕总体培养目标，选择并确定相应的教育内容。针对不同国家的来华留学生，思想道德教育内容本质上并无多大差异。我们把来华留学生思想道德教育工作内容大致分为两类。

---

① 王春刚，刘洋. 来华留学生思想道德教育过程的构成要素及特点分析 [J]. 高等农业教育，2015（06）：83.
② 代红伟. 亚洲来华留学生思想道德教育研究 [J]. 南昌：南昌航空大学，2015：29-36.
③ 罗洪铁. 思想政治教育专题研究 [J]. 北京：中央文献出版社，2007：57.

第一类，属于思想范围的教育，区别于中国大学生的思想政治教育。在进行此类教育时，要根据我国的对外方针政策，尊重留学生在来华以前已经形成的人生观和价值观，引导留学生建立对我国的友好态度，不可向留学生强加我国的政治主张。

第二类，属于管理范围的内容，涵盖在日常教学、生活管理的各个方面。包括对留学生进行心理健康、遵纪守法、勤奋学习、团结友爱等方面的教育。

第一类思想道德教育内容相对应的实施者涵盖了广大教育者及对受教育者主客观施加影响的人，大致包括学校领导、二级管理部门领导、教学人员和其他管理人员。第二类思想道德教育内容更加具体明确，相应的教育主体大致包括各级留学生教育主管部门相关人员、全体任课教师、辅导员、公寓和后勤服务等管理人员、心理咨询员、留学生会和相关留学生社团，同时也包括留学生本人。也就是说，包括了思想道德教育的主客体。

二、依据来华留学生管理部门机构设置划分

来华留学生管理部门机构设置自上而下可分为国家层面、省级层面和学校层面三个不同层级的类别。国家层面的领导及管理部门有国务院、教育部、外交部、文化和旅游部、公安部和财政部；省级来华留学生教育领导及管理部门包括省政府、教育厅、公安厅、外事办等；学校层面领导及管理部门包括学校行政领导、外事办、国际交流处、国际教育学院以及各二级学院。由此可以看出，从国家层面到学校层面，来华留学生管理部门及机构设置越来越具体，职能分工也愈加明确。从国家层面来看，作为最上层来华留学生领导及管理部门，各相关部门主要负责来华留学生大政方针政策的制定，属于决策机构部门，对来华留学生教育起法律法规层面的规范、政策方向引领等作用，即顶层设计层面。省级各相关部门围绕国家层面的顶层设计内容，组织实施、落实并执行国家层面来华留学生教育的政策。学校层面的各来华留学生领导及管理部门承担了具体执行和落实的职能。

因此，来华留学生思想道德教育实施的成效主要取决于学校层面的各部门机构，根据各部门机构设置配备相关领导、教育实施和管理人员，才能使该项工作落实到位。一般来说，来华留学生思想道德教育队伍应包括分管来华留学

生教育的校领导、来华留学生归口管理机构教学人员、行政管理人员、后勤保障和各类服务人员。此外，各级职能部门，如教育部、公安部、外交部、教育厅、公安厅、外事工作委员会等，对来华留学生思想道德教育中相关的法律法规等的教育也起到了间接和直接的作用。

综上所述，东盟来华留学生思想道德教育队伍应包括行政领导、教学和各类管理和服务人员。根据实际情况，也可以包括学生自治管理组织机构及其本人。由此可见，东盟来华留学生思想道德教育不仅仅是主客体交流参与活动，还包括教育目标、教育中介和教育环体等要素相互影响、相互制约、相互作用，它是一个复杂的、系统的教育活动。

第二节　教育队伍标准

来华留学生教育队伍是指从事来华留学生教育具体工作的人员。他们是来华留学生教育的主体，在来华留学生教育中扮演着重要的角色，是来华留学生教育的引导者、组织者、沟通者和激励者。来华留学生教育队伍的素质，或者说标准，直接影响来华留学生教育的方向和效果。[1]因此，明确东盟来华留学生教育者队伍的素质要求，加强东盟来华留学生教育者素质的培养，就成为东盟来华留学生教育的内在需求和工作内容之一。

一、东盟来华留学生教育队伍素质构成

东盟来华留学生教育队伍素质，即队伍标准，是指从事东盟来华留学生教育活动的人员应具备的各种基本条件的总和。东盟来华留学生教育活动属于思想道德教育的范畴，同时又不能简单地等同于一般的思想道德教育，它面临着特殊的教育对象和复杂的教育过程。因此，来华留学生教育者的素质既有从事教育活动的一般素质要求，又有特殊的素质要求。这些共性和个性素质相互影响、相互制约，共同构成来华留学生教育者的素质结构。

---

[1] 王春刚. 来华留学生思想道德教育者的素质及培养［J］. 江汉大学学报，2013（2）：90-96.

王春刚（2013）认为这些素质主要包括以下几方面。

（一）良好的思想素质

这是来华留学生思想道德教育队伍的基本思想素质要求。为帮助来华留学生形成正确的思想观念，掌握正确的思想方法，树立良好的思想风貌，我们教育队伍必须具备科学的思想观念、正确的思想方法和过硬的思想作风。

（二）高尚的道德素质

"学高为师，身正为范"，来华留学生思想道德教育队伍的道德素质好坏，将直接影响到来华留学生的道德素质状况。此外，我们教育者的道德素质也是国民道德素质的具体体现，直接影响到国家的形象。这就要求来华留学生思想道德教育队伍必须具有良好的道德素养和崇高的职业道德。

（三）过硬的政治素质

"政治素质是指一个人的政治方向、政治立场、政治观念、政治态度、政治信仰的综合表现。"[①]虽然在对来华留学生进行思想道德教育中涉及政治教育比较敏感，容易引起不必要的误解或尴尬。但对于来华留学生思想道德教育者来说，并不意味着政治素质可有可无。来华留学生思想道德教育者的政治素质会影响到国家形象、国际交流中的标准和尺度及友好关系，还会影响到我国来华留学生教育方针政策的贯彻实施。来华留学生思想道德教育者过硬的政治素养主要包括：坚定的政治立场、浓厚的爱国主义情感和较高的政治水平。

（四）良好的心理素质

良好的心理素质是通过后天的锻炼而逐步形成的。来华留学生思想道德教育者在面对来华留学生思想道德教育工作时，不可避免地会遇上各种心理问题，及时有效地解决自身的心理问题是来华留学生思想道德教育工作对教育者的必然要求。因此，来华留学生思想道德教育者必须具备良好的心理素质。这些素质包括：丰富的想象力、稳定的情绪情感、坚强的意志、广泛的兴趣和良好的性格。

---

① 郝文清. 现代思想政治教育学［J］. 合肥：合肥工业大学出版社，2008：176.

（五）渊博的知识储备

渊博的知识储备不仅是一名合格的教育者的基本要求，也是来华留学生思想道德教育者实施思想教育活动中应对复杂局面的必备素质。它包括精深的专业知识和广博的科学文化知识等。

（六）突出的能力素质

能力是顺利完成某种活动所必备的并直接影响活动效率的个性心理特征。能力是在具备一定知识和技能的基础上形成的，而知识和技能又是以具备一定的获取知识和技能的能力为前提的，两者相辅相成。教育者要掌握与来华留学生思想道德相关的知识和技能，就必须具备相应的获取知识和技能的能力。突出的能力素质是来华留学生思想道德教育工作对教育者的基本要求。这些素质包括：调查分析与决策能力、组织协调能力、表达能力、说教能力、外语能力、应对突发事件的能力。

我们认为，来华留学生教育者除必须具备上述基本素质外，根据东盟来华留学生的特定身份，还应具备法律素质、人文素养和身体素质等。"外事无小事"，东盟来华留学生教育者必须掌握与留学生教育息息相关的法律、法规，自觉遵守法律，依法依规办事。同时还应具有丰富的人文素养和健康的体魄，为教育工作创造良好的条件。

二、东盟来华留学生教育队伍素质要求

东盟来华留学生教育者是开展东盟来华留学生教育工作的主体，是东盟来华留学生教育活动的发起者、组织者、引导者、实施者和激励者，在东盟来华留学生教育工作中承担了重要的职责，其队伍标准直接影响着东盟来华留学生教育的方向和效果。

根据东盟来华留学生教育队伍的构成，我们大致分为四大类：行政领导、教学人员（教师）、行政管理人员、其他服务人员。具体来说，包括分管来华留学生教育的校领导、高校来华留学生归口管理机构教学人员（教师）、行政管理人员、后勤保障和各类服务人员等。

（一）领导干部素质要求

为进一步提升我国高等教育的国际影响力，提高来华留学教育的质量，教育部在 2004 年提出"扩大规模、提高层次、保证质量、规范管理"的留管工作指导原则，为各级来华留学领导干部素质提升提出了明确要求。高校来华留学教育管理人员是教育战线上的外交官，他们的言行代表着国家的形象和国际声誉。我国来华留学生教育事业的蓬勃发展，对留学生管理干部的素质提出了更高的要求和挑战。来华留学教育管理工作的主要任务是管理和教育，其工作性质决定了来华留学管理干部应具备较高的综合性素质。

东盟来华留学生教育是高校有效开展留学生教育、培养高素质、复合型、国际化人才的重要保证，各级领导干部理应不断加强学习，增强国际化意识，主动承担来华留学生教育的领导职责。因此，我们认为领导干部应具备以下基本素质：

（1）具有坚定的政治信仰，以党的指导思想为根本指导原则，树立正确的世界观、人生观和价值观。

（2）立场坚定，热爱祖国，要有敏锐的政治洞察力。自觉维护祖国的主权和荣誉，维护社会主义制度和民族尊严。

（3）具有较高的党性修养和崇高的社会主义道德修养，有较高的领导干部素养和领导管理才能。

（4）具有较强的国家安全意识，严格保守国家秘密，坚决维护国家安全的

强烈意识。

（5）具有较好的跨文化意识，熟知东盟国家概况、历史文化传统，有敏锐的国际形势和政策洞察力，善于捕捉东盟国家政治、经济等发展动态。

（6）在来华留学思想道德教育中，能够随机应变，根据外事纪律要求，能够灵活处理相关涉外事务。

（7）具有比较宽泛的思想道德教育理论知识，了解与思想道德教育直接相关的教育学、心理学、伦理学、社会学、管理学和法学等知识。

（8）具有广阔的国际化视野，超前的远景规划意识和开拓创新的发展眼光，善于统筹谋划，推进本校来华留学教育的快速、健康、持续发展。

（9）具备深厚的人文素养和广阔的国际人文情怀。

（10）具有超强的组织协调能力和科学的决策能力。

（二）高校来华留学生归口管理机构教学人员素质要求

东盟各国来华留学生教育背景不同，汉语水平和专业基础参差不齐。从事东盟来华留学生教学工作的教师不仅要具备精良的教学业务、认真负责的工作态度和乐于奉献的敬业精神，同时还应具备在教学中贯彻"教书育人"的能力。在知识传授过程中，培养东盟留学生"知华""友华""亲华"情怀，向他们讲好中国故事，传播中国好声音。不管是语言基础课教师，抑或是专业课教师，或者是教育课专业教师，都应具备以下素质：

（1）热爱祖国，立场坚定，有强烈的维护国家和民族尊严的爱国意识。

（2）严格遵守国家外事纪律和涉外事务原则，严格保守国家秘密，有强烈的维护国家安全的意识。

（3）具有顾全大局、服从组织分配、乐于奉献、爱国敬业的精神。

（4）高尚的思想道德素质、过硬的政治素养，具有科学的世界观、人生观和价值观。

（5）具有精深的专业知识和广博的科学文化知识、人文知识。

（6）具有良好的跨文化交际意识，充分了解东盟国家概况、历史文化传统。具有敏锐的国际形势和政策洞察力，准确判断、精准把握工作时局和工作重点。

（7）善于与来华留学生交朋友，努力培养知华、友华人士。

（8）良好的心理素质，具有较高的情商和宽广的人文情怀。

（9）具有较强的调查分析与决策能力，较强的组织协调能力和应对突发事件的能力，较强的口语交际能力。

（10）坚持"以人为本"的理念，做好本职工作，教书育人，管理育人，服务育人，做一名合格的来华留学生思想道德教育的教授者。

（11）不断加强学习，更新观念，提升个人教学能力和各方面职业素养。具有解放思想、与时俱进、不断开拓创新的精神。

（三）行政管理人员素质要求

来华留学生行政管理人员主要包括教学和学生日常管理人员，其中留学生辅导员和班主任是参与来华留学生教育的最前沿的教育者。他们直接参与来华留学生的教育与管理工作，对来华留学生教育的影响最大也最为深刻，几乎决定了此项工作的成败。因此，留学生辅导员和班主任工作是东盟来华留学生教育工作开展的基石，是贯彻执行和有效实施整个来华留学生教育工作的重要保证。

除了之前提到的素质要求外，留学生辅导员和班主任还有以下素质要求：

（1）热爱学生，具有良好的服务意识，不断提升服务质量，为来华留学生教育创造有利的条件。

（2）具有敏锐的洞察力和判断能力，能够全面、及时地了解留学生思想状况和思想动向，因势利导，做好来华留学生教育的基础工作。

（3）具有较强的外语沟通能力和沟通技巧，当好来华留学生的"心理咨询员"，做好他们的心理健康教育和管理工作。

（4）注重维护公平正义，对服务对象一视同仁，不分亲疏，不抱成见。

（5）遵守班主任工作原则，严格请示汇报制度，不自作主张，不先斩后奏，不越权处理来华留学生事务。

（四）后勤保障和各类服务人员素质要求

一般来说，在东盟来华留学生教育实施过程中，后勤保障和各类行政等服务人员并不是教育主体的主要部分。但从广义上来讲，东盟来华留学生教育是一个开放的、复杂的、系统的教育过程，东盟留学生来华留学不仅仅是简单的学习专业知识的过程，而且也是感受中国国情、体验中国文化传统和社会人文精神的思想感悟之旅。可以说，东盟国家留学生在华留学期间，时时处处都在感受和理解中国元素，倾听中国故事，课堂之外的社会活动和环境对其教育有着潜移默化的影响。因此，作为东盟来华留学生教育环境中的一部分，学校的后勤保障和各类行政等服务人员的作用也不容忽视，他们的一言一行都关乎着国家的形象和国际声誉，对东盟来华留学生的教育起关键的辅助作用。所以，东盟来华留学生教育对高校后勤保障和各类服务人员也应提出相应的素质要求。除了以上提到的基本素质要求外，鉴于这类人员工作的特殊性，还有以下其他的相关素质要求：

（1）具有良好的服务意识和工作态度，和蔼待人，不卑不亢，言行举止要文明礼貌。

（2）具有扎实的本职工作岗位技能，工作积极，认真负责，诚实守信。

（3）严格遵守工作原则和工作纪律，廉洁奉公，不利用工作之便营私牟利，严禁索贿受贿。

（4）熟悉基本外交礼仪，尊重东盟国家风俗习惯与文化传统。

（5）服从分配，积极主动配合学校来华留学生教育工作，能够认真完成领导交办的相关工作。

东盟来华留学生教育是一项系统而复杂的过程，需要整个教育队伍中各类人员的共同参与和协调合作。为提升东盟来华留学生教育的水平，提高国际化办学质量，必然需要整个教育队伍不断加强学习，切实提高自身素质。因此，抓好东盟来华留学生教育队伍的培养和建设工作也刻不容缓。

第三节　教育队伍培养

东盟来华留学生教育队伍是实施教育活动的主体，其素质的高低直接影响着东盟来华留学生教育活动的实效和方向，决定着最终结果。东盟来华留学生教育活动属于广义上的教育范畴，但它又与中国学生的思想道德教育活动有所不同，具有一定的独特性，所以其教育队伍的素质要求也较为特殊。东盟来华留学生教育的有序实施、留学生综合素质的提高，与高素质的教育队伍密不可分。提高东盟来华留学生教育队伍的素质，培养一支素质全面的专业化的教育队伍，是东盟来华留学生教育面临的紧迫任务。

王春刚（2013）指出，"提高来华留学生思想道德教育者的素质，是一项长期而艰巨的任务，既需要政府、高校的重视，也需要教育者自身不断加强修养。"① 他主要从政府、高校和教育者个人三方阐述来华留学生思想道德教育队伍的培养。

一、东盟来华留学生教育队伍的培养途径

结合东盟来华留学生教育的特点，我们将对东盟来华留学生教育队伍的培养途径归结为以下几种。

（一）政府对东盟来华留学生教育队伍的培养

政府作为高等教育事业的领导者和管理者，在建立来华留学生教育队伍的过程中发挥着主导作用，培养高素质的来华留学生教育队伍离不开政府的参与。

首先，政府主管部门要制定长期、中期和短期来华留学生教育队伍建设规划，将其列入国家来华留学教育总体规划。要依据东盟国家来华留学生的思想状况，确立来华留学生教育队伍建设的指导思想、原则、目标和内容，保证队伍建设的正确方向。

其次，在做好来华留学生教育总体规划的前提下，政府主管部门要大力加强对来华留学生教育者的教育与培训，提高其业务水平和职业素质，以满足实际工作需求。要采取多种培训形式：国家和地区培训相结合，充分调动地方教育主管部门的积极性。实行定期培训和不定期培训相结合、知名学者和权威专家相结合、培训内容坚持理论研究和实践工作相结合等多种有效途径对来华留学生教育队伍进行培训。

最后，政府主管部门还要建立长效机制，加强对来华留学生教育队伍素质的评估和督查。以评估和督查促进来华留学生教育的教师队伍建设。一方面有利于政府了解来华留学生教育队伍建设的现状；另一方面有利于加强来华留学生教育队伍的素质提升。政府主管部门要科学地设立评估和检查的标准、原则、

---

① 王春刚. 来华留学生思想道德教育者的素质及培养［J］. 江汉大学学报，2013（02）：90-96.

指标和具体方法。制定有利于促进来华留学生教育队伍素质提升的奖励机制，鼓励各级政府主管部门加大来华留学生教育队伍的培养力度。

（二）高校对东盟来华留学生教育队伍的培养

高校是贯彻执行国家教育政策，并负责具体实施的机构，是来华留学生教育队伍工作的主体单位，在来华留学生教育队伍的培养过程中扮演着重要角色。

首先，高校应大力引进高素质的来华留学生教育人才，提高高校来华留学生教育队伍的职业化、专业化、专家化程度。把好用人关，制定科学、合理、严格的人才引进标准，把具有高思想政治素质、专业知识扎实、职业道德高尚、较强的跨文化意识作为衡量引进人才的根本标准，保证来华留学生教育队伍的整体素质。

其次，高校要做好来华留学生教育队伍的培训工作。高校要认真落实政府关于来华留学生教育队伍的培训教育规划，根据实际情况，制订适合本学校的培训教育规划。例如：各高校每年可派人参加教育部国际司、全国高教学会留管分会组织的来华留学教育管理干部培训，为来华留学生教育者提供很好的教育培训和经验交流机会。此外，高校应重视来华留学生教育工作，为来华留学生教育者营造良好的个人发展环境，营造良好的工作氛围。切实帮助他们解决工作、生活中面临的实际困难，鼓励他们创新工作理念和工作方式，不断开拓创新，做好来华留学生教育的科学理论研究工作。

最后，高校应建立健全来华留学生教育队伍的激励机制。来华留学生思想道德教育工作复杂而艰巨，短期内难以看到明显的成果。如果缺少必要的激励机制，就不能有效提升教育工作者的积极性，这对来华留学生教育工作的顺利开展将造成一定的障碍。因此，必须建立健全来华留学生教育队伍的激励机制。把来华留学生教育工作和队伍建设放在重要位置，提高来华留学生教育队伍工作者的地位，在职称评定、职务晋升、薪酬待遇各方面给予实质性、政策性关照，使来华留学生教育者在物质和精神方面都得到激励，进而有效提高其工作积极性。

（三）来华留学生教育队伍的自我培养和提升

由于东盟来华留学生来自不同的国家，他们的政治背景、受教育程度、风俗习惯、文化传统、个人爱好等诸多方面存在差异，客观上给东盟来华留学生教育工作增加了不少难度,迫使教育工作者必须提高自身的综合素质。东盟来华留学生教育工作者应继续加深对东盟各国国情概况、形势政策动向、历史文化传统等方面的认知,增加开展该项工作的背景知识,才能摸清东盟来华留学生的思想状况,进而有的放矢、有针对性地开展教育工作,增加教育工作的实效性。

二、东盟来华留学生教育队伍中重点对象的培养

东盟来华留学生教育工作离不开教学和管理这两类人员。因此,在东盟来华留学生教育队伍中,我们以教学人员(教师队伍)和管理人员(辅导员和班主任)作为重点对象,探讨这两类人员的培养问题。

(一)教学人员的培养

东盟来华留学生教育主要通过课堂教学加以实施的,留学生的学习生活的大部分时间都是在课堂上度过的,因此课堂教学是教师对他们教育工作的主要渠道。东盟来华留学生教育教学人员又包括两类,即教育管理专业课老师和其他任课教师。

1. 教育管理专业课教师

教育管理专业课教师一般在高校主要承担中国学生的思想政治教育课,具有扎实的思想道德教育理论基础,渊博的专业理论知识。正是基于这一点,才要将教育管理专业课教师纳入东盟来华留学生教育工作体系中,通过开设教育专门课程,系统进行中国文化教育、法治文化教育、职业文化教育、心理健康教育和道德素养教育。由于东盟国家来华留学生来自不同国家,所在国的社会政治制度、文化历史、语言、风俗习惯存在明显差异,这些因素必然增加他们的教育难度。

因此,高校势必要打造一支教育专业课教师队伍,通过人才引进或对现有教育专业课教师进行综合素质提升的培训,以确保东盟来华留学生教育收到实效。关于专业课教师的培养,学校应着重做好以下几方面工作:一是加大人才引进力度,严格把握人才引进标准,把具备渊博的专业知识,精通东盟国家文化,工作态度严谨负责,具有良好涉外意识等综合素质的人才作为重点引进。二是注重加强现有教育管理专业课教师的培训,使其全面了解留学生教育的客体情况,认真学习基本涉外法律法规和社交礼仪,深刻理解我国同东盟国家的社会政治、经济和文化背景的差异,形成适应教育客体状况的教学模式和教学方法。三是加强校际的来华留学生专业课的教学经验交流,相互学习和借鉴,共同进步。

2. 其他任课教师

与教育管理专业课教师相比,其他任课教师比较容易忽视对东盟来华留学生教育的重要性和必要性,对国际学生"教书育人"的认识不够深刻,认为只要传授给来华留学生学科专业知识就够了,既忽略了通过课堂传授知识潜移默化影响留学生思想的事实,也忽略了向留学生展示国家社会发展和国家形象的机会。事实上,在教学过程中,教育者的思想素质、道德素质和知识素质对东盟来华留学生教育有着极其大的影响。中国文化教育、法治文化教育、职业文化教育、心理健康教育和道德素养教育是能够渗透在专业课教学活动中的,任课教师的言传身教对东盟来华留学生也有着潜移默化的影响。

高校要引导任课教师树立正确的世界观、人生观和价值观,以教师自己的"三观"融入东盟来华留学生教育活动中。根据东盟来华留学生的特殊性,高校应打造一支复合型、高素质任课教师队伍。他们应当具备教学业务精良、工作积极、认真负责、乐于奉献等综合素质。培养任课教师的锐意改革精神,促进其不断改进教学方法和创新教学模式。要求任课教师注重东盟来华留学生专业教育与能力教育的结合,法律教育和情感教育的结合,这样不仅体现出我国健全的法制体系,也树立良好的国际形象。

（二）辅导员和班主任

留学生辅导员和班主任作为来华留学生教育管理与服务的一线人员，平时和来华留学生接触最多，关系最密切，这一优势使得辅导员和班主任在东盟来华留学生教育工作中能够发挥积极的作用。因此，学校相关主管部门应积极探索辅导员工作的新方法、新举措，不断适应留学生教育工作中的新内容。培养并打造一支政治素质高、业务能力强、国际化意识强的留学生辅导员和班主任队伍，是做好东盟来华留学生教育工作的重要保证。

首先，选拔和招聘优秀的东盟国家语言、历史文化等相关专业毕业的本科生和研究生来担任东盟国家留学生专职辅导员和班主任。其次，明确留学生辅导员和班主任的岗位职责、提高工作效率，创新留学生管理和服务模式。再次，加强留学生辅导员和班主任培训，提升其工作技能。完善留学生辅导员及班主任培养和培训体系，加强其外语、外事和跨文化交际等能力。建立留学生辅导员和班主任职业能力标准，打造一支优秀的职业化、专业化团队。最后，建立留学生辅导员和班主任教育考核机制，制定详细的考核标准，保证考核有据可依。完善留学生辅导员和班主任职业化道路，拓展职称、职务方面的发展渠道。[①]

总之，东盟来华留学生教育是一项复杂而具有挑战性的工作，没有专业化、职业化的留学生教育队伍，就不能有效地实施东盟来华留学生教育工作。所以，各高校建立一支高素质的来华留学生教育队伍，是实现培养"知华""友华""亲华""助华"国际化复合型人才的重要保证。

---

① 董东栋. 浅谈留学生辅导员在维护校园安全稳定中的作用［J］. 外国留学生工作研究，2015（03）：73.

第七章 "五位一体"的东盟来华留学生教育管理机制

"五位一体"的东盟来华留学生教育是一个系统工程,为了保证东盟来华留学生教育管理的健康运行,还需要从管理机制、服务机制、评价机制和考核机制等方面来推动。

第一节 东盟来华留学生教育的运行机制

东盟来华留学生教育是一项系统工程,必须确立东盟来华留学生教育的系统观念、全局观念、整体观念,必须整合各方面的力量,体现教书、管理、服务育人的统一,并建立良好的运行机制,提高东盟来华留学生教育的整体效应。

一、建立学校主导、二级管理"一体化"运行机制

教育部于2010年9月出台了《留学中国计划》,一方面在于落实国家在2010—2020年这一阶段的教育发展规划,另一方面在于加强中外交流,提高我国教育国际化水平,让中国真正成为亚洲最大的留学目的地国家。《留学中国计划》《国家中长期教育改革和发展规划纲要》(2010—2020年)以及《高等学校接受外国留学生管理规定》这三个中央下达的政策文件是现今中国关于高校留学生教育的比较全面的规定。从这三个文件当中我们可以看出我国在引进留学生问题上的积极态度,这也正是我国近几年留学生人数激增的主要原因。各项政策虽然囊括了留学生的招生、教育、管理以及奖学金管理等关键性问题,但还只是停留在比较抽象宏观的方面,需要各大高校针对自身的特色和接收的

留学生的特点做出一定的改进，以期更好地应对留学生工作。

合理的管理体制是创造优越学习环境的保证。铜仁职业技术学院在十余年的东盟来华留学生教育工作的实践中，探索和建立起了"一体化"的管理体制，即在"统一领导，归口管理，分级负责，协调配合"的原则下，建立起一种在学校党委和学校主要领导直接领导下，将东盟来华留学生的教学工作、接待工作、管理工作、服务工作等归口于一个管理部门，实行集中统一管理的管理体制。学校主导主要体现在，履行学校的信用与声誉，全面规划、制定、实施、管理并协调留学生教育工作，提供必要的经费支持。整合学校教育、外事与管理资源，保障留学生教育的开展。科学管理和优质服务，是创造良好的学习环境、保证来华留学生教育工作顺利开展的重要措施。

这种"一体化"运行体制集管理与服务于一体，能集中所管辖的各个部门的力量，充分发挥基础设施和人才资源的整体优势，避免或减少不必要的矛盾，具有较强的科学性及可操作性。"一体化"管理体制能够有效提高工作效率和工作质量，为留学生的"招、学、吃、住、行"提供保障，解除他们的后顾之忧，使他们能够安心学习，从而增加学校的吸引力，推动来华留学教育的发展。①

二、建立完善组织体系

（一）建立工作队伍体系

辅导员和来华留学生朝夕相处，接触得最多、最密切。学校应充分利用辅导员的优势，建立教育运行机制。

一是把教育纳入辅导员工作中。目前，大部分留学生辅导员的工作主要是管理工作，忽视了留学生的思想道德教育工作。因此，建立留学生辅导员思想道德教育机制必须首先重新界定留学生辅导员的工作职责，把思想道德教育纳入辅导员的工作中，成为其工作不可缺少的一部分。同时，制定辅导员思想道德教育工作详细的实施细则，具体的工作计划，保证教育工作有的放矢。

二是要求辅导员开展教育工作必须具有"四心"。东盟来华留学生教育是

---

① 邓福庆. 切实做好来华留学生教育工作的实践与思考［J］. 黑龙江高教研究，2005（07）：6-7.

一项烦琐、困难重重、比较艰巨的工作。它要求留学生辅导员必须具有"四心",即信心、耐心、细心和恒心。首先,留学生辅导员必须要有信心。东盟来华留学生思想道德教育是一个崭新的领域,许多人对此持怀疑态度,能不能开展?如何开展?作为留学生辅导员必须破除这些疑虑,战胜各种错误思想,坚定信心,树立必胜的信念,这样才能开展好工作。其次,留学生辅导员必须要有耐心。东盟来华留学生思想道德教育面临诸多的挑战,对象特殊,情况复杂,教育方式特殊,等等。这就要求留学生辅导员必须要有耐心,不怕重复,不怕麻烦,诲人不倦。再次,留学生辅导员必须要细心。东盟来华留学生大多数年龄较小,思想活跃。这决定了留学生辅导员在工作中要认真、细致,及时发现问题,并解决问题。最后,留学生辅导员必须要有恒心。思想道德教育不是短时间能解决的问题,它需要一个漫长的改变过程。留学生辅导员必须具有恒心,坚持长期开展,长期教育,持之以恒,永不放弃。

三是建立留学生辅导员教育考核机制。为了督促留学生辅导员真正开展教育,保证教育的质量,必须建立留学生辅导员教育考核机制。学习应制定详细的考核标准,保证考核有据可依。同时,制定相应的奖惩措施。对于优秀的辅导员,要在待遇、评职、评优、晋升等方面给予倾斜。对于不负责的辅导员,要给予相应的处罚。

(二)建立学生自我管理体系

针对东盟来华留学生存在心态上的进取心不足、后劲乏力、自由散漫等问题,必须加强学校管理与教育,同时建立东盟留学生的学生会组织并加强管理与自我管理,充分发挥整体与部分协调发展的关系,"按照以人为本,以教育法为依据,以民主化为原则的指导思想"建立东盟留学生自管会、学生会以及相应的社团等,实现留学生组织由暗到明,接受学校统一管理。增强东盟来华留学生自我管理、学生会管理和社团管理三者的协调作用,增强东盟来华留学生自我教育与自我管理的意识,养成独立自主的处事方式,培养合格的国际复合型人才。①

(1)成立留学生学生会。目前我国高校中留学生学生会的发展情况有三种:

---

① 张姝. 管理工作与高校学生思想政治教育的融合发展探讨[J]. 高教学刊,2016(16):201.

第一种是没有设立专门的相关的留学生学生会；第二种是拥有独立完整的留学生学生会；第三种是中国学生会中有留学生参与的混合式学生会。

第一种情况的高校，由于学校留学生办学力量较弱，师资力量不足，加上留学生数量有限等问题，因此没有成立相关的留学生学生会。留学生学生会的相关事务的办理由学校负责领导、国际交流处（外事办）、相关二级院（系）的教师或者相关二级院（系）的中国学生会负责，在处理学生会相关事务时面临诸多不便，在这种情况下，东盟来华留学生与来华其他国家的留学生相同，在管理上没有明显的差别。例如，组织一场联欢会，需要留学生的支持和帮助，留学生往往参与文艺节目的表演，在组织留学生排练节目的问题上，由于没有相应留学生学生会的协助，使得活动举办起来存在一定的难度。留学生学生会方面的缺失，使得对留学生的管理缺乏系统性。

第二种情况的高校办学力量相对成熟，师资力量相对充足，留学生人数较多。因此，学校成立了相应的留学生学生会。这种情况又可分为两种情况：①留学生学生会的设置与中国的学生会设置差别不明显，机构设置完整，均设置主席、副主席，秘书处或办公室，宣传部、学习部、文体部、生活部、外联部或称社会实践部等部门；②留学生学生会在设置上与中国的学生会设置方式不同，机构设置在留学生总部办公室或留学生秘书处下按国别分设部门。

第三种情况的留学生人数较少，学校师资力量相对不足，成立留学生学生会人数和实力均达不到要求。因此在特殊情况下成立中国学生和留学生共同参与的学生会组织形式。一是在学生会中设立专门的留学生部或留学生联络中心等，管理留学生学生会的相关事务，部门学生干部均由留学生担任，在学生会的下属专门部门参与学生会活动。例如，云南财经大学东盟学院的学生会设置了专门的留学生部，留学生部即留学生联谊会，设部长（会长兼任）、副部长（副会长兼任）、干事等。二是混合式学生会管理，在学生会部门人员设置上采取混合设置形式，主席一名，结合实际情况决定由中国学生担任；副主席两名，中国学生和留学生各一名；各部副部长均设留学生一名。例如，广西师范学院国际文化与教育学院的学生会中，纪检部副部长、生活部副部长和女生部副部长等部门的副部长均设置为一名东盟来华留学生。成立东盟留学生自管会的目的就是让东盟留学生自己管理自己，充分发挥东盟来华留学生的自主性。提倡东盟留学生进行学生自治管理，成立东盟留学生寝室自管会，有利于发展东盟留学生的管理能力和交际能力,增进东盟各国留学生之间的互相学习和交流。东盟来华留学生均已成年,具有较强的独立思考能力和较高的自我管理能力。让东盟留学生学会自我管理能更好地协调学校各个部门与东盟留学生之间的关系,东盟留学生自管会还能起到宣传和沟通的纽带作用,学校充分利用东盟留学生自管会进行教育与管理,同时积极发挥教育对象国留学生中汉语水平较高的、来华时间较长的或者学长等特殊人群的辅助性教育作用。

学校留学生管理人员要让留学生感受到人文关怀,"思想教育只有以情感人,以关怀取得信任,以温暖启迪心扉,以友爱获得沟通,方能事半功倍"。东盟留学生自管会可以增强学校管理的实效性,同时弥补我国高等学校在留学生管理人员上存在的不足。因此,成立东盟留学生自管会有较强的实际意义。

(2)组建班委会。来华留学生的班级编制一般是小班编制,人数较少,因此班委会的职位设置也要符合实际情况。在东盟留学生班委会中主要设置班长、学习委员和文娱委员等职位。班委的职责是管理好本班事务,同时协助学校管理好东盟来华留学生的日常工作。留学生班委的选拔与中国学生的选拔略有差异,考虑到东盟留学生的特殊性,选拔时对汉语水平和对中国文化的熟悉程度有一定的要求,能够顺利地和学校相关老师沟通交流的留学生当选班干比较适宜,有利于各项工作的开展,增加管理的实效性。

(3)成立相关社团。根据来华留学生的特点,以下几种类型的社团组织较为适合:①专业技能型,如理工科专业的建模协会和编程协会等,中外学生间的专业知识交流将有利于来华留学生学术整合的实现。②语言文学型,如演讲协会、文化社团、诗社等,此类型的社团尤其吸引学习汉语言专业及文化专业的来华留学生。③文化艺术型,如书法协会、摄影协会、舞蹈协会、武术协会、戏剧社等。文化艺术型社团组织将有助于满足来华留学生的兴趣爱好需要,增强其对中国文化的认识和热爱。④体育竞技型,如各类球类俱乐部、棋类协会等。[①]成立东盟留学生联合会、东盟留学生联谊会等相关社团,在日常管理和业务上由学生管理中心负责指导,全面负责策划。东盟留学生联谊会在组织活动时主

---

① 王勇,林小英,周静,等.来华留学生教育管理工作满意度:构成、贡献与策略——基于北京大学来华留学毕业生样本的调查分析[J].教育学术月刊,2014(02):47.

要是由东盟留学生参加的活动。例如组织单纯由东盟留学生参加的各种学习、文体活动、社会实践等,或者应邀参加其他形式的中外联谊活动,负责东盟留学生管理方面工作,配合完成各项活动等。成立与汉语学习相关的文化社或协会,例如成立学习社、汉语文化社等社团,由中国学生和留学生共同参与组建的学生社团,在人员设置上分别设置中国学生和留学生职位,分管中国学生和留学生的相关事务。这些文化社或协会主要是进行汉语语言的学习,帮助留学生提高汉语水平,适应中国生活,融入中国社会等。同时,有助于中国学生开阔视野,扩大交友圈,开展中外友好交流等,有助于爱华友华东盟留学生的培养。

三、建立完善制度体系

俗话说:"没有规矩不成方圆。"加强东盟来华留学生教育,必先从制度上入手,以保障教育的顺利开展。

(1)建立国家来华留学生教育制度。没有国家层面的制度保障,来华留学生教育是无法顺利开展的。国家主管留学生工作的机构应制定来华留学生教育总体制度,建立教育的目标、内容、评价等体系,以引导全国各高校的具体教育工作。

(2)省级层面应结合本地区留学生教育状况制定相应的制度。在贯彻执行国家关于来华留学生教育制度的前提下还要从本省实际出发,具体问题具体分析,制定本省的来华留学生教育制度,以指导本省留学生教育工作。

(3)各高校应制定东盟来华留学生中国文化、法治文化、职业文化、心理健康和道德素养"五位一体"教育的具体实施制度。各高校是具体负责东盟来华留学生教育的机构,也是"五位一体"教育的具体实施机构。东盟来华留学生"五位一体"教育的开展状况取决于高校的具体落实工作。各高校在实施"五位一体"教育时,既要遵守国家、所在省的相关制度,又要结合本校留学生的实际,建立具体的实施制度,有针对性地开展教育。[①]完善规章制度并建立有效的突发事件预防机制,定期开展心理咨询和辅导,建立完善、合理、科学的管理制度能够规范留学生的行为,使"五位一体"教育有章可循,有据可依。规

---

① 王春刚. 加强来华留学生思想道德教育的必要性及其途径[J]. 通化师范学院学报, 2012 (01): 95.

章制度的制定要充分依托国家的相关法律法规，借鉴国际通用惯例，注重实效性，增加透明度。各高校应将学校的各项规定制作成手册，发给东盟来华留学生，并向其说明规章制度的合理性和必要性，耐心细致地引导留学生要自觉遵守。制度的执行不能流于形式，对原则性的问题绝对不能姑息，不能让学生养成凡事好商量的坏习惯。对出现的严重违规行为的处理要加大宣传力度，通报违规细节和处理结果，并作为教育课的案例进行讨论，强化学生遵守各项规章制度的意识。要制订周密的《留学生突发事件应急管理预案》，强化责任意识，健全突发事件处理机制，把各种矛盾和问题解决在萌芽阶段。要适时地、多途径、多方式地开展留学生心理咨询和辅导，排除心理障碍，健全其人格。对于留学生遇到的各种心理、思想问题，进行细致深入的心理疏导，缓解他们心中的苦闷，教育他们以积极的态度对待自己的留学任务，帮助他们更快、更好地适应在中国的留学生活。

（4）建立信息化管理平台。充分利用互联网、智能系统开展东盟来华留学生教育管理工作，通过留学生管理信息系统实现留学生入出境信息、境内居留与住宿信息、教学信息、就业信息以及境内违法记录等情况的全面共享。制定科学、系统、适合东盟留学生特定的文化背景的培养方案，是保证和提高留学生培养质量的重要基础。目前，学校缺乏类似的留学生教务管理系统，涉及的留学生的学籍管理、出入境管理、教学管理、学位管理、毕业管理都得单独联系，各行政职能部门管理之间的信息无法共享，导致管理脱节。例如某个学生跟学院导师请假回国做项目，但是学院行政部门不知情，留学生管理中心也不知道情况。留学生成绩管理仍然采用原始的纸质版，而没有采用录入管理系统，容易发生留学生成绩丢失等情况。因此，迫切需要建立一个全面的留学生管理系统，以加强留学生信息的沟通与各部门的合作。

第二节　东盟来华留学生教育评价机制

教育的最终目的是受教育者良好德行的形成。良好的评价机制起到积极的杠杆作用，古今中外为此已构建了一套评价标准。

一、中外古代思想教育方法实效性的评价标准

（一）知行合一

"知行合一"标准，是古人推崇的衡量人的道德水平以及德育工作实效性的基本尺度和标准。只有达到了"知行合一"，人才具备了基本的"道德"，思想教育才有实效性可言。孔子曾说："始吾于人也，听其言而信其行；今吾于人也，听其言而观其行。"（《论语·公冶长》）孔子通过个人的经验告之于人，只有言行一致，知行合一，教育才可能有效。从教育方法的角度看，孔子实际上提出了"要将道德认知与道德实践结合起来"的教育方法观点。认知是践行的基础，践行是认知心理以及价值取向的表象。只有"知行合一"，才能真实地反映出人的道德价值取向，也只有这样才可以使教育者掌握被教育者真实的情况，在教育方法上施以必要的干涉和控制，达到教育者所期望的实际效果。"知行合一"的标准在方法的实效性方面起到基础性、保障性作用。它为思想道德教育方法追求"真"性标准——方法的科学性奠定了基础。

（二）"慎独克己"

"慎独克己"标准，是古人推崇的又一衡量人的道德水平以及思想道德教育实效性的标准。只有达到了"慎独克己"标准，思想道德教育才有持久的、广泛的实效性可言。"慎独"是指人们在独处无人注意的情况下，能自觉按照一定的道德准则思考和行动，达到"莫见乎隐，莫显乎微"（《礼记·中庸》）的境界。而"克己"则是教育对象自觉用统治阶级的道德标准来约束和克制自己的言行，使自己言行合于"礼"，从而达到"仁"的境界。孔子主张"克己复礼为仁"，并把克己的办法细化为四个条目，即"非礼勿视，非礼勿听，非礼勿言，非礼勿动。"（《论语·颜渊》）从教育方法的角度看，古人提出了教育个体自觉"用社会价值和规范来约束、限制个体行为"的善性价值标准作为评价方法实效性的重要标准的观点。这一观点里面实际上蕴含着思想道德教育方法的方向性标准问题——"善"性标准的问题。"慎独克己"标准反映出古人在思想道德教育方法实效性的价值评价上推崇"个体利益服从社会需要"的价值标准。即符合这一"善"性价值标准的教育方法才视为具有实效性的方法。

(三)内圣外王

"内圣外王"标准,是古人衡量人的道德水平、境界以及思想道德教育实效性的又一标准。所谓"内圣外王",就是内修圣人之道,外施王者之政;内以圣人的道德为体,外以王者的仁政为用。从教育方法的角度看,古人提出的"将个人抱负与社会理想相结合"的修炼方法是符合实际、切实可行的,并具有实效性。由于这一教育方法妥善地将个人抱负与社会理想有机地结合起来,统一两者的前进方向,简化这两个目标之间的中间程序、环节,整合资源条件,从而达到结果。这使人们认识到,教育方法本身也应该如它所指导的修炼法一样,统一方向、整合资源、简化程序,在现实社会中可行,并且便捷高效,符合"行"和"效"的标准,才能具备教育方法的实效性。

(四)神性标准

"神性标准"是西方国家思想道德教育方法实效性评价中历史最悠久的标准。宗教方法主要目的在于使人信神,使人服神,使人敬神。因此,"神性标准"可以归纳为"信服虔敬"标准。"信"是在心理上接纳;"服"则是在心理上的被征服和在行动上的遵循和服从;"虔""敬"则表明行为上的恭顺、心理上的仰慕,体现出相信、服从的程度,它是宗教教育方法实效性的综合体现。这一方法由于将统治者对社会成员行为规范的要求有机地与个体心理、行为结合起来,从而取得了方法的实效性。

(五)人性标准

"人性标准",是西方国家思想道德教育方法实效性的主要评价标准。它是针对神本主义理论对立物而产生的。这一方法的核心观点是尊重人的本性(包括自然本性和社会本性)需要,以个体利益作为社会利益的核心和动力,关注文化、制度对道德判断的影响作用,以此为基础构建思想道德教育方法体系。在教育方法基点上,由"神"向"人"转变,在方法的价值取向上,由对神的"服""敬"向对人性的自由解放转变,在方法的评判上,由对神的"虔""敬"程度向对人的自由、解放程度转变。神——人标准的转变,反映在方法上的核心问题是关于价值取向——"善"性标准的转变。

就中西方法比较而言,从方法实效性的评价标准构成来看,中国古代思想道德教育方法更关注思想道德教育方法在方法评价标准的结构上应由哪些要素（标准）构成，属于"孰有孰无"问题，西方教育方法则关注的是方法评价标准构成要素上"孰轻孰重""孰先孰后"的问题。

二、东盟来华留学生思想道德教育标准评价

（一）以"真"为上的科学性标准

理论的科学性标准包括三个方面内容，从理论的产生角度来说，理论来源于自然和社会实践，是对客观事实真理的理论概括。因此，理论应具备真实性和本质性。从理论的应用结果角度来说，方法理论应与教育对象和教育环境相适应，因此，理论应具备适应性和合规律性；从理论本身的表述形式和人们对理论的接纳角度来看，理论应具备流畅性和可接受性。要评价一种方法是否具有实效，第一，这个方法应改是科学正确的、真实的，是经过实践检验，符合事物内在联系和本质规律的。不正确的、不科学的方法要想获得稳定的实效，几乎是不可能的。马克思曾对此指出："理论一经掌握群众,也会变成物质力量。"柏拉图认为教育内容的真实性是教育有效性的前提，"虚构本身，对天神既是无用的，对人也只是在医药方面偶或有用，所以只配医生去使用，而一般人应该与它绝缘"。第二，这种方法必须符合教育环境、符合教育对象的实际及其思想发展变化的规律。毛泽东指出："人们要想得到工作的胜利即得到预想的结果，一定要使自己的思想合于客观外界的规律性，如果不合，就会在实践中失败。"第三，这种方法应注重理论的流畅性和人们乐于接受的形式。毛泽东认为："如果说理说得好，说得恰当，那是会有效力的"。在方法上满足了"真"的条件，是否就会一定被人们争相使用，而取得较好的效果呢？我们认为还需要考虑"善"的标准，即结果的价值性标准。

（二）以"善"为尺的价值性标准

思想道德教育方法的实效性不仅要看它是否符合事实、符合事物真实的发展规律，还要看结果所代表的价值观念，是否为所代表的主流社会和阶级利益服务，是否与本阶级的价值标准相一致，这就是所谓"结果的价值性标准"。为什么在确定了"理论的科学性标准"（即"真"的标准）之后还要确定结果的

价值性标准(即"善"的标准)呢?这是由于事实与价值是有区别的。西方哲学家早就注意到了所谓"事实"(fact)与"价值"(Value)是相互联系和相互区分的两个概念。休谟认为,"事实判断的真理性并不必然导出价值判断的真理性。"另外,价值标准具有多元性和相对性。人类学家埃德瓦尔·韦斯特马克指出,"不同的社会和个人对于各种道德原理在集体内外可以应用的范围有多宽的问题和当自己利益与别人利益发生冲突时应该怎么办的问题,持有不同的看法。""因此,不同时代和不同的文化之间,道德的标准都大不相同。"弗莱彻认为,"善和恶都是事物或行为的非固有特性,善恶完全依境遇而定。在一种情况下属正当之事,在另一情况下则可能不正当。"有时候,同一种教育方法,由不同的人实施,或者对不同的人实施,都会收到不同的教育效果。甚至同一条命令由不同地位、权势的人发出,也可能收到截然不同的结果。其本质原因在于人们价值标准和思维接纳习惯的差异性。思想道德教育方法在满足了"真""善"的标准之后,要想取得较高的实效性,还得满足"行""效"的标准。

(三)以"行"引领的实践性标准

实践的可行性是指所设计、采用的方法在复杂的思想政治教育环境下具有发挥效力的适应性。这种适应性不仅具有一定的抗干扰能力,而且具备较强的可操作性。思想道德教育方法能不能收到实效,关键要看教育实践的执行情况,也就是说,在实践中必须可行。如果在实践中不可行,当然就称不上什么实效性了。关于"实践是检验真理的标准"这一问题,邓小平是这样告诫全党的:"实事求是,一切从实际出发,理论联系实际,坚持实践是检验真理的标准,这就是我们党的思想路线。"实践的可行性标准不仅是理论的科学性标准的重要基础,而且是它的重要补充和必不可少的理论完善。

(四)以"效"为度的便捷性标准

操作的便捷性标准是指在保证方法实效性、可靠性的条件下,降低各方法步骤、环节的复杂性程度,整个方法中所包含的必要的步骤数、环节数是否最少。这一标准是从理论形式的角度,对理论的内核的表现方式加以阐释的;这一标准告诉人们在来华留学生思想道德教育方法的选用上要有"选优""提效"的思想;这一标准没有绝对意义上的尺度,只有相对意义上的追求方向。要保证来华留学生思想道德教育方法最终结果的实效性，就必须保证方法程序的每一个步骤简单有效，以及方法整体步骤、程式的简洁、精干。由于每个步骤比较简单，就降低了在各个步骤中出错的可能性。由于整体步骤数目的减少，势必减少整体方法在步骤衔接、环节转换过程中出错的概率，从而使整体方法操作简便、高效。成熟的理论在形式上往往是简洁的、精美的，在操作上往往也是便捷的、高效的。在爱因斯坦看来："整个科学不过是对日常思维的一种精炼。"总之，操作的便捷性标准要求我们在东盟来华留学生思想道德教育方法实效性标准上要注重对方法和形式的研究，尽量简化程序和步骤，提高整个方法的效率，从而保证思想道德教育方法的实效性。①

第三节 东盟来华留学生教育保障机制

留学生教育是一个系统复杂的工作，要取得实效，务必调度各方资源，整合各方力量，建立全面有效的保障机制。

一、建立社会资源统筹保障机制

随着东盟来华留学生规模的不断扩大，校内的留学生宿舍早已不能满足学生需求，学校可以逐步放开校外住宿。在留学生住宿方面，与其他国家相比，我国仍显得较为单一。日本政府采取的措施包括设置留学生宿舍、向为留学生设置和修建宿舍和公寓的公私机构提供住房资助等。而我国虽然近年来对来华留学生的管理开始从封闭式向社会化转变，但管理的主体还是政府，缺乏民间和私人团体的介入。逐步开放管理不仅能缓解校内资源的不足，而且有利于来华留学生融于中国生活、接纳中国文化、培育中国友情。

---

① 刘松. 思想政治教育方法实效性的评价标准探析［J］. 黑龙江高教研究，2005（04）：33-34.

二、建立社会文化环境容纳机制

来华留学生突然离开自己的故土，来到一个完全陌生的环境中，加上语言、文化的差异，他们在很短的时间内很难做到身心与现实环境保持和谐一致，也很难达到认识环境、改造环境、发展自我的一种状态。为此会出现各种适应问题。一是因为远离自己的国家与亲人，他们会时常感到孤独与寂寞。二是因为脱离自己国家的文化与语言环境，他们会时常感到陌生与恐惧。三是因为学习上的困难，他们会时常感到有压力。孤独、寂寞、恐惧、紧张等一系列负面情绪会困扰他们正常的学习与生活，导致出现心理的不适。四是因为语言问题，部分留学生缺乏良好的语言沟通能力，对周围环境感到陌生和对人产生不信任甚至怀疑，导致缺乏安全感。大部分留学生通过自身的调适会逐步适应新环境，但有少部分留学生因自我调适能力低，应对策略差，把自己完全封闭在同胞的小圈子中，或者沉浸在互联网上的虚拟社交空间中，不能正常融入留学环境，导致其长时间不能熟悉新的生活环境。这些因跨文化差异、个体调适能力差异、个体人格差异等因素导致外国留学生存在适应、人际关系、情绪、认知偏差等心理问题。因此，接收来华留学生的高校应尽快建设以留学生办公室为基础的跨文化心理咨询机制已是大势所趋。高校只有组织专业心理健康服务力量，提高留学生管理人员心理辅导能力,做好留学生心理健康服务工作,才能提高留学生教育培训质量。

三、建立平等友爱教育管理机制

调查数据显示,来自不同文化背景的留学生,在适应能力、求学动机以及教育需求等方面都不尽相同。首先要认识到文化的差异,尊重东盟来华留学生的风俗习惯;其次应实行丰富多样的管理模式,在理解各个国家不同风俗习惯的同时,对来自东盟不同地域、国度的留学生应体现不同的管理侧重点。对外国留学生的教育管理工作是一项跨文化的教育管理工作,必须从更深的角度去认识这一问题。[①] 有侧重点的跨文化管理并不意味着"内外有别"。外国留学生首先是学生,其次才是外国人。应该清楚地意识到,除了在出入境、签证、招生等方面与中国学生区别对待,其他管理和服务应逐步实行与中国学生趋同的管理和服务方式。[②] 而且留学生也希望自己可以同中国学生一样被同等看待。

四、构建留学生社会支持体系

建立健全东盟来华留学生教育的社会支持体系也是一个不容忽视的问题。及时有效的社会支持有助于留学生顺利适应中国的社会文化。按照"学习过程理论"的解释,留学生的跨文化适应是一个不断学习、逐步融入的过程。在这个过程中,来自社会的支持,特别是来自东道国的社会支持,能够为留学生提供学习、生活、情感、交往和认知方面的支持,从而帮助他们提高以外语为交际语言的应用能力,缓解其文化适应的压力,极大地减少他们在异质文化中面临的不确定性和焦虑感,使其更快地融入新的环境,促进跨文化适应,更好地融入新的学习与生活环境之中。[③] 在微观上,要更好地解决留学生跨文化适应问题,不仅仅需要学校单向度的管理,同时也需要社会各相关部门、机构甚至本国公民的关注和重视,例如,公安机关的涉外职能部门、房屋中介机构、房屋

[①] 强百发. 基于文化差异下的来华留学生管理[J]. 现代教育管理,2010(02):91.
[②] 徐玫. 来华留学生管理工作探析——以 JN 大学为例[J]. 上海:华东师范大学,2007:57.
[③] 王勇,林小英,周静,等. 来华留学生教育管理工作满意度:构成、贡献与策略——基于北京大学来华留学毕业生样本的调查分析[J]. 教育学术月刊,2014(02):47.

出租者以及留学生日常交流与接触最紧密的同学等，都应该关注外国留学生在华生活状况和思想动态，并及时与校方保持信息沟通，做好信息传达与分析工作，防微杜渐。如果学校对留学生的信息跟踪不及时或缺位，留学生相关手续办理困难、设槛较多等都会给来华留学生教育带来阻力。为此，根据留学生来源地的文化属性，以人本主义原则为指向，建立差异化、个性化的留学生生活服务、信息反馈、心理疏导与社区支持体系，帮助他们尽快适应中国文化，融入所在学校及社区，增强其文化适应能力，应是留学生社会支持的核心内容。在宏观上，改善来华留学生社会支持网络。促进来华留学生跨文化适应应遵循以下现实策略：第一，实现从政治外事到教育外事观念转变，制定并完善符合中国高等教育实际的来华留学生教育政策法规，全方位、多角度拓展涉外招生宣传渠道，营造中国高等教育的良好国际声誉，促进国家支持；第二，以高校留学生招生与管理部门为基础，建立跨文化心理咨询和语言支持体系，以教学院系、科研院所为单位，建立由教师组成的学术支持体系，加强高校来华留学生管理人员建设，促进高校支持；第三，通过建设兼容并包、形式多样的多元文化学生社团组织，建立以同乡会、校友会为依托的东盟来华留学生自治组织，增强学生社团支持。

第八章　东盟来华留学生教育成果与案例

本章将以铜仁职业技术学院为例,介绍该校国际化办学及留学生管理的工作经验和取得的成就,试图为东盟来华留学生管理提供一个可供借鉴的案例。

第一节　铜仁职业技术学院国际化办学概况

一、铜仁职业技术学院来华留学教育概况

(一)基本情况

铜仁职业技术学院是中华人民共和国国家民族事务委员会和贵州省人民政府"省部共建"高职院校、国家骨干高职院校、国家优质"双高"计划建设立项院校。2016—2018年,学院连续三年荣获全国高职院校"国际影响力50强",示范引领了贵州省高职院校国际化办学快速发展,成为西部高职院校国际化办学的典型案例。

　　铜仁职业技术学院于2011年开始招收来华留学生，是贵州省第一个招收留学生的高职院校，开启了贵州省高职院校来华留学教育的新时代。截至2019年，累计招收来自老挝、越南、美国、俄罗斯、乌克兰、印度尼西亚、埃及、肯尼亚、津巴布韦等40多个国家的来华留学生900余名。2019年，在校国际学生共365人，分别来自老挝、越南、俄罗斯、印度尼西亚、巴基斯坦、印度、埃及、津巴布韦、坦桑尼亚等24个国家，生源遍及亚洲、欧洲和非洲等"一带一路"沿线国家和地区。

　　铜仁职业技术学院积极响应国家"一带一路"倡议，通过"引进来""走出去"双向并举，大力加强职业教育的国际交流与合作。一是通过参加"中国—东盟教育交流周"各项活动和举办"职业教育国际论坛"等，邀请老挝、新加坡、越南、柬埔寨等国的教育专家、学者来校交流，与东盟各国加强对话交流，分享和借鉴先进国际化办学理念。二是与泰国、老挝、印度尼西亚、柬埔寨、越南等东盟国家的20余所高校签订了合作办学协议，国际交流与合作领域和内涵得到不断拓展和提升。三是通过实施国家高水平公派项目、"千人留学计划"等渠道派出150余名学生赴东盟国家知名高校交流学习。四是与老挝、越南、柬埔寨高校探索"海外分校"合作办学模式。铜仁职业技术学院,已与老挝巴巴萨职业技术学院签订"海外分校"办学协议,在老挝挂牌设立"铜仁职业技术学院老挝分校",成为贵州省"走出去"在东盟国家开展实质性高职"海外分校"合作建设的首个案例,为老挝以及东盟各国乃至"一带一路"沿线国家加强职业教育协同创新发展提供了实践途径。

学院与四川开元集团老挝开元矿业有限公司、老挝同济医院签订校企合作协议,创建海外实习、实训和就业基地,开辟了服务"一带一路",助力中国企业"走出去",合作培养高素质、高技能型国际人才的新路径,构建了新形势下服务国家"一带一路"国际交流与合作促进地方社会经济发展的新模式。

(二)东盟来华留学生教育情况

自 2011 年以来,铜仁职业技术学院接收老挝、越南、柬埔寨、印度尼西亚等东盟国家来华留学生共 718 人,占总招生人数的 86.1%。到 2019 年,学院有来自东盟国家的来华留学生 333 人,占在校留学生总数的 91.2%。现已初步形成了东盟来华留学汉语培训、考试服务和学历教育基地,学院国际汉语教学和国际学生高职学历教育获得了东盟国家的广泛认可。随着学院职业教育在东盟各国影响力的日益增大,铜仁职业技术学院已成为贵州省东盟国家来华留学的重要目的地院校。

学院已为东盟国家共培养了 300 余名"汉语+技能"高素质技术技能人才,他们分别进入本国政府行政部门、地方金融、旅游、医疗、教育等单位就职,部分毕业生在政府外交部等重要部门任职,成为各国社会经济发展的高层次人才。

二、国家教育对外开放政策引领与顶层设计

（一）响应国家政策倡导，拓展国际教育视野

2004年，国务院印发《2003—2007年教育振兴行动计划》，提出加强全方位、高层次教育国际合作与交流，确定了5年内教育对外开放的思路、策略及行动举措。2010年，全国教育工作会议与《国家中长期教育改革和发展规划纲要（2010—2020年）》进一步把教育对外开放作为推动中国教育改革和发展的战略举措，明确提出坚持以开放促改革、促发展，始终面向世界，进一步加强教育国际交流与合作水平，引进优质教育资源，提高中国教育国际化和教育现代化水平，提升中国教育的国际地位、影响力和竞争力。2016年，中共中央办公厅、国务院办公厅印发的《关于做好新时期教育对外开放工作的若干意见》和教育部《推进共建"一带一路"教育行动》两个文件对新时期我国教育对外开放工作做了全面部署。

开展了全方位、多层次、宽领域的国际交流与合作项目，着力提升自身国际化发展水平。借助"中国—东盟教育交流周"、中国教育国际交流协会、世界职业大会、国际教育展、中国职业教育国际合作教育峰会等高端国际交流与合作平台，通过积极加入联合国教科文组织国际职业技术教育与培训中心会员、世界汉语教学学会会员以及"一带一路"产教协同联盟、中国—柬埔寨职业教育合作联盟成员等重要区域和国际教育合作联盟，依托国家民委"一带一路"国别和区域研究中心，不断开拓国际视野，持续扩大职业教育对外开放，努力提升国际化办学水平，全面打造更好服务国家"一带一路"建设，促进中外人文交流，构建中国—东盟职业教育命运共同体的西部高职院校典范。

（二）加强开放办学顶层设计，明确国际教育发展战略

秉承"向上提升，向下延伸，国际化办学"的发展思路，坚持"创新发展、特色发展、开放发展"的办学理念，学院积极探索、大胆实践创新，将国际化办学作为提升办学竞争力的核心要素之一。围绕"世界水准、中国特色、铜仁标志"的一流高职院校建设目标，加强顶层规划，形成系统的国际化理念和国际化战略。"十三五"期间，以习近平新时代中国特色社会主义思想为指导，以服务国家"一带一路"和开放办学为目标，铜仁职业技术学院坚持"立足东盟，面向亚洲，放眼全世界"的国际化办学思路，围绕"本地离不开、业内都认同、国际可交流"的特色创新要求，不断拓展国际化办学空间，打造国际化办学特色，提升国际化办学水平，形成高职院校国际化办学的特色品牌。

三、主要举措和品牌打造

（一）推进"引进来""走出去"双向并举，开创贵州高职国际化办学新局面

铜仁职业技术学院以国家优质高职院校建设为契机，努力拓展现代化办学思路，开启高职国际化办学。学院大力实施"引进来""走出去"战略，注重"内涵发展"与"开放办学"并举的发展理念，在各级政府与行政主管部门的关心和支持下，学院于2011年开启国际化办学，首批招收19名老挝籍留学生，成为贵州省第一个招收国际学生的高职院校，开创了省、市以及整个武陵山片区高职教育国际化的崭新历史。

通过"引进来",学习经验,创新理念。一是积极参加"中国—东盟教育交流周"各项活动。通过举办"中荷高职教育论坛""中国—东盟职业教育论坛"等邀请新加坡、荷兰、老挝、越南、柬埔寨、文莱等国家的教育专家、学者来校交流,与欧洲、东盟各国加强对话交流,分享和借鉴先进的国际化办学理念。二是与韩国国立交通大学、泰国博仁大学、印度尼西亚甘加马达大学、柬埔寨经济与管理大学等40余所高校签订了合作办学协议,先后有印度尼西亚甘加马达大学、印度尼西亚玛中大学、泰国玛希隆大学共60余名师生来学校访问交流,深化了国际交流与合作内涵。三是充分利用美中友好志愿者项目,引进美籍教师来校开展英语教学、师资培训等项目,提升师生英语教学质量。四是努力拓展国际交流与合作途径,与澳大利亚、新西兰TAFE学院洽谈中外合作办学项目,开启国际化办学的4.0时代。

借助"走出去",开阔视野,共谋发展。一是分批组织教师100余人次赴美国、英国、德国、瑞士、澳大利亚等国家考察、学习培训,开阔教师的国际视野。

二是通过实施国家高水平公派项目、"千人留学计划"等渠道派出150余名学生赴国外知名高校交流学习。此外，学校累计派出60多名教师赴国（境）外参加学术会议、开展专项进修培训。三是积极响应国家"一带一路"倡议，与老挝、越南高校合作洽谈"海外分校"规划，向沿线国家输出优质职业教育资源。

（二）发挥国际化办学资源优势服务社会，引领地方和区域发展迈向"国际范"

学院借助自身职业教育国际化办学的资源优势，积极履行社会服务职能。一是携手地方政府，与印度国家信息技术学院签订投资合作协议，共同开办NIIT项目，成为全国地级市中唯一一所拥有该项目的高职院校。学院作为项目实施单位，2015—2019学年度，已为当地政府机关及企事业单位培养了700余名大数据与软件工程师。二是国际学生在铜仁生活、学习，在促进当地消费、拉动经济增长的同时，也增进了国际人文交流，营造了浓厚的国际化氛围，推动了地方国际化的进程，扩大了铜仁在国际上的"朋友圈"。三是充分利用国际学生异域文化资源，参与铜仁地方政府主办的旅游推介活动600余人次，大力助推地方全域旅游国际化进程。四是发挥学校外语类小语种人才优势，积极参与铜仁市政府部门涉外业务翻译志愿服务工作，服务地方社会经济发展。五是与四川开元集团老挝开元矿业有限公司签订校企合作协议，创建海外实习、实训和就业基地，开辟了服务"一带一路"中国企业"走出去"，合作培养高素质、高技能型国际人才的新路径。

（三）凝练特色亮点创品牌，打造职教国际化典范

学院开启国际化办学来，经历了创新探索期、阵痛调整期后，现已进入平稳发展期阶段。在"稳规模、调结构、提质量"方面取得了明显成效，国际化办学特色亮点日益凸显。

一是自 2011 年开启国际化办学以来，国际学生规模从首批 19 名累计增加到 800 余名，在校生生源国别数增加到 32 个，累计生源国别达 42 个。截至 2019 年，有全日制在校国际学生有 364 名，国际学生规模和国别数位居贵州省高职院校首位。同时，实现了国际学生规模扩大和国别数持续增加，示范引领了贵州高职教育国际化快速发展。二是携手地方积极开展多层次、宽领域的国际交流与合作项目，构建服务国家"一带一路"新形势下国际交流与合作促进地方社会经济发展的新模式，荣获"2017 年度铜仁市改革创新突出贡献奖"。三是贵州省首个"高校外国人服务站"于 2017 年 5 月落户学校，标志着学院在推进国际化办学进程中与地方政府部门共同探索外国人管理服务工作取得了重大成果，成为地方公安机关与高校深度合作的成功典范。对贵州省高校建立和推广驻校外国人服务站起到示范引领作用。四是来华留学生汉语教学团队荣获省级优秀教学团队，成为贵州省内首个省级国际汉语教学优秀教学团队。五是自 2015 年以来，学院共为东盟和"一带一路"沿线国家培养 300 余名国际化人才，他们在毕业后分别进入本国政府行政部门、地方金融、旅游、医疗、教育等单位就职，部分毕业生在政府外交部等重要部门任职，成为该国社会经济发展的高层次人才。六是国际化办学影响较广，受到了《中国教育报》《香港文汇报》《贵州日报》《西部开发报》以及中国高职高专教育网、多彩贵州网等多家媒体专题报道。此外，在"第九届中国—东盟教育交流周暨第二届中国—东盟教育部长圆桌会议"，学院为全国三所高职院校代表之一对话缅甸教育部高教局、马来西亚教育部、老挝大使馆等的官员，受到了与会领导及中国教育新闻网等多家媒体广泛关注。七是学院于 2016—2018 年连续三年入选全国高职院校"国际影响力 50 强"，成为西部地区国际化办学的典型案例。

第二节　东盟来华留学生教育实施和管理运行

自 2011 年开始招收国际学生以来，东盟来华留学生群体在全校国际学生中一直占有绝大多数比例。2019 年，东盟国家来华留学生有 333 人，占在校留学生总数的 91.2%。建立完善的来华留学生监督、管理及服务体系是东盟来华留学生教育实施和管理运行的根本保证，其中，留学生教学管理和学生管理方面的规章制度是构建东盟来华留学生教育质量保障体系的重中之重。

一、制定国际学生管理规章制度，创新来华留学教育管理模式

（一）来华留学生管理规章制度制订的依据

来华留学生教育管理，一方面是高等学校教育管理的组成部分，另一方面则是国家对外国人管理的组成部分，具有双重属性[①]。因此，来华留学生管理规章制度制订的政策依据主要涉及来华留学生教育相关的法律和来华留学生教育专门法规。

来华留学生教育相关的法律主要包括教育领域的法律和外国人管理领域的法律。其中，教育领域的法律主要有：《中华人民共和国教育法》和《中华人民共和国高等教育法》。这两部法律是国家关于教育和高等教育的根本大法，其中的相关条款对来华留学教育和对外交流与合作的基本原则均进行了规范。外国人管理领域的法律法规主要有：《中华人民共和国出境入境管理法》（2013 年 7 月 1 日起生效）、《中华人民共和国外国人入境出境管理条例》（2013 年 9 月 1 日起生效）、《中华人民共和国境内外国人宗教活动管理规定》（1994 年 1 月）、《中华人民共和国境内外国人宗教活动管理规定实施细则》（2000 年 8 月 11 日起生效）。

---

① 陈强，王恩林. 全国高校来华留学生管理干部培训教材［J］. 北京：教育部国际合作与交流司中国高教学会外国留学生教育管理分会，2013：12-14.

来华留学生教育专门法规是指导和规范高等学校来华留学生教育管理的专门规定，是各项教育管理工作的主要依据。其主要包括《学校招收和培养国际学生管理办法》（2017年教育部、外交部、公安部令第42号）、教育部《来华留学生高等教育质量规范（试行）》（教外〔2018〕50号）文件。必须说明的一点是，由于来华留学生教育管理工作包含在高等学校整体教育管理工作中，还需要受到适用于全体学生教育管理的法律和规章制度的约束。例如，《普通高等学校学生管理规定》（教育部2005年第21号令）第六十七条规定："对接受成人高等学历教育的学生、港澳台侨学生、留学生的管理参照本规定实施。""参照实施"的含义是对尚无明确依据的领域，按照已有依据的条款规则执行，相关当事方可以按照实际情况予以适当变通，但是不得违反本法律或规定的原则和宗旨。"参照执行"条款同样具有强制性。

（二）来华留学生管理规章制度的制定和实施

为进一步实现国际学生管理工作的规范化、科学化，创新工作管理机制，学院依据以上相关法律法规和管理规定，结合东盟来华留学生的教育和管理特点，制定了学校来华留学生教育管理规章制度，将来华留学生教育管理工作纳入法制化、制度化的轨道，做到来华留学教育的"有法可依"。

来华留学生教育管理规章是有规可循的，制度大致可以分为两类。第一类是用于明确教育管理工作的内容和程序，规范工作人员的行为，属于内部工作规范范畴；第二类是调整教育管理主体和留学生之间的权利关系，保障留学生的权利，明确留学生的义务，约束其行为，属于学生管理制度范畴。

涉及内部工作规范的管理规章制度方面，由学院外事办牵头，国际教育学院参与制定了《铜仁职业技术学院涉外安全突发事件应急预案》《铜仁职业技术学院涉外应急信息报告和常规外事报告制度》《铜仁职业技术学院驻校外国人服务站工作规范》《铜仁职业技术学院驻校外国人服务站服务事项说明》《铜仁职业技术学院涉外日常管理事务标准流程》等，为构建安全、科学、规范、高效的来华留学教育管理服务和保障体系奠定了良好的基础。

关于留学生管理制度制定方面，学院主要遵循以下基本原则：一是学生权利和义务合理匹配，同时兼顾公平公正的原则；二是制度内容必须符合上述法律和制度的规定，范围不超出本单位法定职权；三是制度实施要符合正当程序，并包含必要的监督机制；四是制度的制定要体现管理民主化，保障实现学生的民主参与。此外，学院在照顾来华留学生特殊性的前提下，尽量保证与全校教育管理制度的一致性，为今后在条件成熟时实现同等待遇和趋同化管理做好了准备。①

鉴于学校东盟来华留学生数量占有绝对比例的现实情况，结合来华留学生管理规章制度制订的最新政策依据，国际教育学院协同外事办、学生工作部、教学工作部、计划财务部、保卫处等行政职能管理部门，先后制定并出台了以下留学生管理规定和管理办法，主要包括《铜仁职业技术学院国际学生招生管理规定》《铜仁职业技术学院国际学生违纪处分管理办法》《铜仁职业技术学院国际学生（学历教育）学籍与教学管理规定》《铜仁职业技术学院国际学生汉语语言学习管理规定》《铜仁职业技术学院国际学生奖学金管理规定》《铜仁职业技术学院国际学生缴费退费管理办法》《国际学生辅导员管理规定》《铜仁职业技术学院宿舍管理规定》《铜仁职业技术学院国际学生社团管理规定》《国际学生入学指南》等。

近年来，随着学院国际学生规模的不断扩大，在校生源国别数的迅速增加，来华留学生群体不同的文化和教育背景、风俗习惯、宗教信仰给留学生日常教育与管理工作带来了诸多极具复杂性、艰巨性的挑战，不确定因素明显增加。此外，《学校招收和培养国际学生管理办法》（2017年教育部、外交部、公安部令第42号）、教育部《来华留学生高等教育质量规范（试行）》（教外〔2018〕50号）等文件的相继出台，以及国内部分高校在处理来华留学生敏感事件上的舆情应对引起的社会广泛热议和关注，均为不断完善国际学生教育管理规章制度提出了紧迫的要求。根据国家最新来华留学生教育管理文件指示精神，学院在原有管理规章制度的基础上，组织各职能部门和国际学生教学与管理人员，对以上有关规章制度进行了适当修改和完善，并将所有内容汇编成册，制作印刷了《铜仁职业技术学院国际学生手册》。相关管理规章制度的制定和完善，建立健全了来华留学生教育管理体制机制，有力地保障了学院国际化办学持续、健康、稳步发展。

---

① 陈强，王恩林. 全国高校来华留学生管理干部培训教材［J］. 北京：教育部国际合作与交流司中国高教学会外国留学生教育管理分会，2013：12-14.

目前，根据学院国际学生教育管理机构设置和各有关职能部门的职责分工，由分管院领导牵头，组织各部门人员深入学习来华留学生教育管理规章制度。以"外事无小事"为根本工作原则，加强各职能部门管理人员的世界多元文化意识，拓展国际化视野。依据留学生管理规章制度，推动趋同人性化来华留学生教育管理模式的实施，促进学院来华留学教育逐步形成特色创新品牌。

二、拓展国际学生招生渠道，严格审批资格规范程序

（一）国际招生的主要渠道

为做大做强来华留学教育，学院采取多种切实有效的措施，不断拓展招生规模。一是通过学院领导带队出国参加"中国—东盟留学中国教育展"等形式进行国际招生宣传。二是利用"中国—东盟教育交流周"平台、贵州省政府来黔留学生奖学金项目和"梵净山"奖学金等吸引"一带一路"沿线国家等国际生源。三是通过与东盟国家高校和教育机构开展务实合作，加大"千人留学海外计划"和学生互换项目实施力度。四是利用在线网络或自媒体（微信）信息平台发布信息，吸引国际学生来华留学。五是利用在校国际学生校友会等进行招生宣传。六是利用学院设立的国家汉语水平考试（HSK）考点资源优势吸引国际学生来校就读。学院国际招生渠道丰富多样，合乎规范。所有招生资讯及宣传由学校统一发布，确保学校招生人员与申请学生和大使馆审核信息一致，保证申请与审批渠道沟通顺畅。

（二）国际学生招生的程序和流程

国际学生招生要做到严把入门关，做到宁缺毋滥，严格确保程序和流程合法合规。一是严格按照教育部、外交部、公安部联合颁发的第42号令《学校招收和培养国际学生管理办法》规定的招生流程开展招生宣传和办理招生手续，确保来华留学招生流程、招生宣传和办理招生手续等程序合法。二是严格审查来华留学申请材料，审查材料收集是否齐全，各项内容格式是否合乎规范，申请材料是否真实合法。对申请人的学历背景、经济条件、健康状况、学习动机和思想素质进行全面考核。三是加强与省外事办和出入境管理部门联络及沟通，获取权威信息，确保招生生源的质量安全可靠。四是着力提升来华留学招生队

伍业务水平，打造业务精良的专业招生团队，从专业角度对国际学生申请入学严格把关，确保生源素质符合国家规定的入学标准。五是国际招生严格执行教育部有关规定，坚决杜绝委托或授权中介机构或个人代替学校招生，禁止滥用奖学金或降低入学门槛招揽生源，确保生源质量和入学标准符合规范要求，坚决维护高校来华留学招生的严标准、高质量的良好社会声誉。

三、提升国际教育师资素质，建设专业教学管理团队

（一）来华留学生教育师资引进

自开展来华留学教育以来，学院将专业师资引进作为一项重要的工作内容。依据学院来华留学教育总体规划，按照师资引进和建设标准，学院将国际汉语教育专业、外语及非通用语专业类人才作为主要师资引进对象，逐步构建了以对外汉语教学和来华留学生教育管理为主的来华留学生教育教学与管理师资体系。先后引进了国际汉语教育专业教师4人，非通用语专业教师3人，汉语言文学专业和英语语言文学兼职教师5人，其中取得《国际汉语教师证书》的教师有1人，3人即将通过《国际汉语教师证书》考试，还有多名教师有国外汉语教学的经历。学校来华留学生教育教学与管理师资团队共有20人，其中有教授3人，副教授14人，讲师3人。硕士研究生学历教师有17人，在读博士2人，本科学历1人。现有师资结构、素质和专业条件已完全满足本校来华留学生教育教学管理。

（二）专业教师团队培养和培训

根据学院国际化办学的"十三五"发展规划，通过外引、内培的师资队伍建设模式，先后有2人赴中央民族大学和武汉大学攻读博士学位。2014年以来先后派国际教育专业教师及来华留学生教育管理人员赴北京大学、北京语言大学、中国石油大学、贵州大学、广西师范大学、广西医科大学等高校开展教育国际化交流考察40余人次，外出参加教育部国际合作与交流司和中国高教学会留学生教育管理分会组织的来华留学管理干部专业培训有10余人次。不断提升国际学生教学与管理人员的政治素质和业务素质。使相关人员既拥有普通学生教学及管理专业业务素质，又要不断更新知识，具有国际化视野，更能适应国家"一带一路"建设新形势下的来华留学生教育管理模式。

四、规范来华留学生教育教学管理,创新国际教育人才培养模式

(一)来华留学生教学实施情况

铜仁职业技术学院国际学生教学实施主要分为两个阶段,即语言学习阶段和学历教育阶段。汉语学习在国际教育学院实施,学历教育在各二级学院。学院国际学生汉语教学和专业课程教学严格按照《学校招收和培养国际学生管理办法》(教育部、外交部、公安部第42号令)以及教育部《来华留学生高等教育质量规范(试行)》(教外〔2018〕50号)文件精神,制定了《对外汉语教学实施计划和方案》和《国际学生人才培养方案》等教学实施指导文件,明确了国际学生汉语培养标准和学历教育毕业标准。按照中外学生"趋同"教育管理原则,确保国际学生人才培养质量符合国家相关文件要求,不存在针对国际学生降低毕业标准的情况。根据近几年数据统计,国际学生语言达标率为95%以上,总体毕业率达96%以上。

其次,学院非常重视国际学生的文化教育,依托贵州省教育厅高校重点人文社科研究项目《东盟来华留学生教育研究》,对在校国际学生开展形式多样的文化教育。以中国传统文化和贵州特色地域文化课程为载体,用"中国符号"讲述中国故事,让各国学生深刻认识中国,促进文化交流与文明互鉴。以构建人类命运共同体为价值引领,培育国际学生的中国情怀,提升国际学生的文化素质,培养更多知华、友华、亲华的国际技能人才。

（二）来华留学生日常教育管理情况

1. 居留许可和签证管理

居留许可和签证管理是来华留学生教育管理中最重要的涉外业务管理，对来华留学生居留许可和签证日常管理的严格与规范与否，直接影响到国家的安全利益。同时，从另一方面来看，这也是我们构建来华留学生教育安全管理服务体系的重要一环。"外事无小事"，依据《中华人民共和国外国人出境入境管理法》《中华人民共和国外国人入境出境管理条例》等，对所有来华留学生进行严格规范的外事日常管理，对有关异动情况确保舆情上报迅速及时。

一是对于新录取报到国际学生，我们严格遵守《中华人民共和国出境入境管理法》有关条款，24小时内向当地外事、国安、公安等部门及时报告，做好临住登记工作。对于录取后未报到的国际学生，按照贵州省教育厅和出入境管理部门要求，逐一核实信息，并及时上报。必要时会向当地出入境管理部门提出申请，协助查询学生的相关信息，有效杜绝了借学习签证在我国非法打工的情况。二是对于即将到期的在校来华留学生签证，留学生管理人员会及时提醒通报，组织学生准备材料，联系出入境部门确定办理时间，保证学生签证和居留许可不过期。三是根据出入境管理部门和贵州省教育厅有关要求，拒绝接受非学习类签证学生的留学申请，避免使后续国际学生教育与管理产生漏洞。四是借助铜仁职业技术学院内贵州省唯一的"高校外国人服务站"外事管理资源服务优势，一方面服务好铜仁市外国人（国际学生）临住登记；另一方面，利用这一优势条件，对在校注册的学历教育留学生实行"双注册"，即分别在国际教育学院和所在二级学院进行新学期报到注册，有效地解决了留学生恶意欠费、逃避办理保险、学习签证过期、临住信息登记遗漏等诸多"老大难"问题，为探索高校与公安机关深度合作，创新高校外国人服务管理工作典型模式具有十分重要的实践指导意义。

2. 来华学生日常协同管理

在日常实地调研的基础上，学院分管领导定期组织国际教育学院、各二级学院、学生管理、保卫及后勤各部门召开工作协调会，明确国际教育学院和各二级学院作为主体责任单位，其他学生管理、保卫及后勤保障等部门协同做好服务和管理，从管理机制体制上理顺了关系，提高了管理效率。同时加强在校留学生的考勤记录，对迟到、旷课的学生加强教育，表扬先进，对违规违纪者按照有关管理规定严肃处理。另外，国际教育学院每学期开展对国际学生心理疾病、精神异常等情况的定期排查，保持密切关注，防患于未然。

学院根据学生分班情况为留学生配备了专门的班主任和辅导员，对来华留学生日常管理严格实行精准服务，并对学生管理人员实施管理责任制。鉴于本部门工作对象的特殊性，学生科日常工作管理中重点推行新型例会制度，以解决来华留学生实际问题为着力点，创新管理模式为突破口，外事管理条例学习为必要补充，一周一清理，不留工作死角。要求来华留学生管理人员做好详细的工作日志记录，定期检查。查找问题，共同讨论，及时解决。

此外，国际学生在校学习期间，从请假、违纪到休学、退学等异动情况，学院均按照相关涉外管理规定实行校内和校外报备报告，确保国际学生外事管理过程中"零失误"。明确部门和人员责任，加强涉外管理教育，增强高度责任感和涉外敏感性，实行责任倒查机制，力求国际学生外事管理不留死角。

3. 来华留学生校内外活动组织开展和意识形态、宗教渗透防范管理情况

按照教育部《来华留学生高等教育质量规范（试行）》（教外〔2018〕50号）文件精神，组织国际学生开展校内外文体活动是来华留学教育内容的重要组成部分。校外活动主要是适合国际学生的中国传统文化课程体验与实践、国家等部门组织的各类文体竞赛和自行外出旅游等活动；校内活动主要是学校统一组织的各类文体活动和竞赛、国际文化节等。所有校内外活动开展均由学校宣传、外事部门对活动方案审核把关（例如对国际学生文化艺术节方案、活动内容设计、服装道具摆设等的审查），必要时按程序报市公安、国安、外事等部门备案。活动安排专门人员（教导员、班主任、国际学生管理人员和学生志愿者）全程参与并关注活动开展细节，做好安全服务保障和应急防控措施。

鉴于学校国际学生来源国别数量多，文化和宗教信仰背景复杂，首先，在对国际学生入学教育中特别强调了外国人在华宗教活动管理规定的有关重要条款，加强对国际学生在华留学必须遵守的宗教管理规定的思想教育。其次，结合新形势下国家关于加强意识形态工作的有关文件精神要求，学院宣传、统战部门和所有国际学生管理人员深入学习了《中华人民共和国境内外国人宗教活动管理规定》《中华人民共和国境内外国人宗教活动管理规定实施细则》《宗教事务条例》以及宗教工作"六个严禁"等文件精神，按照学院"坚决执行意识形态，抵御和防范宗教渗透"工作总要求，由统战部牵头，协同宣传部、学生工作部、国际教育学院等对在华国际学生意识形态和宗教信仰情况进行了常规校内外排查。

国际教育学院根据收集到的有关国际学生个人信息材料，经过多轮筛选和精密研判，确定意识形态和宗教信仰重点管理对象，严格落实主体责任，安排班主任定期（每月一次）召开专题座谈会，了解留学生的思想状态和动向，确保在校信教国际学生不在校内开展任何宗教活动。学院统战部要求国际教育学院做好《宗教事务条例》学习，严格执行"校园禁止宗教活动"。对于在校穆斯林学生每年斋月期间和开斋节提出请假的要求，国际教育学院向学生反复宣传并强调"学校尊重信仰自由，但不得在校园内穿戴宗教服饰或举行宗教活动，不得以进行封斋等活动为名请假或旷课"，经过耐心说服引导，最终使得该问题得到妥善解决。此外，对留学生离开铜仁外出活动也进行严格的请假审核，严防校外开展违法宗教活动的发生。

4. 来华留学生日常生活及住宿管理情况

国际学生校内生活严格遵照"趋同化"管理原则。国际学生的住宿和生活条件与中国学生一样，国际学生就餐均在校内学生食堂。为解决国际学生入学阶段遇到的实际问题和困难，依据自愿的原则，国际教育学院从旅游英语专业班挑选一些政治素质过硬、外语熟练而又懂基本外事礼仪的中国学生作为临时入学接待志愿者，负责协助国际学生办理入学住宿安排、各类手续办理等。国际学生入学后学习期间遇到的各种问题和困难，其可以主动向学生科或相关管理人员提出，由学生科负责人统一安排学生或教师妥善处理，及时解决。

5. 来华留学生应急预案落实与应急机制运行情况

为确保国际学生在校期间学习生活的安全，保障正常的在华日常学习和安全秩序，学院依据《铜仁职业技术学院涉外安全突发事件应急预案》，设立校园涉外安全突发事件应急处置工作小组，由分管领导任组长，组员包括外事办、国际教育学院、相关二级学院、保卫处、学生工作部、党政办、宣传部、附属医院、后勤部主要负责人及辅导员等相关人员组成，工作小组在学院校园安全领导小组的领导下开展相关工作，保障国际学生安全突发事件应急机制运行顺畅。

第三节　东盟来华留学汉语教育基地打造

一、国家汉语水平考试（HSK）考点与服务

铜仁职业技术学院于2013年设立国家汉语水平考试（HSK）考点，成为继贵州大学之后国家汉办/孔子学院总部在贵州设立的第二个同类别考点。为更好地服务国家"一带一路"建设，为沿线国家提供更好的人才和智力支持，学院不断加大宣传力度，努力提升本考点服务与管理质量，使学院国际汉语教学形成了汉语教学、汉语语言培训以及汉语水平考试一套完整的国际汉语教学与服务系统，为周边院校提供了全方位的语言培训与优质的汉语水平考试（HSK）服务。

作为贵州省高校仅有的3个笔试考点之一，铜仁职业技术学院汉语考试考点的考试服务能力和社会影响力作用凸显。据统计，截至2019年，铜仁职业技术学院国家汉语水平考试考点共组织完成HSK考试74场次，累计包括贵阳、遵义、毕节、凯里、怀化、长沙等省内外周边二十余所高校，共有来自老挝、喀麦隆、美国、孟加拉国、越南、印度尼西亚、叙利亚、蒙古、俄罗斯、尼泊尔、泰国、柬埔寨、巴基斯坦、哈萨克斯坦、厄立特里亚、卢旺达等"一带一路"

沿线三十多个国家的留学生提供了优质考试服务,考务量达 2 600 余人次。学院考点的服务能力、辐射力和影响力大大提升,考试权威性与信誉度日渐增强,影响力仅次于贵州大学。因服务能力和日常工作业绩突出,铜仁职业技术学院国家汉语水平考试考点于 2017 年、2018 年获得国家汉办(孔子学院)汉语考试中心奖励。

二、来华留学生对外汉语教学团队建设

铜仁职业技术学院对外汉语教学团队是一支负责学院外国留学生汉语教学、科研、社会服务、国际交流与合作的师资队伍,是具有国际化视野的教学团队。自 2011 年组建以来,始终坚持"立足东盟,面向亚洲,放眼全世界"的发展理念,积极响应国家"一带一路"倡议,主动对接国家发展战略,扎实推进国际化办学质量不断提高。

根据《贵州省教育厅办公室关于公布 2017 年第一批贵州省高等职业教育人才培养质量提升工程和中等职业教育内涵发展行动计划项目立项名单的通知》(黔教办职成〔2017〕161 号文件),由铜仁职业技术学院党委委员、副院长张命华教授领衔的对外汉语教学团队顺利通过贵州省教育厅组织专家评审,获批立项为省级优秀教学团队建设项目。

自该项目立项以来,团队紧紧围绕打造高职院校来华留学生教育"贵州样板"的总目标,重点推进国际学生课程建设工作。项目建设已顺利通过贵州省

高等职业教育人才培养质量提升工程项目验收，圆满完成全部项目建设任务。经过三年期建设实施，成效显著，取得了一系列标志性成果。其全面提高了学院国际汉语教学质量，有效提升了学院国际化办学的影响力以及国家"一带一路"建设服务能力，形成了持续、健康发展的国际化技术技能人才培养基地和来华留学创新教育品牌，成功树立了贵州省职业教育对外开放的优秀教学团队典范。

三、特色语言课程建设

铜仁职业技术学院自2011年起开展国际学生汉语教学与文化传播，成为贵州省第一所开展国际汉语教学的高职院校。围绕"加强国际汉语教学传播，开发特色语言文化课程"的总体课程建设目标，经过9年的教学实践，形成了中国文化体验、汉语技能大赛、中文演讲大赛等多个语言文化体验品牌项目，提高了学校国际学生汉语综合水平，拓展了文化交流视野。在此基础上，2017年9月，铜仁职业技术学院对外汉语教学团队被立项为贵州省优秀教学团队，大大提升了汉语文化的国际化传播影响力。其主要内容包括以下四个方面。

（一）中国文化体验项目

在国际学生汉语教学过程中，将汉语文化体验融入其中，专门开设了中国文化体验课程。不仅注重语言知识学习，同时还注重语言文化体验，用体验的方式激发国际学生深层次的兴趣，让学生了解中国文化、多彩贵州文化、黔东特色文化，用看得见、摸得着的方式让学生感悟文化的真实性，让学生体会中国文化的博大精深，地域文化的丰富多彩，引发他们的敬佩与热爱之情，进而培养知华、友华的国际高技能型应用人才。

自 2012 年以来，学院连续举办了六届国际学生汉语技能大赛及中文演讲大赛，已经形成了国际学生的特色品牌活动，国际学生汉语技能大赛将汉语听、说、读、写与中国文化知识融为一体，给国际学生提供一个展示自我汉语水平的平台，受到了广大留学生的喜爱，已被多家媒体报道。

（三）以考促教，以考促学

建立国际学生 HSK 考教结合服务新模式。近年来，铜仁职业技术学院 HSK 考点共组织完成 HSK 考试 74 场次，共为本院及周边院校留学生提供优质考试服务 2662 人次。汉语水平考试（HSK）一方面可以促进留学生的汉语学习，另一方面也可以提升汉语教师的教学水平。

一是留学生汉语教学方式方法多样化。为了满足留学生 HSK 考试需求，教师提出了模拟跟踪式的教学方法。通过留学生 HSK 模拟考试的情况，针对学生分析，发现学生存在的主要不足和最近发展区域（ZPD），给予跟踪、启发和强化训练，进而提升留学生汉语知识的掌握情况和汉语应用能力。二是留学生汉语教学内容模块系统化。根据学生 HSK 考试的内容，教师在教学过程中，注重内容的体系化和模块化，让学生整体性地掌握汉语体系和学习规律，提升汉语应用能力。三是开展户外体验教学。语言和文化的户外教学，让学生接触真实的语言环境，体会语言的实用性，感悟中国文化的趣味性。

近年来，国际教育学院稳步推进汉语课程建设，形成了特色鲜明、内容多样化的课程体系。建成校级优质课程 1 门——留学生《汉语综合》；在线开放课程 2 门——留学生《汉字识写》《汉语口语》；互联网+汉语课程 1 门——《HSK

课程》；中国文化特色课程 1 门——《中国文化体验》，职业汉语课程 1 门——《医学汉语》。同时，团队还构建了国际学生"课上学习、课下体验"独具特色的项目式中国文化体验课程；形成了以黔东地域文化为基础的国际学生文化体验课程。如黔东民族文化体验、梵净山茶文化等体验内容，极大地激发了国际学生对中国文化的学习热情。此外，国际教育学院不断地丰富国际学生汉语课程资源，运用蓝墨云班课等 Api 教学，推进留学生课程教学改革，提升汉语课程教学信息化水平。

四、来华留学生汉语教育成效及发展规划

（一）主要成效

1. 助力学院连续三年蝉联全国高职高专"国际影响力 50 强"

2017—2019 年度对外汉语教学团队共完成留学生语言生 373 人与留学生学历生 260 人的汉语教学、管理、技能大赛及 HSK 辅导等各项国际学生培养任务，提升了国际化办学水平，助力学校连续三年荣获"国际影响力 50 强"。

2. 国际学生汉语竞赛成绩喜人

2017—2019 年，对外汉语团队注重留学生语言技能的培养，用高质量的教学提升了留学生汉语技能水平。留学生多次参加省、部级的各项比赛，并在比赛中屡创佳绩。2017—2019 年铜仁职业技术学院国际学生获奖一览表见表 8-1。

表 8-1　2017—2019 年铜仁职业技术学院国际学生获奖一览表

序号	竞赛名称及等次	获奖者	获奖时间	颁发部门
1	第十届中国—东盟教育交流周中文演讲大赛：二等奖； 征文大赛：二等奖	苏比、王贤汉	2017 年 9 月	中国—东盟教育交流周组委会
2	第十一届中国—东盟教育交流周中文演讲大赛：三等奖； 征文大赛：三等奖	庄百生、范氏芸	2018 年 9 月	中国—东盟教育交流周秘书处组委会
3	第十一届中国—东盟教育交流周来华留学生中国民歌演唱大赛：一等奖	叶修之、阿萨	2018 年 10 月	中国—东盟教育交流周秘书处组委会
4	2019 中国—东盟教育交流周"汉语桥"—"诗琳通公主杯"东盟国家在华国际学生中文演讲大赛：一等奖、二等奖	苏娅、蔡威汉	2019 年 7 月	孔子学院总部
5	2019 中国—东盟教育交流周"留学中国梦"征文大赛：三等奖	苏娅	2019 年 8 月	中国—东盟教育交流周秘书处组委会

3. 国家民委"一带一路"国别和区域研究中心获批建设

2019 年 7 月，国家民委公布了第二批"一带一路"国别和区域研究中心的评审结果。其中，团队带头人张命华教授领衔申报的"东盟职业教育研究中心"获批立项，这标志着在服务"一带一路"建设的高级别科研平台建设方面取得了重大突破。

4. 为服务"一带一路"倡议提供国际化人才支撑

团队紧跟国家政策，积极服务"一带一路"倡议。学院已与老挝巴巴萨职业学院建立"海外分校"，拓展国际汉语海外教学基地1个。培养"一带一路"沿线国家"职业＋汉语"高技能国际人才300余人，分别进入各国政府部门、地方金融、医疗等单位就职，促进了中外友好交流与合作。

（二）发展规划

1. 全面打造东盟来华留学教育基地

为进一步贯彻落实教育部《推进共建"一带一路"教育行动》有关精神，围绕"立足东盟，面向亚洲，放眼全世界"的国际化办学思路，学院将持续提升东盟来华留学教育质量，为服务国家"一带一路"和扩大教育对外开放提供人才支撑。2011年以来，学院接收老挝、越南、柬埔寨、印度尼西亚等东盟国家来华留学生共718人，占总招生人数的86.1%。2019年学院有来自东盟国家的来华留学生333人，占在校留学生总数的91.2%。依托学院国内外来华留学教育影响力、汉语水平考试（HSK）考点、省级优秀对外汉语建设团队、东盟来华留学生教育重要目的地院校以及东盟国家海外分校等综合优势，学院将全面打造集对外汉语培训、考试服务和学历教育、职业技能培训、实验实训基地建设为一体的东盟来华留学教育基地，助推东盟国家职业教育和社会经济发展，构建中国—东盟职业教育命运共同体。

2. 构建中国—东盟来华留学职业教育研究体系

依托国家优质高职院校、国家民委与贵州省人民政府"省部共建"高校办学优势，借助"中国—东盟教育交流周"高端合作平台和国家民委"一带一路"国别和区域研究中心高端科研平台，持续加强与东盟各国合作院校和相关重点职业教育研究机构开展全方位、多层次、宽领域的教学科研交流合作，深入开展职业教育协同创新理论和实践研究，积极探索"共商、共建、共研、共享、共赢"新时代中国—东盟职业教育协同创新发展合作模式，构建覆盖全面、特色突出、贡献卓越、开放创新、协调发展的中国—东盟来华留学职业教育研究体系。

3. 建设东盟国家本土汉语教师培养基地

借助铜仁职业技术学院国内外来华留学教育影响力、汉语水平考试（HSK）考点、省级优秀对外汉语建设团队、东盟来华留学生教育重要目的地院校以及东盟国家海外分校等综合优势，与孔子学院总部/国家汉办加强合作，利用成熟的海外本土教师培养体系，共同开发"面向东盟"的本土教师培养与发展的系列培训课程，建设以"满足职业发展需求多元化"为特点的东盟国家本土汉语教师培养基地。

第四节　东盟来华留学教育成效

铜仁职业技术学院自2011年开始国际招生以来，来华留学教育成效显著，分别荣获2016年、2017年、2018年度全国高职院校"国际影响力50强"，对贵州省以及武陵山区高职院校国际化办学的发展起到了积极的示范引领作用，赢得了社会各界的高度认可，圆满完成了学院"十三五"规划的国际教育发展目标。学院来华留学教育历经九年的栉风沐雨，目前已步入"提质增效"的关键期，从初期的"引进来"发展到现在"引进来"与"走出去"双向并举，学院在坚持扩大职业教育对外开放领域，着力提升职业教育服务国家"一带一路"质量水平的进程中取得了令人瞩目的成绩。

一、东盟来华留学教育规模持续扩大，人才培养质量稳步提升

铜仁职业技术学院于2011年开始招收东盟来华留学生，成为贵州省第一个招收国际学生的高职院校，开启了贵州省高职院校来华留学教育的新时代。2019年，学院在校国际学生365人，生源来自亚洲、欧洲和非洲等24个国家地区，在校生规模和生源国别数居贵州省高职院校首位，成为贵州省高职教育国际化的标杆院校。截至2019年，学院接收老挝、越南、柬埔寨、印度尼西亚等东盟国家来华留学生共718人，占总招生人数的86.1%。学院来自东盟国家的来华留学生有333人，占在校留学生总数的91.2%。

铜仁职业技术学院现已初步形成东盟来华留学汉语培训、考试服务和学历

教育基地，国际汉语教学和国际学生高职学历教育获得东盟国家的广泛认可。学院已为东盟国家共培养了近300名"汉语+技能"高素质技术技能人才，分别进入本国政府行政部门、地方金融、旅游、医疗、教育等单位就职，部分在政府外交部等重要部门任职，成为国家社会经济发展的高层次人才。随着学院职业教育在东盟各国影响力的日益增大，已成为东盟国家来华留学的重要目的地院校。

二、海外合作办学与共建实训基地稳步推进

2019年10月28日，铜仁职业技术学院首个"海外分校"在老挝教育部直属高校巴巴萨职业技术学院揭牌成立，这标志着铜仁职业技术学院与东盟高校教育国际交流与合作步入崭新的历史阶段。学院将向巴巴萨技术学院提供现代化的教学理念、教学资源、课程标准和教学管理方法，开启了"走出去"向东盟国家输出中国优质教育资源的新时代，进一步提升了铜仁职业技术学院的海外影响力。

学院分别与四川开元集团老挝开元矿业有限公司、老挝同济医院签订校企合作协议，创建海外实习、实训和就业基地，开辟了服务"一带一路"中国企业"走出去"合作培养高素质、高技能型国际人才的新路径。与印度尼西亚玛中大学开启"千人海外计划"学生交流互换项目，并在该校设立旅游英语海外"学习和实训基地"，成为首个专业对口的海外实习实训基地。

三、国家民委"一带一路"国别和区域研究中心获批建设

2019年7月,国家民委第二批"一带一路"国别和区域研究中心——东盟职业教育研究中心获批立项建设,标志着铜仁职业技术学院在服务国家"一带一路"高级别平台建设方面取得了重大突破,在引领贵州省乃至全国高职院校提升职业教育对外开放水平方面开创了新的历史。铜仁职业技术学院将以职业教育科研创新国际化推动学院职业教育国际化迈向更高层次、更高质量、更高水平,引领中国—东盟职业教育理论协同创新与智库合作实现"共商、共研、共建、共享、共赢",构建中国—东盟职业教育研究发展共同体,初步形成"立足东盟,面向亚洲,服务'一带一路'"高质量的国别和区域研究平台,推动中国—东盟职业教育协同创新发展。

国家民委办公厅文件

民办发〔2019〕74号

国家民委办公厅关于成立第二批国家民委"一带一路"国别和区域研究中心的通知

广西民族大学、云南民族大学、贵州民族大学、青海民族大学、西藏民族大学、内蒙古民族大学、河北民族师范学院、吉首大学、延边大学、铜仁职业技术学院:

根据《国家民委办公厅关于做好共建院校国别和区域研究布局工作服务"一带一路"建设的通知》(民办发〔2018〕146号)要求,共建院校认真组织开展了国家民委"一带一路"国别和区域研究中心筹备和申报工作。经过专家评审,综合考虑各方面情况,研究决定,同意在10所共建院校设立13个国家民委"一带一路"国别和区域研究中心(名单见附件)。

四、国际影响力日益广泛

铜仁职业技术学院于 2016 年、2017 年、2018 年连续三年入选全国高职院校"国际影响力 50 强",示范引领了贵州省高职院校国际化办学快速发展,成为西部地区高职院校"面向东盟"服务国家"一带一路"国际化办学的典型案例。

第五节 东盟来华留学生"五位一体"教育案例

一、中国文化教育

(一)感知中国传统文化,培养"知华、友华、亲华"情怀

中国与东盟地理相邻,山水相连,文化相通,血脉相亲。历史上,东盟各国受汉文化圈影响深远,风俗习惯相似,民族感情相通。因此,以文化相通为纽带促文明互鉴是东盟来华留学生感知中国、增进友好感情的重要途径。

铜仁职业技术学院于 2011 年开展国际学生汉语教学与中国传统文化传播的来华留学生文化语言实践课程,成为贵州省第一所开展国际汉语教学和传播中国传统文化的高职院校。经过近九年的教学实践,形成了中国文化体验、汉语技能大赛、中文演讲大赛等多个语言文化体验品牌项目,促进了铜仁职业技术学院国际学生展示汉语水平和文化交流。在此基础上,2017 年 9 月,学院对外汉语教学团队被立项为贵州省优秀教学团队,大大提升了汉语文化的国际化传播影响力。

结合中国文化传播及东盟来华留学生的需求,从贵州特色地域文化视角入手,积极构建以黔东文化为特色的国际学生文化体验课程项目。将地域民族文化融入国际学生文化素质体验教育全过程,着力推进中国文化课程教学模式的改革创新。不仅注重语言知识学习,同时还注重语言文化体验,用体验的方式激发国际学生深层次的兴趣,用地方特色的"中国符号"讲述中国故事,让东盟来华留学生了解和认识中国文化、多彩贵州文化、黔东特色文化等。用看得见、

摸得着的方式让留学生感悟文化的真实性，并让留学生体会中国文化的博大精深，地域文化的丰富多彩。引发他们的敬佩与热爱之情，培育国际学生的中国情怀，提升国际学生的文化素质，进而培养知华、友华、亲华的国际高素质技术技能人才。

（二）参加各类技能竞赛，丰富中华文化情感

2011年以来，铜仁职业技术学院组织国际学生多次参加国家、省、市各级各类技能竞赛，并在比赛中屡创佳绩。通过以赛促学，以赛促教，加深来华留学生全面了解和认识中华文化，立体感知中国。学院已先后组织国际（东盟国家学生为主）学生参加了两次"留动中国—在华留学生阳光运动文化之旅"比赛，分别在篮球"三对三"项目中获得第三名，民族传统体育项目第三名和第五名。该活动以体育赛事、文体才艺表演为纽带，展示在华留学生的团结奋进、健康、积极向上的精神风貌和青春风采，有利于在华留学生深入了解中华文化，开阔视野，全面了解中国，进而促进中国文化的传承和推广。

在2018年第十一届"中国—东盟教育交流周'来华留学生中国民歌演唱大赛'"中，铜仁职业技术学院老挝留学生叶修之、阿萨以一首男女对唱歌曲《我在梵净山下等你》惊爆全场，力克群雄，在比赛中荣获一等奖。在2019年"中国—东盟教育交流周'汉语桥'——'诗琳通公主杯'"东盟国家在华留学生演讲大赛上，学院两名参赛选手分别斩获一等奖和二等奖。其中来自印度尼西亚的蔡威汉在演讲比赛中融合了"打快板""写书法"的独特才艺，畅谈中国高铁、5G、移动支付等科技创新，述说自己热爱中国文化、留学中国的精彩故事也征服了现场媒体，成为"2019中国—东盟教育交流周"活动精彩看点，并被贵州广播电视台新闻报道。表8-2为2013—2019年学院国际学生的获奖情况。

表8-2 2013—2019年国际学生获奖一览表

序号	竞赛名称及等次	获奖者	获奖时间	颁发部门
1	首届"留动中国—来华留学生阳光运动文化之旅"（九州赛） 民族传统体育项目第三名 篮球"三对三"项目第三名	陶晓娇等10人	2013年12月	教育部、中国大学生体育协会
2	贵州省高职高专足球比赛 第一名	陈红光等15人	2013年8月	省教育厅

续表

序号	竞赛名称及等次	获奖者	获奖时间	颁发部门
3	第七届中国—东盟教育交流周东盟留学生中国文化知识大赛三等奖；东盟留学生汉字听写大赛团体三等奖	杨婷燕等	2014年9月	中国—东盟教育交流周秘书处组委会
4	第八届中国—东盟教育交流周职业教育博览会：特别奖	苏力、苏比等25人	2015年8月	中国—东盟教育交流周秘书处组委会
5	第二届"留动中国—来华留学生阳光运动文化之旅"（西南赛区大赛） 民族传统体育项目第五名； 篮球"三对三"项目和定向越野赛项目第九名	苏力等	2016年6月	教育部、中国大学生体育协会
6	第九届中国—东盟教育交流来华留学生演讲征文大赛 演讲大赛：二等奖； 征文比赛：二等奖、三等奖	苏比等	2016年9月	中国—东盟教育交流周秘书处组委会
7	第十一届中国东盟教育交流周演讲大赛：三等奖；征文大赛：三等奖	庄百生、范氏芸	2018年9月	中国—东盟教育交流周秘书处组委会
8	第11届中国—东盟教育交流周来华国际学生中国民歌演唱大赛：一等奖	叶修之、阿萨	2018年10月	中国—东盟教育交流周秘书处组委会
9	2019中国—东盟教育交流周"汉语桥"—"诗琳通公主杯"东盟国家在华国际学生中文演讲大赛：一等奖、二等奖	苏娅、蔡威汉	2019年7月	孔子学院总部
10	2019中国—东盟教育交流周"留学中国梦"征文大赛： 三等奖	苏娅	2019年8月	中国—东盟教育交流周秘书处组委会

此外，校内还举行了中国文化艺术技能比赛，主要包括中国书法、绘画、茶艺、武术、时装达人秀等内容。借助中国传统文化艺术实践体验，丰富东盟来华留学生对中国政治、经济、人文、艺术等方面的认知，感受中国的历史变迁和文化传承与文明发展，全面了解中国文化和社会经济发展。

二、法治文化教育

（一）制定来华留学生规章制度，实现依法依规管理

为进一步实现国际学生工作、规范化、科学化管理，创新工作管理机制，铜仁职业技术学院自开展来华留学招生以来，在实际工作中不断深入调研，建章立制，始终将来华留学生教育管理工作纳入法制化、制度化轨道，切实做到"有法可依、有法必依"，对在校国际学生实行严格管理。学院先后制定了《铜仁职业技术学院留学生违纪处分管理办法》《铜仁职业技术学院来华留学生管理规定》《铜仁职业技术学院留学生奖学金管理规定》《留学生辅导员管理规定》《留学生招生管理规定》等相关管理规章制度，建立健全了体制机制。

近年来，为贯彻落实教育部最新下发的《推进共建"一带一路"教育行动》有关文件精神，根据《学校招收和培养国际学生管理办法》（教育部、外交部、公安部第42号令）和教育部《来华留学生高等教育质量规范（试行）》（教外〔2018〕50号）文件精神，制定了《对外汉语教学实施计划和方案》和《国际学生人才培养方案》等教学实施指导文件，明确了国际学生汉语培养标准和学历教育毕业标准，有利于"趋同化管理"原则的具体实施。同时，制定和修改了《国际学生学籍与教学管理规定》《国际学生语言教学管理办法》《国际学生违纪处分管理办法》《国际学生奖学金管理办法》《国际学生突发事件应急管理预案》等。

（二）强化遵守法律法规意识，坚持"以人为本，管服并重"

做好东盟来华留学生教育工作，思想教育是先导。入乡随俗，来华留学生必须自觉遵守中国法律法规、社会公约、风俗习惯等，增强遵纪守法的意识，培养自我约束和自我管理能力，这样才能其保证在华学习、生活的日常秩序。

由于东盟来华留学生文化背景和民族身份的差异性，大部分都存在一定程度的跨文化的不适应性。再加上也有部分留学生自身法律意识淡薄、思想懒散、纪律涣散，从而导致教育管理方面难度较大。因此，加强对东盟来华留学生遵纪守法和法律法规教育是扫清其来华学习生活的首要障碍，也是学校对他们实施服务和管理的基础条件。

总体来说，铜仁职业技术学院对东盟来华留学生加强法制文化教育，坚持

法律法规意识教育贯穿始终。首先，从入学教育开始，国际教育学院学生科专门负责对国际学生新生进行中国法律法规、国情校情、校规校纪、校内外安全防范等内容的相关教育，向新生介绍来华留学基本注意事项，使其熟悉学校环境，适应当地校内、外生活，减少交流障碍。同时，重点加强国情校情、校规校纪日常教育。针对东盟来华留学生来源国的国情背景、民族风俗、生活习惯和思想状况特点等因素，结合日常管理过程中国际学生经常容易违反的校纪校规，以及关系到在华留学根本安全利益且容易被忽视的中国法律法规条款，开展细致具体的释法讲解，保证新报到的国际学生熟悉、理解、听懂、弄通。此外，认真做好相关教育活动开展纪录，并结合本校日常留学生管理办法，与完成校规校纪、法律法规等入学教育的来华留学生签订书面协议，确保常见的敏感、易违反条款内容入心入脑。通过签订校纪校规、法律法规教育协议，增强了东盟留学生的遵纪守法意识，对来华留学生日常行为规范形成一定的约束力和违法违规监管压力，客观上强化了法制文化教育的效果，提高了管理效果和效率。

其次，开展常规法制文化教育。主要形式包括主题班会、专题讲座、以案释法（PPT、视频等）。

（1）主题班会：国际教育学院现有班级设置按照学习水平并兼顾国别和区域来源的原则编班组织教学。鉴于学院是以东盟来华留学生为主的特殊情况，通常采取东盟来华留学生集中组织召开法制教育主题班会，每月至少一次，并根据需要可按实际情况适时举行。法制教育主题班会主要由留学生班主任负责组织，学生科可以依据教育内容参与协助举行。班主任根据班级东盟留学生阶段学习生活表现情况作总结报告，对学习表现优秀、生活中遵纪守法的学生进行表扬，对违反校纪校规的通报批评，并按照相关管理规定给予及时警告提醒，或者做出违纪处分通报。尤其是对于留学生经常违反的有关管理规定事项进行详细介绍，解读其中违反内容条款要点和产生的后果，起到众人说法示警的作用。

对于涉嫌违法或已经违法的留学生，学院会及时做出反应，召开专题班会，采用真实案例以案释法。例如，学院发生过几起涉嫌骗取签证、非法打工、非法居留受到公安部门做出违法处理的案例。学生科在和公安部门沟通协调，将明确处理结果并上报相关职能管理部门后，迅速组织留学生召开法制教育大会，利用短视频或PPT等直观媒体形式通报案例基本情况，结合违法处理结果，详解违法事项涉及的条款内容，对全体留学生发出特别提醒警示。以案释法，要求广大留学生在华留学期间务必要遵守我国的法律法规，既是世界法制文明共同的价值要求，也是遵循信守承诺的契约精神的根本体现。

（2）专题讲座：除了以上校内留学生管理人员对东盟来华留学生进行的各种形式的法律文化教育活动外，国际教育学院每年都会邀请公安、外事等校外职能部门开展法律法规专题讲座。铜仁职业技术学院经过近十年来的来华留学教育发展，已和当地公安、政府外事部门建立了良好的业务联系和沟通渠道。2017年5月，贵州省首个"高校外国人服务站"在铜仁职业技术学院落户设立，成为地方公安机关与高校深度合作的成功典范。借助这一外国人管理服务平台，学院聘请本地公安局出入境管理支队主要负责人作为学院来华留学生法律教育顾问兼专家，承担日常定期举办的来华留学生法律教育专题讲座，来校宣讲中国政策和涉外法律法规等。

国际学生管理科协助提供英文版或东盟国家语言翻译的法律法规教育PPT、视频资料、展览图片等，与专家共同组织法律教育专题讲座，通过视、听真实案例现场释法。主要讲座内容有《中华人民共和国出入境管理法》《出境入境业务办理指南和注意事项》《外国人在华安全应急处理预案》《外国人在中国就业管理规定》《外国人管理专题讲座》《外国人宗教活动管理规定及实施细则》等。通过邀请外聘公安部门法律顾问和专家开展专题法律讲座和现场说法，大大增强了法律教育的权威性和效果，强化留学生的遵纪守法意识，教育他们学会运用法律武器保护自己的合法权益，同时也对自己在华学习期间的言行举止起到了明显的约束作用。这些举措极大地保障了学院东盟来华留学生的生活和学习安全，以及各项合法权益，大大降低了学院东盟来华留学生的管理成本，起到了坚持"以人为本，管服并重"的良好教育效果。

三、职业文化教育

铜仁职业技术学院作为国家优质高职院校、"省部共建"院校、国家高水平专业群建设单位，自院校合并组建以来，经过近二十年的发展，职业文化积淀深厚。铜仁职业技术学院立足职业教育，构建了先进文化、红色文化、职业文化、优秀传统文化、黔东文化五位一体的"五元文化"德育体系，形成了较为成熟的高职院校大学生思想政治教育模式。"五元文化"德育体系为学院开展东盟来华留学生思想教育提供了重要的理论支撑和实践经验。

东盟来华留学教育属于学院实施职业教育国际化的重要内容，目标是为东盟国家培养具有国际视野和"知华、友华、亲华"情怀的高素质技术技能人才。职业文化教育是东盟来华留学生教育的五个方面的内容之一，职业文化教育的效果直接影响着东盟来华留学生未来归国择业、就业和创业的质量。学院对东盟来华留学生开展职业文化教育主要包括以下几方面。

一是根据东盟来华留学生所学专业情况，开设专门的东盟留学生职业规划课程，系统讲授职业道德修养、职业心理健康、职业生涯规划与创业，等等。讲授内容以学院"五元文化"中的职业文化为基础，介绍符合中国国情的职业教育观和创业就业观。同时，结合当今世界职业教育发展状况和趋势，以及未来创业就业新态势。最后，通过国情分析和跨文化职业教育比较，从国际视野重新审视东盟留学生各自国家的未来发展动向。从而使东盟来华留学生能够听懂中国职业文化教育故事，瞭望世界职业文化教育星空，归国后传播中国职业文化思想理念，开创本国职业教育新思路。

二是根据"趋同化"管理原则，鼓励并引导东盟留学生积极参加职业文化大讲堂、创业规划大赛、留学中国创翼创业大赛等活动。组织东盟来华留学生参观校内实训基地、农耕文化观、校外定岗实习基地，待条件成熟后，专业教师带领东盟留学生到校外合作企业单位开展跟岗学习和顶岗实习。在实习过程中传播中国企业文化、职业文化，帮助东盟来华留学生自觉遵守基本职业道德规范，培育良好的职业操守，做到诚实守信、爱岗敬业、遵纪守法，自觉承担起建设祖国的重任。

三是针对东盟来华留学生所学的专业开展专业职业文化教育。例如，老挝国内基础设施建设比较落后，老挝留学生来校多为学习建筑工程技术。根据目前两国在建筑技术手段和硬件设施的巨大差距，为他们选择中国传统建筑艺术和建筑施工技巧，现代中国建筑风格艺术和现代先进建筑施工设备仪器和机器使用等职业文化教育内容，向他们传授先进的中国建筑施工和设计理念，帮助老挝留学生通过专业技术学习了解中国职业文化，以中国职业文化学习加深中国先进的建筑设计理念理解。

四是借助学院设立的国家民委第二批"一带一路"国别和区域研究中心——东盟职业教育研究中心这一高端科研平台,对东盟国家留学生介绍宣传中国—东盟职业教育"共商、共建、共研、共享、共赢"的协同创新发展合作模式,增强职业教育开放合作交流意识,形成职业教育开放发展、国际多元交融的职业文化思维理念。

四、心理健康教育

心理健康教育是学生安全教育的重要内容,铜仁职业技术学院历来非常重视安全教育,对东盟来华留学生开展心理健康教育是为他们构筑心理健康安全的重要防线。东盟来华留学生本身文化背景各异,他们来到异国他乡,生活环境、饮食习惯、文明礼仪等各方面会存在较大的不适应性。异域文化在一定程度上给他们造成文化适应方面的"心理焦虑"或"心理障碍"。为消除东盟来华留学生文化适应过程中的"心魔"问题,学院根据实际情况,专门设计了形式多样、内容丰富的心理健康教育活动,为东盟来华留学生配备了专职心理咨询员等。

一是参照中国学生心理健康教育实施办法,在每个留学生班安排了心理气象员,同时安排1~2名中国学生心理气象员,协助留学生班开展好心理健康风险防控、问题咨询和心理疏导等日常活动,做好心理健康适时预警和应急处理工作。

二是各班主任按照留学生安全管理有关要求,定期召开心理健康安全主题班会,讲解心理健康教育的意义和主要内容,做好心理亚健康人员排查。借助实际案例组织学生讨论,加深他们对心理健康重要性的认识,使其学会应对日常生活中出现的各类情形诱发的心理健康状况,熟知心理疾病就医程序和心理健康咨询问题解决方案。

三是组织东盟来华留学生和中国学生共同参与校内外心理健康拓展活动、心理健康情景剧表演、心理健康心声歌曲演唱赛等各种心理健康趣味活动。通过交流互动,丰富东盟来华留学生的生活体验,扩大其人际交流沟通,消除其文化适应心理障碍。

五、道德素质教育

目前,留学生思想道德教育内涵内容、原则和方法还没有统一的范式,通过调研我们认为,东盟来华留学生道德教育涵盖了道德行为教育、道德规范教育和道德思维教育三个层次,德育工作的重点也应落实在日常生活表现规章制度和具体日常活动上。

(1)日常生活表现方面。根据学校各项管理规章制度,对东盟来华留学生开展道德行为教育和道德规范教育。正如上文所述,学校制定了各项国际学生管理规定和办法,目的就是规范和约束来华留学生的日常行为习惯。针对东盟来华留学生具体文化背景差异和特点,道德规范教育的侧重点会有所不同,但必须遵循一个前提条件,那就是尊重各国学生的礼仪和有明显宗教色彩的普通服饰等。例如,不论一年四季,大部分老挝留学生都喜欢光脚穿拖鞋,宿舍自由活动时间喜欢在室内喝啤酒。按照学校制定的留学生管理办法,学校劝说并引导学生到教室上课不允许光脚穿拖鞋,多次强调后,老挝留学生基本上都能做到。偶尔有个别人违反了规定,可单独进行耐心劝解教育。在宿舍内喝酒严格来说是不允许的,但鉴于老挝人的生活理念和习惯,要求他们一般不在宿舍饮酒,如果在宿舍饮酒就必须做到有节制,晚上10点前必须停止,更不能酗酒滋事,否则按违纪严肃处理。同时,在对东盟留学生校规校纪教育的基础上,向东盟学生深入细致介绍我国《外国人宗教活动管理规定及实施细则》等法律法规,要求留学生必须严格遵守我国的法律、法规,不得从事任何违法活动,禁止留学生在校园内传播宗教,禁止非法宗教聚会等。此外,要求留学生尊重其他学生的生活习惯和作息时间,尊重我国的社会公德,言行文明。不得酗酒滋事,不得传播非法书刊和音像制品,遵守网络道德。

(2)日常活动方面。学院主要通过主题班会、主题活动的形式开展道德教育。如学院每年举行老挝新年、国庆节、国际美食节、国际文化节等,同时还邀请春节留校的学生参加春节团拜和年夜饭聚餐活动等,以传统文化交流互动为感情纽带,增进了解,深化友谊,培育东盟来华留学生的"知华、友华、亲华"的中国情结。

参考文献

一、著作

［1］中华人民共和国教育部发展规划司．中国教育统计年鉴2016［M］．北京：中国统计出版社，2017．

［2］教育部国际合作与交流国．《来华留学生简明统计》（2001—2016）．

［3］陈泽河，戚万学．中学德育概论［M］．济南：山东教育出版社，1991．

［4］丁笑炯．基于市场营销理论的留学生教育服务——来自上海高校的实证调查［M］．北京：北京大学出版社，2012．

［4］郝文清．现代思想政治教育学［M］．合肥：合肥工业大学出版社，2008．

［5］黄志成．国家加油新思想新理念［M］．上海：上海教育出版社，2009．

［6］黄云静，张胜华．国家·发展·公平——东南亚国家的比较研究［M］．北京：中国社会科学出版社，2016．

［7］季国兴．当今世界经济高速发展的热点地区——东南亚概况［M］．北京：中国社会科学出版社，1994．

［8］李滔．中华留学教育史录（1949年以后）［M］．北京：高等教育出版社，2000．

［9］李慧琳．从特殊化到多元化——高校来华留学生事物跨文化管理研究［M］．北京：首都师范大学出版社，2017．

［10］李智．文化外交：一种传播学的解读［M］．北京：北京大学出版社，2005．

［11］陆应飞．来华留学生教育研究（2017）［M］．北京：北京语言大学出版社，2017．

[12] 罗洪铁. 思想政治教育专题研究[M]. 北京:中央文献出版社,2007.

[13] [美]梯利. 西方哲学史(增补修订版)[M]. 北京:商务印书馆,2019.

[14] [美]伯尔曼. 法律与宗教[M]. 梁治平译. 上海:上海三联书店,1991.

[14] [美]阿拉斯戴尔·麦金太尔. 追寻美德:道德理论研究[M]. 宋继杰译,南京:译林出版社,2011.

[15] [美]塞廖尔·亨廷顿. 文明的冲突[M]. 周琪等,译,北京:新华出版社,2017.

[16] 祁志祥. 人血原理[M]. 北京:商务印书馆,2012.

[17] 祁广谋,钟智翔. 东南亚概论[M]. 广州:世界图书出版社,2013.

[18] 檀传宝. 学校道德教育原理(修订版)[M]. 北京:教育科学出版社,2003.

[19] 王鹏,陈岸涛. 美国高校学生事务管理文献研究及启示[M]. 北京:高等教育出版社,2014.

[20] 田正平. 中外教育交流史[M]. 广州:广东教育出版社,2004.

[21] 王士录,刘稚. 当代越南[M]. 成都:四川人民出版社,2000.

[22] 钱穆. 文化学大义[M]. 台北:台北中正书局,1952.

[23] 许利平,等. 当代东南亚伊斯兰发展与挑战[M]. 北京:时事出版社,2008.

[24] 岳蓉. 东南亚地区民族国家研究[M]. 北京:中国社会科学出版社,2016.

[25] 于富增. 改革开放30年的来华留学生教育(1978—2008)[M]. 北京:北京语言大学出版社,2009.

[26] 杨军红. 来华留学生跨文化适应问题研究[M]. 上海:上海社会科学院出版社,2009.

[27] [英]约翰·威尔逊. 道德教育新论[M]. 蒋一之,译. 杭州:浙江教育出版社,2003.

［28］张彦．价值排序与伦理风险［M］．北京：人民出版社，2011．

［29］赵中建等译．全球教育发展的历史轨迹［M］．北京：教育科学出版社，2005．

［30］郑筱筠．东南亚宗教与社会发展研究［M］．北京：中国社会科学出版社，2013．

二、刊物

［1］习近平．携手建设中国—东盟命运共同体［N］．人民日报，2013-10-04．

［2］查建友．文化自信·文化自省·文化自觉［J］．理论视野，2017（06）．

［3］陈秀琼，等：积极心理学在东南亚来华留学生思想道德品质教育中的应用——以华侨大学176名留学生为例［J］．内蒙古师范大学学报（教育科学版），2017（11）．

［4］陈强．来华留学生教育怎么看［N］．中国教育报，2018-9-21．

［5］陈强，文雯．''一带一路''倡议下来华留学生教育：使命、挑战和对策［J］．高校教育管理，2018（05）．

［6］陈东升．''一带一路''背景下中国—东盟教育交流与合作研究——基于国际服务贸易的视角［J］．东南亚纵横2017（03）．

［7］陈梦卿．高校留学生思想政治教育的现状及对策研究［J］．科教文汇，2017（10）．

［8］程家福，等．21世纪初来华研究生教育发展状况与对策研究［J］．中国高教研究，2012（11）．

［9］程茹军．全球化背景下的文化、跨文化交流与文化休克［J］．河北师范大学学报/哲学社会科学版，2007（03）．

［10］崔卉．面向高校在华留学生朋辈互助机制构建的研究——以扬州大学在华留学生朋辈交际现状为例［J］．江苏科技信息，2014（08）．

［11］崔庆玲．来华留学教育的历史发展及原因分析［J］．高等教育研究，第22卷第2期，2008（03）．

［12］邓福庆．切实做好来华留学生教育工作的实践与思考［J］．黑龙江高教研究，2005（07）．

[13] 丁笑炯. 高校来华留学生支持服务满意度调查与思考——基于上海高校的数据[J]. 高校教育管理, 2018（01）.

[14] 董东栋. 浅谈留学生辅导员在维护校园安全稳定中的作用[J]. 外国留学生工作研究, 2015（03）.

[15] 董洪亮, 魏哲哲. 适应国家发展大势和党和国家工作大局培养更多优秀人才开创留学工作新局面[N]. 人民日报, 2014-12-14.

[16] 窦炎国. 论道德认知[J]. 西北师大学报（社会科学版）, 2004（11）.

[17] 方宝, 武毅英. 论东盟来华留学教育扩大发展的有效路径[J]. 复旦教育论坛, 2016（2）.

[18] 傅锦彬, 方竹根. 高校发展来华留学教育的对策研究[J]. 黑龙江高教研究, 2003（04）.

[19] 冯洁. 中国高校外国留学生思想政治教育的问题与对策[J]. 海南广播电视大学学报, 2017（01）.

[20] 付松. 对外开放 教育先行——第四届"中国—东盟教育交流周"观察[N]. 当代贵州, 2011（9）.

[21] 费孝通. 反思·对话·文化自觉[J]. 北京大学学报（哲学社会科学版）. 1997（03）.

[22] 高剑华. 来华留学生素质教育探析[J]. 辽宁师范大学学报（社会科学版）, 2009（11）.

[23] 高剑华. 中日留学生教育现状及政策比较研究[J]. 辽宁师范大学学报（社会科学版）. 2008（01）.

[24] 高雅珍. 古代西方德育思想[J]. 道德与文明, 1995（03）.

[25] 高英学. 关于来华留学生教育管理对策的思考[J]. 中国高教研究, 1998（06）.

[26] 郭玉贵. 从对美国来华留学生教育分析探索教育国际化的创新机制[J]. 世界教育信息, 2012（07）.

[27] 顾春雨. 对大学生道德认知特点的探索[J]. 广西大学学报（哲学社会科学版）, 2007（10）.

[28] 关春芳. 文化传播与高校留学生教育[J]. 中国高等教育, 2012（07）.

［29］关秋红. 关于来华留学生思想教育工作的几点认识［J］. 牡丹江大学学报, 2008（09）.

［30］哈嘉莹. 来华留学生与中国国家形象的自我构建［J］. 山东社会科学 2010（11）.

［31］韩进, 陈东英. 构建中国—东盟高等教育命运共同体：阻碍、机制和计划［J］. 内蒙古师范大学学报（教育科学版）, 2018（04）.

［32］黄瓅, 冯向东. 论中国东盟高等教育战略伙伴关系的构建［J］. 大学教育科学, 2011（05）.

［33］黄玲, 胡伟华. 留学生跨文化交际中的心理学因素分析［J］. 西安工程大学学报, 2013（08）.

［34］胡炯梅, 姚雪玲. 来华留学生跨文化人际交往障碍与调适研究［J］. 新疆师范大学学报（哲学社会科学版）, 2014（04）.

［35］姜占峰. 论现代思想政治教育新方法——评现代思想政治教育方法论［J］. 学研, 2016（05）.

［36］蒋凯. 来华留学生教育的战略定位：基于多因素的分析［J］. 中国高教研究, 2010（05）.

［37］金春花. 加强来华留学生思想教育工作的思考与几点措施［J］. 黑龙江教育（高教研究与评估版）, 2005（07）.

［38］季飞. 贵州招收东盟留学生现状及其战略选择［J］. 长江大学学报（社会科学版）, 2013（12）.

［39］李薛霏. 教育合作新起点人文交流新未来——第十一届中国—东盟教育交流周开幕［N］. 贵州日报, 2018-07-27.

［40］李本义, 刘荣山. 论来华留学生的道德素质教育［J］. 湖北大学成人教育学院学报. 2006（08）.

［41］李建华. 论道德情感体验［J］. 中南大学学报（社会科学版）, 2003（02）.

［42］刘慧, 曹步峰. 澳英两国扩大外国留学生教育规模的经验及启示［J］. 辽宁教育研究, 2007（03）.

［43］刘红光. 高校来华留学生教育中的文化冲突与管理［J］. 西南交通大学学报（社会科学版）, 2014（07）.

［44］刘惊铎．东南亚三国思想道德教育考察报告［J］．中国德育，2009（01）．

［45］刘小强．关于高等教育理论求真和求用的思考［J］．江苏高教，2010（04）．

［46］刘稚．中国东盟高等教育合作的现状与前景［J］．思想战线，2010（04）．

［47］刘世伟．加强来华留学生思想教育工作［J］．东北大学学报：社会科学版，2000（02）．

［48］刘鲁吉，等．大学校园法治文化建构研究［J］．山东省青年管理干部学院学报，2009（3）．

［49］刘林涛．文化自信的概念、本质特征及其当代价值［J］．思想教育研究，2016（04）．

［50］刘婧，郭凤志，等．论文化教化在提升国民道德素养中的作用［J］．思想教育研究，2016（04）．

［52］刘松．思想政治教育方法实效性的评价标准探析［J］．黑龙江高教研究，2005（04）．

［53］柳芳．美国公民教育对我国思想政治教育的启示［J］．高校科技，2016（06）．

［54］鲁婷婷，吴昊．中国传统文化在高职院校留学生跨文化教育中的实践研究——以常州信息职业技术学院为例［J］．常州信息职业技术学院学报，2016（04）．

［55］吕途，崔建伟，徐凤江．来华留学生违法犯罪的类型、成因及预防［J］．齐齐哈尔大学学报（哲学社会科学版），2014（04）．

［56］吕慎．共筑中国东盟关系的新支柱——第九届中国—东盟教育交流周综述［N］．光明日报．2016-08-08．

［57］罗弦，阚阅．中国—东盟高等教育合作政策的回顾与展望［J］．重庆高教研究，2017（01）．

［58］佳妮．"一带一路"沿线国家来华留学生就读经验研究［J］．比较教育研究，2018（04）．

[59] 莫凡. 国际人才培养刍议[J]. 教育评论, 2013（05）.

[60] 潘慧斌. 高校外国留学生管理体制探讨[J]. 东华大学学报（社会科学版）, 2012（06）.

[61] 强百发. 基于文化差异下的来华留学生管理[J]. 现代教育管理, 2010（02）.

[62] 覃玉荣. 东盟留学生跨境适应研究——基于文化距离的视角[J]. 复旦教育论坛, 2013（04）.

[63] 漆永祥. 北大中文系留学生教育的过去、现在与未来[J]. 中国大学教学, 2013（09）.

[64] 翟国. 高校留学生群体思想政治教育策略研究[J]. 教育探索, 2015（03）.

[65] 施小芸, 赵阳. 留学生社会行为问题的跨文化适应意识的问题及对策[J]. 宜春学院学报, 2013（10）.

[66] 宋黎磊, 程好. 培养"知华派"：对高校留学生群体的公共外交[J]. 当代世界, 2013（03）.

[67] 宿景祥. 世界看好中国模式[J]. 环球时报, 2004-04-28.

[68] 孙驰. "一带一路"背景下来华留学生管理的新型模式探索[J]. 开封教育学院学报, 2017（09）.

[69] 孙一. "一带一路"背景下高校来华留学生教育研究[J]. 黑龙江工业学院学报（综合版）, 2018（12）.

[70] 孙茜. 浅论来华留学生的心理健康辅导与教育机制[J]. 学理论, 2014（29）.

[71] 潭亮. 高校朋辈教育的理论、要素与原则探析[J]. 创新与创业教育, 2015（06）.

[72] 涂三堂. 基于跨文化交流的视域看来华留学生的思想道德教育工作[J]. 青年文学家, 2013（09）.

[73] 汪青松. 构建和实施能力型高校人才培养方案[J]. 人才开发, 2007（02）.

[74] 汪青松. 中国梦与世界梦的人类高度[J]. 毛泽东邓小平理论研究, 2016（04）.

[75] 汪文首. 高校校园职业文化特征分析[J]. 湖南社会科学, 2010 (06).

[76] 王屹等. "一带一路"背景下职业教育对外开放的文化认同研究[J]. 中国职业技术教育, 2018 (12).

[77] 王冰一. 留学生教育管理工作中的思想教育[J]. 天津市经理学院学报, 2013 (04).

[78] 王伯然, 陈秀清, 朱影. 创新开展朋辈教育：探索社会主义核心价值观教育新路径-以河北师范大学汇华学院为例[J]. 教育现代化, 2016 (18).

[79] 王春刚, 王凤丽. 来华留学生思想道德教育的理论依据探析[J]. 前沿, 2013 (21).

[80] 王春刚等. 来华留学生思想道德教育的研究现状及价值分析[J]. 辽宁教育行政学院学报, 2015 (03).

[81] 王春刚. 加强来华留学生思想道德教育的必要性及其途径[J]. 通化师范学院学报, 2012 (01).

[82] 王春刚, 刘洋. 来华留学生思想道德教育过程的构成要素及特点分析[J]. 高等农业教育, 2015 (06).

[83] 王春刚. 来华留学生思想道德教育者的素质及培养[J]. 江汉大学学报, 2013 (02).

[84] 王剑波. 我国高等教育国际化的进程、借鉴与措施[J]. 国家高级教育行政学院学报, 2002 (01).

[85] 王军. 我国来华留学生教育的基本定位与应对策略[J]. 中国高教研究, 2008 (12).

[86] 王娟. 高校国际化与"一带一路"倡议的对接——基于高校来华留学教育的研究[J]. 南京晓庄学院学报, 2016 (09).

[87] 王吉芳. 论来华留学生的道德素质教育[J]. 首都师范大学学报 (社会科学版), 2000年增刊.

[88] 王宁等. 寻求务实合作 创新交流平台 推动率先开放[N]. 贵州日报, 2011-08-18.

[89] 王蕾. 从留学生往来看我国教育服务贸易的发展——1996年以来出国与来华留学生数据的统计分析[J]. 高教高职研究, 2007 (08).

[90] 王苏春, 王勇, 唐德才. 发达国家留学生教育经验对我国留学生教育的启示[J]. 教育探索, 2009 (09).

[91] 王勇, 林小英, 等. 来华留学生教育管理工作满意度: 构成、贡献与策略——基于北京大学来华留学毕业生样本的调查分析[J]. 教育学术月刊, 2014 (02).

[92] 武晓华. 加强大学生职业道德教育的若干思考[J]. 思想政治教育研究, 2014 (02).

[93] 徐海宁. 中美日三国留学生教育的状况与政策比较研究[J]. 河北科技大学学报(社会科学版), 2001 (06).

[94] 徐启斌. 道德情感的功用[J]. 江淮学刊, 1997 (08).

[95] 谢惠媛. 大学生道德认知状况调查[J]. 高教探索, 2005 (05).

[96] 许正伟. 来华东盟留学生思想教育研究[J]. 广西师范学院, 2012 (06).

[97] 杨刚. "一带一路"新机遇——"中国—东盟教育交流周"十年回眸与展望[J]. 当代贵州, 2017 (07).

[98] 严励. 法治建设的基石[J]. 同济大学学报(社会科学版), 2007 (04).

[99] 叶淑兰. 外国留学生的中国观——基于对上海高校的调查[J]. 外交评论, 2013 (06).

[100] 叶文. 浙江大学来华本科留学生适应性提升探索[J]. 青少年研究与实践, 2016 (02).

[101] 尹湘旭. 贵州高职院校东盟留学生管理策略研究[J]. 领导科学论坛, 2018 (09).

[102] 喻晓聪, 李阿利. 边界教育理论视角下来华留学生教育的三大核心问题[J]. 中国农业教育, 2013 (03).

[103] 张春海. 泰国Sathya Sai学校道德教育的特色及其启示[J]. 现代中小学教育, 2015 (05).

[104] 张立军, 陈华文. 来华留学生群体特征研究[J]. 学理论, 2010 (01).

[105] 张民选,等.大学的收益:留学生教育中的经济学意义[J].教育研究,2008(04).

[106] 张继桥,刘宝存.我国面向"一带一路"沿线国家留学教育:现状、挑战与对策[J].中国高等教育评论,2018(10).

[107] 张姝.管理工作与高校学生思想政治教育的融合发展探讨[J].高教学刊,2016(16).

[108] 张宗利,王凤丽,王春刚.如何开展来华留学生的思想道德教育[J].中国管理信息化,2013(06).

[109] 章林.东盟来华留学生思想道德教育内容刍议[J].现代职业教育,2020(07).

[110] 章林.东盟来华留学生教育的目的与意义[J].南宁职业技术学院学报,2020(05).

[111] 詹得雄.国外热议"中国模式"及其启示[J].参考消息,2008-03-27.

[112] 詹春燕.走向国际化的泰国高等教育[J].江苏高教,2008(03).

[113] 赵金坡.来华留学生区域性分层教育与管理平台的构建[J].高教探索,2011(05).

[114] 赵哲.我国高等教育国际化进程中的问题与对策[J].当代教育科学,2011(13).

[115] 赵新利.留学生公共外交与对外传播[J].对外传播,2012(03).

[116] 征玉韦,王德军.东盟来华留学生思想道德教育的回顾与展望[J].南宁职业技术学院学报,2019(01).

[117] 郑向荣.建国六十年来华留学生教育的发展及其发展因素分析[J].黑龙江教育学院学报,2010(07).

[118] 周南照.关于教育国际化的政策思考[J].世界教育信息,2014(10).

[119] 周谷平,阚阅."一带一路"倡议的人才支撑与教育路径[J].教育研究,2015(10).

[120] 周秀琼."一带一路"人才培养模式创新及路径选择[J].学术论坛,2018(03).

［121］庄国土．东南亚华侨华人数量的新估算［J］．厦门大学学报，2009（03）．

［122］朱国亮．习近平留学思想初探［J］．江苏师范大学学报（哲学社会科学版），2018（07）．

［123］祖嘉合．儒家道德教育方法对现代道德教育的启示［J］．学校党建与思想教育，2005（12）．

三、学位论文

［1］高星．中美高校道德教育比较研究，中国地质大学（武汉）博士论文，2014．

［2］石彤喆．传播与接受：跨文化传播视角下来华留学生教育研究（1950—2015），上海外国语大学博士论文，2017．

［3］朱国辉．高校来华留学生跨文化适应问题研究，华东师范大学博士论文，2011．

［4］代红伟．亚洲来华留学生思想道德教育研究，南昌航空大学硕士论文，2015．

［5］邰丹丹．安徽省属重点高校来华留学生学历教育的现状、问题与对策研究——以安徽省三所高校为例，安徽大学硕士论文，2018．

［6］呼花爱．外国留学生社会认同与自我认同的研究，长沙理工大学硕士论文，2011．

［7］李彦光．来华留学生教育管理制度的问题和建议，东北师范大学硕士论文，2011．

［8］卢文洁．新加坡中小学公民与道德教育课程研究与启示，华中师范大学硕士论文，2012．

［9］麦艳航．东盟留学生跨境消费对广西高等教育服务贸易影响研究，广西大学硕士学位论文，2014．

［10］彭述连．建国后来华留学生教育政策分析，上海交通大学硕士论文，2009．

［11］王丽丽．职业院校职业文化与学生的可持续发展研究，河北师范大学硕士论文，2012．

［12］夏睦群. 来华留学医学生职业道德教育研究——以天津医科大学为例, 天津医科大学硕士论文, 2012.

［13］徐玫. 来华留学生管理工作探析——以 JN 大学为例, 华东师范大学硕士论文, 2007.

［14］徐倩. 加强高校来华留学生思想教育的研究——以 JS 大学为例, 江苏大学硕士论文, 2018.

［15］袁力. 中外高校道德教育的比较研究, 山东师范大学硕士论文, 2009.

［16］张璐. 越南当代学校道德教育研究, 广西师范大学硕士论文, 2015.

［17］张晓珍. 广东东盟留学生学校生活调查研究, 广西师范大学硕士论文, 2007.

［18］赵卿. 关于大学生道德素养培育的研究——基于对后现代主义思潮的思考, 华东师范大学硕士论文, 2014.

［19］周敏波. 东盟留学生跨境适应理论和实证研究——以广西高校为例, 广西大学硕士论文, 2012.

附 录

附录一 学校招收和培养国际学生管理办法

（中华人民共和国教育部、中华人民共和国外交部、中华人民共和国公安部 42 令 自 2017 年 7 月 1 日起施行）

第一章 总 则

第一条 为规范学校招收、培养、管理国际学生的行为，为国际学生在中国境内学校学习提供便利，增进教育对外交流与合作，提高中国教育国际化水平，根据《中华人民共和国教育法》《中华人民共和国出境入境管理法》等法律法规，制定本办法。

第二条 本办法所称学校，是指中华人民共和国境内实施学前教育、初等教育、中等教育和高等教育的学校。

本办法所称国际学生，是指根据《中华人民共和国国籍法》不具有中国国籍且在学校接受教育的外国学生。

本办法第二至五章适用于高等学校。实施学前、初等、中等教育的学校，其对国际学生的招生、教学和校内管理，按照省、自治区、直辖市的规定执行。

第三条 学校招收和培养国际学生，应当遵守中国法律法规和国家政策；应当维护国家主权、安全和社会公共利益；应当规范管理、保证质量。

国际学生应当遵守中国法律法规，尊重中国风俗习惯，遵守学校规章制度，完成学校学习任务。

第四条　国务院教育行政部门统筹管理全国国际学生工作，负责制定招收、培养国际学生的宏观政策，指导、协调省、自治区、直辖市人民政府教育行政部门和学校开展国际学生工作，并可委托有关单位和行业组织承担国际学生的管理和服务工作。

国务院外交、公安等行政部门按照职责分工，做好国际学生的相关管理工作。

第五条　省、自治区、直辖市人民政府教育行政部门对本行政区域内国际学生工作进行指导、协调和监管，负责研究制定本行政区域内学前、初等、中等教育阶段国际学生工作的相关政策。

省、自治区、直辖市人民政府外事、公安等行政部门按照职责分工，做好国际学生的相关管理工作。

第六条　招收国际学生的学校，应当建立健全国际学生招收、培养、管理和服务制度，具体负责国际学生的招收与培养。

第二章　招生管理

第七条　招收国际学生的高等学校，应当具备相应的教育教学条件和培养能力，并依照国家有关规定自主招收国际学生。

第八条　招收国际学生的高等学校，应当按照国务院教育行政部门规定的事项和程序进行备案。

第九条　高等学校招收国际学生，接受学历教育的类别为：专科生、本科生、硕士研究生和博士研究生；接受非学历教育的类别为：预科生、进修生和研究学者。

第十条　高等学校按照其办学条件和培养能力自主确定国际学生招生计划和专业，国家另有规定的除外。

第十一条　高等学校按照国家招生规定，制定和公布本校国际学生招生简章，并按照招生简章规定的条件和程序招收国际学生。

第十二条　高等学校应当对报名申请的外国公民的入学资格和经济保证证明进行审查，对其进行考试或者考核。国际学生的录取由学校决定；对不符合招生条件的，学校不得招收。

第十三条　高等学校经征得原招生学校同意，可以接收由其他学校录取或者转学的国际学生。

第十四条　高等学校对国际学生的收费项目和标准，按照国家有关规定执行。

高等学校应当公布对国际学生的收费项目、收费标准和退学、转学的退费规定。收费、退费以人民币计价。

第三章　教学管理

第十五条　高等学校应当将国际学生教学计划纳入学校总体教学计划，选派适合国际学生教学的师资，建立健全教育教学质量保障制度。

第十六条　国际学生应当按照高等学校的课程安排和教学计划参加课程学习，并应当按照规定参加相应的毕业考试或者考核。学校应当如实记录其学习成绩和日常表现。

汉语和中国概况应当作为高等学历教育的必修课；政治理论应当作为学习哲学、政治学专业的国际学生的必修课。

第十七条　国际学生入学后，经学生申请、高等学校同意，国际学生可以转专业。转专业条件和程序由学校规定。

第十八条　中华人民共和国通用语言文字是高等学校培养国际学生的基本教学语言。对国家通用语言文字水平达不到学习要求的国际学生，学校可以提供必要的补习条件。

第十九条　具备条件的高等学校，可以为国际学生开设使用外国语言进行教学的专业课程。使用外国语言接受高等学历教育的国际学生，学位论文可以使用相应的外国文字撰写，论文摘要应为中文；学位论文答辩是否使用外国语言，由学校确定。

第二十条　高等学校按照教学计划组织国际学生参加教学实习和社会实践，选择实习、实践地点应当遵守国家有关规定。

第二十一条　高等学校根据国家有关规定为国际学生颁发学历证书或者其他学业证书。对接受高等学历教育的国际学生，高等学校应当及时为其办理学籍和毕业证书电子注册。

高等学校为符合学位授予条件的国际学生颁发学位证书。

第四章 校内管理

第二十二条 高等学校应当明确承担国际学生管理职能的工作机构，负责统筹协调国际学生的招收、教学、日常管理和服务以及毕业后的校友联系等工作。

第二十三条 高等学校应当向国际学生公开学校基本情况、教育教学情况、招生简章以及国际学生管理与服务制度，方便国际学生获取信息。

第二十四条 高等学校应当为国际学生提供食宿等必要的生活服务设施，建立健全并公布服务设施使用管理制度。国际学生在学校宿舍外居住的，应当及时到居住地公安部门办理登记手续。

第二十五条 高等学校应当对国际学生开展中国法律法规、校纪校规、国情校情、中华优秀传统文化和风俗习惯等方面内容的教育，帮助其尽快熟悉和适应学习、生活环境。

高等学校应当设置国际学生辅导员岗位，了解国际学生的学习、生活需求，及时做好信息、咨询、文体活动等方面服务工作。国际学生辅导员配备比例不低于中国学生辅导员比例，与中国学生辅导员享有同等待遇。

第二十六条 高等学校鼓励国际学生参加有益于身心健康的文体活动，为其参加文体活动提供便利条件。国际学生可以自愿参加公益活动、中国重大节日的庆祝活动。

高等学校一般不组织国际学生参加军训、政治性活动。

第二十七条 国际学生经高等学校同意，可以在校内指定的地点和范围举行庆祝本国重要传统节日的活动，但不得有反对、攻击其他国家、民族的内容或者违反公共道德的言行。

第二十八条 国际学生经高等学校批准，可以在学校内成立联谊团体，在中国法律、法规规定的范围内活动，并接受学校的指导和管理。

第二十九条 高等学校应当尊重国际学生的民族习俗和宗教信仰，但不提供宗教活动场所。学校内不得进行传教、宗教聚会等任何宗教活动。

第三十条 国际学生在高等学校学习期间可以参加勤工助学活动，但不得就业、经商或从事其他经营性活动。

国际学生勤工助学的具体管理规定，由国务院教育行政部门会同有关部门另行制订。

第三十一条　高等学校参照中国学生学籍管理规定开展国际学生学籍管理工作。学校对国际学生做出退学处理或者开除学籍处分的，应当按照国务院教育行政部门的规定进行备案。

第五章　奖学金

第三十二条　中国政府为接受高等教育的国际学生设立中国政府奖学金，并鼓励地方人民政府设立国际学生奖学金。

中国政府奖学金的管理办法，由国务院有关行政部门制定。

第三十三条　国务院教育行政部门择优委托高等学校培养中国政府奖学金生。承担中国政府奖学金生培养任务的高等学校，应当优先招收中国政府奖学金生。

第三十四条　高等学校可以为国际学生设立奖学金。鼓励企事业单位、社会团体及其他社会组织和个人设立国际学生奖学金，但不得附加不合理条件。

第六章　社会管理

第三十五条　外国人申请到本办法第二条所指的学校学习的，应当在入境前根据其学习期限向中国驻其国籍国或居住地国使领馆或外交部委托的其他驻外机构申请办理 X1 字或 X2 字签证，按照规定提交经教育主管部门备案的证明和学校出具的录取通知书等相关材料。

第三十六条　国际学生所持学习类签证注明入境后需要办理居留证件的，应当自入境之日起三十日内，向拟居留地公安机关出入境管理部门申请办理学习类外国人居留证件。

第三十七条　外交部对外国驻华外交代表机构、领事机构及国际组织驻华代表机构人员及其随任家属申请到学校学习另有规定的，依照外交部规定执行。未按规定办理相关手续的，学校不得招收。

第三十八条　学校招收未满十八周岁且父母不在中国境内常住的国际学生，须要求其父母正式委托在中国境内常住的外国人或者中国人作为该国际学生的监护人，并提供相关证明材料。

学校可以接受以团组形式短期学习的国际学生,但应当预先与外方派遣单位签订协议。实施初等、中等教育的学校接受团组形式短期学习国际学生的,外方派遣单位应当按照其所在国法律规定,预先办理有关组织未成年人出入境所需的法律手续,并应当派人随团并担任国际学生在学校学习期间的监护人。

第三十九条　国际学生入学时应当按照中国卫生行政部门的规定到中国卫生检疫部门办理《外国人体格检查记录》确认手续或者进行体检。经体检确认患有《中华人民共和国出境入境管理法》规定的严重精神障碍、传染性肺结核病或者有可能对公共卫生造成重大危害的其他传染病的,由公安部门依法处理。

第四十条　学校实行国际学生全员保险制度。国际学生必须按照国家有关规定和学校要求投保。对未按照规定购买保险的,应限期投保,逾期不投保的,学校不予录取;对于已在学校学习的,应予退学或不予注册。

第七章　监督管理

第四十一条　国务院教育行政部门建立健全国际学生培养质量监督制度。省、自治区、直辖市教育行政部门应当对本行政区域的国际学生培养进行监督。

第四十二条　负有国际学生管理职责的国务院教育、公安、外交等行政部门,应当利用现代信息技术建立国际学生信息管理系统,推进信息共享工作机制,不断完善国际学生的管理与服务工作。

第四十三条　对违反《中华人民共和国出境入境管理法》《中华人民共和国治安管理处罚法》以及《中华人民共和国外国人入境出境管理条例》《中华人民共和国境内外国人宗教活动管理规定》等法律法规规定的国际学生,公安等主管部门应当依法处理。

第四十四条　高等学校在国际学生招收和培养过程中出现以下行为的,主管教育行政部门应当责令其整改,按照《中华人民共和国教育法》的有关规定追究法律责任,并可以限制其招收国际学生:

(一)违反国家规定和学校招生规定招生的;

(二)在招生过程中存在牟利行为的;

(三)未公开收费项目、标准和未按项目、标准收费的;

(四)违规颁发学位证书、学历证书或其他学业证书的;

（五）教学质量低劣或管理与服务不到位，造成不良社会影响的；

（六）其他违法违规行为。

第八章　附　则

第四十五条　本办法中的短期学习是指在中国学校学习时间不超过 180 日（含），长期学习是指在中国学校学习时间超过 180 日。

第四十六条　中国境内经批准承担研究生教育任务的科学研究机构招收国际学生的，按照本办法执行。

教育行政部门批准的实施非学历教育的教育机构招收国际学生的，参照本办法执行。

香港特别行政区、澳门特别行政区、台湾地区学生的招收、培养和管理，以及中国境内外籍人员子女学校的招生、培养和管理，按照国家其他有关规定执行。

第四十七条　省、自治区、直辖市人民政府教育、外事、公安等部门，应当根据本办法，制定本省、自治区、直辖市的管理规定。

第四十八条　本办法自 2017 年 7 月 1 日起施行。教育部、外交部、公安部 2000 年 1 月 31 日发布的《高等学校接受外国留学生管理规定》、教育部 1999 年 7 月 21 日发布的《中小学接受外国学生管理暂行办法》同时废止。

附录二　来华留学生高等教育质量规范（试行）

（教外〔2018〕50号[①]）

前　言

本规范根据《中华人民共和国高等教育法》《中华人民共和国学位条例》等法律法规和《学校招收和培养国际学生管理办法》制定。

本规范适用于全国来华留学生高等教育（含高等职业教育），旨在指导来华留学生高等教育活动，持续提高来华留学生高等教育质量，是高等学校和其他高等教育机构开展来华留学生教育的基本准则。本规范是高等学校等高等教育机构完善来华留学生教育内部质量保障、开展自我评价的基本依据，也是各类教育评价机构开展来华留学生高等教育评价的基本依据。

本规范专门针对来华留学生高等教育的特有规律和要求，与适用于高等教育的其他教育教学标准和规范相互补充、衔接、配合。本规范尊重不同地区、学校之间的差异和学校的办学自主权，为学校的个性发展和办学特色提供充分空间。

第一部分　人才培养目标

学科专业水平

来华留学生在学科专业上的培养目标和毕业要求与所在学校和专业的中国学生一致，符合相应教育层次、专业的教育教学标准或相关规范。

对中国的认识和理解

来华留学生应当熟悉中国历史、地理、社会、经济等中国国情和文化基本

---

① 教育部关于印发《来华留学生高等教育质量规范（试行）》的通知. ［2018-10-09］. http://www.moe.gov.cn/srcsite/A20/moe_850/201810/t20181012_351302.html.

知识，了解中国政治制度和外交政策，理解中国社会主流价值观和公共道德观念，形成良好的法治观念和道德意识。

语言能力

以中文为专业教学语言的学科、专业中，来华留学生应当能够顺利使用中文完成本学科、专业的学习和研究任务，并具备使用中文从事本专业相关工作的能力；毕业时中文能力应当达到《国际汉语能力标准》五级水平。

以外语为专业教学语言的学科、专业中，来华留学生应当能够顺利使用相应外语完成本学科、专业的学习和研究任务，并具备使用相应外语从事本专业相关工作的能力；毕业时，本科生的中文能力应当至少达到《国际汉语能力标准》四级水平，硕士研究生、博士研究生的中文能力应当至少达到《国际汉语能力标准》三级水平。

跨文化和全球胜任力

来华留学生应当具备包容、认知和适应文化多样性的意识、知识、态度和技能，能够在不同民族、社会和国家之间的相互尊重、理解和团结中发挥作用。

本科层次来华留学生应当在本专业领域中具有一定的国际视野，能够在多个国家的实际环境中运用专业知识和技能，并具备参与国际交流与合作的初步能力。

硕士层次来华留学生应当在本学科领域中具有较好的国际视野，能够在多个国家的实际环境中运用和发展本学科的知识、技能和方法，并具备参与国际事务和国际竞争的能力。

博士层次来华留学生应当在本学科领域中具有宽阔的国际视野，能够在世界范围内创新运用和发展本学科的理论、技能和方法，在国际事务中具有竞争优势。

第二部分 招生、录取和预科

1 入学标准

高等学校应当依照国家有关规定和本规范，根据学校来华留学生人才培养目标和培养能力合理规定学校的来华留学生入学标准，包括学历背景、学术水平、语言能力、身份资格、经济能力等。

1.1 最低学历要求

来华留学生入学标准中的最低学历要求为：

• 专科、本科入学要求高中毕业或具有同等学历（参照"成功完成《国际教育标准分类法（ISCED 2011）》3级或4级且通向高等教育"的要求）。

• 硕士研究生入学要求获得学士学位或具有同等学历（参照"成功完成《国际教育标准分类法（ISCED 2011）》6级或7级课程"的要求）。

• 博士研究生入学要求获得硕士学位或具有同等学历（参照"成功完成特定的《国际教育标准分类法（ISCED 2011）》7级课程"的要求）。

我国与其他国家和地区签署的政府间学历学位互认协议中约定了对方学生进入我国高等教育机构的准入条件的，依照已签署的互认协议执行。

1.2 语言能力要求

来华留学生入学标准中，以中文为专业教学语言的学科、专业的中文能力要求应当至少达到《国际汉语能力标准》四级水平。对于以外语为专业教学语言的学科、专业，高等学校在来华留学生入学标准中应当明确规定应有的外语能力要求。

2 招生和录取

高等学校应当如实、准确、全面地发布招生相关信息，在招生宣传和咨询中坚持诚信原则，为外国学生的求学选择提供充分的信息支持。高等学校的招生和录取遵循规范、公开、公平的原则，建立健全管理制度，规定合理的考试考核方式，招收和选拔有学业能力和发展潜力的来华留学生，保障和持续提高生源质量，承担维护教育公平的社会责任。

2.1 招生信息和咨询

高等学校应当运用互联网等信息技术手段，向外国学生提供真实全面、符合国际学生特点的招生信息，提供良好的招生咨询服务。高等学校提供的招生相关信息应当至少包括：

• 学校基本情况，如学校所在城市概况、学校办学条件等；

• 教育项目情况，如学历层次、培养目标、学制、授予学位、转学和转专业规定等；

· 招生程序和录取要求，如申请时限和方式、入学标准、考试考核方式、经济保证要求、违规处理、录取日程等；

· 财务规定和政策，如收费标准、支付方式、退费政策等；

· 校园文化和生活，如宿舍或公寓的条件和申请方式、饮食、医疗、保险、交通、文体活动、社团组织等；

· 咨询联系方式和投诉举报渠道。

2.2 入学考试和考核

高等学校应当对申请入学的来华留学生进行入学考试或考核，确保录取的学生达到预定的入学标准。高等学校宜自行或联合其他高等学校研制和实施符合办学实际、满足评价要求的来华留学生入学考试。

高等学校应当在研究主要生源国教育情况的基础上，明确规定来华留学生入学的学术水平要求和评价方式，根据教育经历中取得的学业成绩和学术成果、参加我国教育考试的成绩和参加外国有公信力的教育考试的成绩等依据，准确评价申请人的学术水平。

2.3 招生录取程序和规则

高等学校应当按照明确规范的程序和规则，根据入学考试或考核成绩，综合考虑国家需要和社会公共利益，决定来华留学生录取结果，并对招生录取工作中的重要事项进行书面记录和妥善存档。

2.4 招生录取中的奖学金评定

高等学校实施各类来华留学生奖学金项目时，应当依照国家有关规定和奖学金资助政策制定明确的奖学金评定标准和程序。高等学校应当按照学业品行择优原则，规范、客观、公正地进行奖学金评定，对评定结果进行公示，接受监督。

2.5 身份资格审查

高等学校应当依照国家有关规定，在入学标准中明确规定来华留学生申请入学的身份资格，建立有效的审查程序对申请人的国籍等身份资格予以审查。

中国公民移民外国后申请以外国留学生身份进入高等学校本专科阶段学习的，必须持有有效的外国护照或国籍证明文件 4 年（含）以上，且最近四年（截至入学年度的 4 月 30 日前）之内有在国外实际居住 2 年以上的记录（一年中实际在国外居住满 9 个月可按一年计算，以入境和出境签章为准）。高等学校应当要求符合上述情形的申请人提供相应证明材料并予以审查。高等学校可在上述规定基础上对来华留学生申请入学的身份资格做出更严格的规定。

申请人属于中国公民移民外国或其他可能具有中国国籍的情形的，高等学校应当向当地移民和出入境管理部门核查确认其国籍，并以适当的方式对其中的拟录取人员情况予以公示，主动接受监督。

2.6 经济保证审核

高等学校应当根据学费、住宿费标准和当地一般生活成本水平，按照可以充分保障来华留学生学习、生活、国际旅行等合理费用的原则，规定来华留学生申请入学的经济保证标准；当地政府教育主管部门提出指导标准的，按照相应的指导标准执行。高等学校应当要求申请入学的来华留学生提供符合上述标准的经济保证证明，并按照审慎、尽职原则进行审核。

2.7 外部服务

高等学校的来华留学生招生录取工作应当严格遵守国家有关规定，不得委托任何外部机构或个人代理。高等学校在来华留学生招生信息提供和咨询中采用外部服务时，应当按照审慎、规范、公开、透明原则，严格依照国家有关规定或规范履行监管责任，维护教育秩序和来华留学生合法权益。

3 预科教育

高等学校应当重视发挥预科教育在提高本科生源质量、扩大生源规模上的作用，积极开展来华留学生预科教育。高等学校可开设预科教育项目，招收符合适当标准的来华留学生，进行汉语和学科基础知识教学，使来华留学生达到本科入学标准、适应在华学习生活。高等学校的来华留学生预科教育项目应当满足相应教育教学标准和规范的要求。

第三部分　教育教学

4 专业设置和学位授予

高等学校应当依照国家有关规定设置和调整招收来华留学生的专业。高等学校来华留学生教育的修业年限应当符合国家高等教育基本制度规定。

高等学校招收来华留学生的专业应当属于具有相应学位授予权的学科（专业学位类别），并且是国家规定可以对外开放的专业；对于医学等直接关系人身健康、生命财产安全的专业，应当满足国家对相应专业来华留学生教育的有关规定、专门标准或规范。

5 学校层次的人才培养目标

高等学校应当根据学校的办学定位、国际化战略、服务面向、优势和特色，结合招收来华留学生的专业设置情况，制定本学校的来华留学生人才培养目标。

6 培养方案

高等学校应当根据相应层次和专业的教育教学标准和规范，结合来华留学生的培养目标和发展特点，制定明确、适用的来华留学生专业培养方案。

6.1 培养方案基本要求

来华留学生的专业培养方案应当包含培养目标、课程体系、教学计划、实践教学等内容，满足相应专业的教育教学标准和规范的要求，符合来华留学生的人才培养目标，适应来华留学生的学习特点。

6.2 汉语和中国概况类课程

来华留学生的专业培养方案应当包含汉语能力水平要求和中国概况类课程的必修要求；不应设置国防教育环节和军事课程（含军事理论教学和军事技能训练）。高等学校应当安排充足、适用的汉语课程和中国概况类课程，满足来华留学生修课需求。

6.3 实践教学

来华留学生的实践教学应当在满足专业要求的同时，与来华留学生的职业规划相结合，适应国际化人才培养的需要。

6.4 学位论文

高等学校应当鼓励和支持来华留学生使用中文撰写学位论文。高等学校的学位评定委员会应当依照《学校招收和培养国际学生管理办法》，规定来华留学生在学位论文撰写和答辩等环节中所使用语言文字的具体要求。

高等学校应当规范组织来华留学生学位论文的评阅、送审、答辩等环节，并按照学校统一要求对来华留学生学位论文进行学术不端行为检测、同行专家隐名评审、学位论文抽查等工作。

6.5 培养方案的复审和修订

高等学校应当定期复审来华留学生培养方案并进行必要修订，以适应国家和社会需要，顺应来华留学生教育发展形势。

6.6 课程资源开发

高等学校应当持续开发适应来华留学生培养的课程资源，在理学、工学、农学、医学等国际通用专业上不断提高课程体系的国际兼容性和可比性。

7 师资队伍

高等学校应当有建设高水平教学师资队伍的总体规划和具体措施，满足保障来华留学生教育质量和推动人才培养国际化的要求。

7.1 专业水平和教学能力

高等学校应当在来华留学生教学岗位标准中规定必要的教学资质、专业水平、外语能力和跨文化能力要求，确保教师胜任来华留学生教学工作。

7.2 师资队伍建设

高等学校应当有计划地采取考核、激励等措施保护和提高教师承担来华留学生教学工作、改进教学效果的积极性；应当有计划地以培训、交流等形式提升教师的外语水平和跨文化能力，提高师资队伍国际化水平；应当保障汉语和中国概况等基础课程的师资发展。

7.3 教学研究

高等学校应当鼓励和支持教师开展来华留学生教学研究，更新教学内容，改进教学方法和技术，更好地适应来华留学生学习特点。

8 教学设施和资源

高等学校应当为来华留学生的教学培养提供充足合格的教学设施和资源，如教室、实验室、图书馆、阅览室、教学和实验设备、计算机网络和电子资源等。高等学校应当确保中外学生按照平等一致的使用条件、管理制度和收费标准使用学校提供的教学设施和资源。

9 学生指导和课外教育

高等学校应当提供符合来华留学生发展特点的学生指导，组织和引导来华留学生参加健康有益的课外教育活动，推动实现来华留学生融入校园环境和中外学生的充分交流及相互理解。

9.1 入学教育中的学生指导

高等学校应当有计划地在入学教育中帮助来华留学生熟悉培养方案、教学要求和考核方式，掌握学习方法，适应教学和学习环境，了解教学设施和资源的使用。

9.2 教学辅导和学习支持

高等学校应当建立适应来华留学生学习特点的有效教学辅导体系，采取各种措施激励教职工开展来华留学生的教学辅导，鼓励和引导中外学生开展教学互助，及时发现和干预来华留学生的学业困难情况。

9.3 中国国情和文化体验

高等学校应当有计划地组织来华留学生参加中国国情和文化体验等活动，并与群团组织、社区等积极合作，促进来华留学生与社会的正面良性互动。

9.4 学生组织和课外活动

高等学校应当建立健全来华留学生联谊团体管理制度，确保来华留学生联谊团体活动合法合规。高等学校应当鼓励和支持学生会、研究生会等学生组织吸收来华留学生参加，鼓励和支持来华留学生参与校内学生社团协会和文艺体育活动。

10 教学管理

高等学校应当建立健全来华留学生教学管理制度，符合国家教育教学标准和相关规定，逐步实现中外学生教学管理的趋同。

10.1 学籍学历管理

高等学校应当依照国家有关规定完善学籍管理制度，规范来华留学生的学籍管理，落实来华留学生的学籍学历电子注册制度，规定来华留学生转专业的条件和程序。

10.2 考勤制度

高等学校应当严格执行来华留学生的考勤制度，明确出勤合格标准，并按照当地教育行政主管部门以及移民和出入境管理部门的要求按时报告考勤不达标学生的信息。

10.3 考试考核

高等学校应当明确规定来华留学生课程考试考核方式，在同一课程中应当对中外学生采用相同的考试考核方式。

10.4 学生参与教学评价

高等学校应当鼓励和支持来华留学生参与教学评价活动，积极征求来华留学生对教学工作的意见和建议。

10.5 转学管理

来华留学生转学由本人提出申请，经所在学校和拟转入学校同意后办理。来华留学生符合转出条件的，所在学校应当如实全面地向拟转入学校提供来华留学生的学业成绩和品行表现等情况。拟转入学校应当按照不低于本校来华留学生入学标准、符合本校培养要求且学校有培养能力为原则审核来华留学生转入申请。

转出学校和转入学校办理来华留学生转学手续时，应当依照国家有关规定和各自职责，紧密顺畅地衔接办理来华留学生的学籍、移民和出入境事务相关手续，交接文书档案副本。

10.6 课程修习类非学历教育的教学管理

学校通过校际合作、学生交换、访问学习等方式接受来华留学生修习专业课程的，应当按照本规范要求实施考勤和考试考核等教学管理，如实提供课程成绩单、学习证明、学分学时说明等记录文件。

11 质量保障

高等学校是来华留学生教育质量的责任主体，应当不断完善来华留学生教育的质量保障，推动教育质量的持续改进。

高等学校的来华留学生教育质量保障是学校整体教育质量保障体系的一部分。高等学校应当根据来华留学生教育的特点，对学校内部教育质量保障体系各个要素和环节进行针对性的补充，满足来华留学生教育质量保障的需要。

高等学校应当积极参与教育主管部门、专业机构和社会组织实施的来华留学生教育质量保障活动。

第四部分　管理和服务支持

12 管理体制和工作机制

高等学校应当建立健全来华留学生教育管理体制和工作机制，保障来华留学生教育的健康发展和持续改进，推进中外学生管理和服务的趋同化。

12.1 目标定位

高等学校应当有定位合理、目标明确的来华留学生教育发展战略，并有运作良好的战略实施和控制体系。

12.2 机构设置

高等学校应当设置专门的来华留学生教育管理部门，实施归口管理，统筹协调全校来华留学生教育管理和服务工作。高等学校的各个职能部门应当在各自的职权范围内积极为来华留学生的管理和服务提供支持。

12.3 工作队伍建设

高等学校应当为来华留学生教育配备充足的工作人员，配备比例和岗位待遇不低于国家有关规定要求。高等学校应当依照《学校招收和培养国际学生管理办法》建设面向来华留学生的辅导员队伍,确保辅导员配备比例不低于面向中国学生的辅导员配备比例;应当制定辅导员岗位标准,确保来华留学生辅导员达到综合素质、外语水平、跨文化能力等方面要求,能够针对来华留学生特点提供有效的指导和服务,促进来华留学生的全面发展。高等学校应当有计划地采取培训等措施,提高工作队伍的业务能力、外语水平和跨文化能力。

12.4 制度建设

高等学校应当建立健全来华留学生管理和服务制度。高等学校的来华留学生教育管理制度应当以国家通用语言文字表述;提供外国文字翻译件作为参考时,应当明确注明翻译件不作为管理依据。

12.5 监督检查和责任追究

高等学校应当建立健全来华留学生管理和服务内部监督检查制度,主动接受和积极配合政府有关部门的监督检查,严格依照法律法规和国家政策规范办学行为。出现违法违规情形的,高等学校应当及时纠正错误、采取补救措施和消除不良影响,依法依规追究相关人员的直接责任和领导责任,积极配合政府有关部门的调查处理。

12.6 管理和服务能力提升

高等学校应当定期评估和持续改进来华留学生教育管理和服务,鼓励和支持来华留学生教育管理理论研究和实践探索。高等学校应当积极运用信息技术,加强来华留学生教育管理和服务的信息化建设,提升业务信息化水平。

12.7 非学历教育的管理和服务支持

高等学校通过校际合作、学生交换、访问学习等方式接受来华留学生进行非学历教育的,应当提供符合本规范要求的管理和服务支持。

13 办学资源和条件支持

高等学校应当为来华留学生教育提供充足的办学资源,为来华留学生提供安全、卫生、便利的生活条件,以合理、公平、审慎为原则,适当照顾来华留学生的风俗习惯和文化差异,为促进中外学生的充分交流创造条件。

13.1 经费管理和保障

高等学校应当为来华留学生的教学、管理、服务提供充足经费保障。来华留学生教育相关经费使用应当纳入学校财务统一管理、集中核算，并依照国家有关规定制定来华留学生收费政策和具体管理办法。高等学校应当依照国家有关规定制定来华留学生奖学金管理制度，按照规范、合理、高效的原则使用奖学金经费；应当注重奖学金的激励和价值导向作用，严格把握奖学金资助对象的学业、品行要求，建立定期评审和动态调整机制。

13.2 生活设施

高等学校应当确保中外学生按照平等一致的使用条件、管理制度和收费标准使用学校的饮食、文化、体育等生活设施。

13.3 住宿管理

高等学校的来华留学生居住的宿舍或公寓应当符合法律法规中对外国人居住场所的要求，并且是当地公安机关批准可办理外国人住宿登记的地点。高等学校应当建立健全宿舍或公寓管理制度，满足当地教育行政主管部门和公安机关的管理要求。高等学校采用外部服务提供居住场所的，应当按照尽职原则，监管外部服务行为，落实管理责任，如实、准确、充分地向来华留学生提供相关信息。

13.4 医疗和心理咨询

高等学校应当为来华留学生提供基本医疗服务和心理咨询服务，并为来华留学生使用社会医疗和心理咨询服务提供必要的辅助和支持。

14 档案和信息管理

高等学校应当有健全的来华留学生档案和信息管理制度，符合国家有关规定要求。

14.1 档案管理

高等学校应当为每名来华留学生建立文书档案，如实记录招生录取、学习成绩、日常表现、学历和学位证书、离校和校友联络等入学、在校、离校全过程中的重大事项，收录有关重要文件，并妥善归档保存。

14.2 信息管理

高等学校应当及时、准确、完整地采集来华留学生相关业务信息，依照法律法规和工作规范要求进行信息报送或备案。

15 安全教育和保障

高等学校应当对来华留学生开展安全教育，并采取全面的安全保障措施，维护来华留学生的安全和合法权益。

15.1 法律、制度和安全教育

高等学校应当在入学和日常教育中有计划地对来华留学生进行中国法律法规、校规校纪和安全教育；应当及时向来华留学生提供安全信息，预防违法犯罪，防范不法侵害。高等学校应当要求来华留学生遵守中国法律法规、校规校纪，依法依规预防和惩处来华留学生的违法违纪行为。

15.2 风险监测评估

高等学校应当开展来华留学生风险监测评估工作，对来华留学生个体或群体的学业、健康、安全等方面的风险事项进行识别、分析和预警，及早采取防范和干预措施。

15.3 应急管理

高等学校的应急管理制度和应急预案体系适应涉外公共突发事件应急处置要求和来华留学生教育发展要求。高等学校应当有计划地组织来华留学生参加应急培训和消防、自然灾害、公共卫生事件等应急演练活动。

15.4 保险

高等学校应当依照《学校招收和培养国际学生管理办法》实施来华留学生的全员保险制度，确保来华留学生在学期间受到符合规定要求的保险保障，并提供必要的保险事务协助。

15.5 紧急救援

高等学校应当制定来华留学生在中国境内遭遇重大疾病、意外、突发事件等紧急情况的援助预案，并积极为救援行动和医疗救护提供协助。

16 移民和出入境事务管理和服务

高等学校应当建立健全来华留学生移民和出入境事务管理体制和工作机制，切实履行法律法规规定的管理责任，维护国家安全和社会公共利益。高等学校应当协助驻外签证机关、移民和出入境管理部门为来华留学生提供良好的移民和出入境事务指导、咨询和服务，为其在华合法停留居留提供有效支持和保障。

16.1 移民和出入境事务相关机构设置

高等学校应当指定专门机构归口管理来华留学生的移民和出入境事务，代表学校依法配合驻外签证机关、移民和出入境管理部门工作，协助来华留学生办理与来华学习有关的签证、入出境和停居留手续，并为来华留学生提供移民和出入境事务指导、咨询和服务。

16.2 移民和出入境事务管理制度

高等学校应当根据《中华人民共和国出境入境管理法》和《中华人民共和国外国人入境出境管理条例》等法律法规和国家政策要求，制定来华留学生移民和出入境事务管理制度和工作规程，切实履行法律法规规定的责任。

16.3 移民和出入境事务指导和咨询

高等学校应当向来华留学生进行外国人出入境管理法律法规教育，提供学校管理制度、服务事项、办事流程等方面的指导和咨询。

17 学生权益保护

高等学校应当采取有效措施，切实维护来华留学生的各项合法权益。

17.1 信息公开

高等学校应当依照国家有关信息公开的规定，以电子或纸质的书面形式和方便查阅的方式向来华留学生公布招生录取、教学培养、管理和服务等相关信息。

17.2 监督权

高等学校应当以方便查阅的方式向来华留学生公开告知对学校内违法违规行为进行举报和投诉的渠道和方式，并规范地处理来华留学生的举报和投诉。

17.3 申诉权

高等学校应当向受到处理或处分的来华留学生明确告知进行申诉的渠道和方式,并规范地处理来华留学生的申诉。

17.4 信息安全和隐私

高等学校应当依照国家相关法律要求,建立健全相关制度,采取有效措施切实保护来华留学生的个人信息安全和隐私。

17.5 教育项目的取消和中止

高等学校取消或中止来华留学生教育项目时,应当以尊重学生意愿、公平合理和适当补偿为原则,维护和保障来华留学生的合法权益,妥善解决退还费用、损失补偿、转学安置等善后事宜,并办理必要的停留居留手续。

17.6 未成年人

高等学校招收未满18周岁的来华留学生时,应当依照《学校招收和培养国际学生管理办法》,在入学前确认其父母是否在中国境内常住;其父母不在中国境内常住的,高等学校应当要求其父母委托在中国境内常住的外国人或者中国人作为该来华留学生的监护人,提供相应证明材料,并按照尽职原则进行审核,妥善存档。高等学校应当为未满18周岁的来华留学生提供有利于未成年人健康成长的条件,并及时与监护人沟通学生身心健康和学习生活情况。

18 校友工作

高等学校应当建立来华留学生校友工作制度,有效开展校友工作,推动来华留学生校友和学校共同发展,支持来华留学生校友为促进文明交流、增进人民友谊、深化国际合作做出贡献。

18.1 校友信息和联络

高等学校应当有计划地收集和维护来华留学生联系信息,积极运用互联网等信息技术手段联络来华留学生校友。

18.2 校友组织和活动

高等学校应当积极推动来华留学生建立海外校友组织或加入现有校友组织,积极组织来华留学生校友活动。

附录三 推进共建"一带一路"教育行动

(教外〔2016〕46号[①])

推进共建"丝绸之路经济带"和"21世纪海上丝绸之路"(以下简称"一带一路"),为推动区域教育大开放、大交流、大融合提供了大契机。"一带一路"沿线国家教育加强合作、共同行动,既是共建"一带一路"的重要组成部分,又为共建"一带一路"提供人才支撑。中国愿与沿线国家一道,扩大人文交流,加强人才培养,共同开创教育美好明天。

一、教育使命

教育为国家富强、民族繁荣、人民幸福之本,在共建"一带一路"中具有基础性和先导性作用。教育交流为沿线各国民心相通架设桥梁,人才培养为沿线各国政策沟通、设施联通、贸易畅通、资金融通提供支撑。沿线各国唇齿相依,教育交流源远流长,教育合作前景广阔,大家携手发展教育,合力推进共建"一带一路",是造福沿线各国人民的伟大事业。

中国将一以贯之地坚持教育对外开放,深度融入世界教育改革发展潮流。推进"一带一路"教育共同繁荣,既是加强与沿线各国教育互利合作的需要,也是推进中国教育改革发展的需要,中国愿意在力所能及的范围内承担更多责任义务,为区域教育大发展做出更大的贡献。

二、合作愿景

沿线各国携起手来,增进理解、扩大开放、加强合作、互学互鉴,谋求共同利益、直面共同命运、勇担共同责任,聚力构建"一带一路"教育共同体,

---

① 教育部关于印发《推进共建"一带一路"教育行动》的通知〔2016-07-15〕. http://www.moe.gov.cn/srcsite/A20/s7068/201608/t20160811_274679.html.

形成平等、包容、互惠、活跃的教育合作态势，促进区域教育发展，全面支撑共建"一带一路"，共同致力于：

推进民心相通。开展更大范围、更高水平、更深层次的人文交流，不断推进沿线各国人民相知相亲。

提供人才支撑。培养大批共建"一带一路"急需人才，支持沿线各国实现政策互通、设施联通、贸易畅通、资金融通。

实现共同发展。推动教育深度合作、互学互鉴，携手促进沿线各国教育发展，全面提升区域教育影响力。

三、合作原则

育人为本，人文先行。加强合作育人，提高区域人口素质，为共建"一带一路"提供人才支撑。坚持人文交流先行，建立区域人文交流机制，搭建民心相通桥梁。

政府引导，民间主体。沿线国家政府加强沟通协调，整合多种资源，引导教育融合发展。发挥学校、企业及其他社会力量的主体作用，活跃教育合作局面，丰富教育交流内涵。

共商共建，开放合作。坚持沿线国家共商、共建、共享，推进各国教育发展规划相互衔接，实现沿线各国教育融通发展、互动发展。

和谐包容，互利共赢。加强不同文明之间的对话，寻求教育发展最佳契合点和教育合作最大公约数，促进沿线各国在教育领域互利互惠。

四、合作重点

沿线各国教育特色鲜明、资源丰富、互补性强、合作空间巨大。中国将以基础性、支撑性、引领性三方面举措为建议框架，开展三方面重点合作，对接沿线各国意愿，互鉴先进教育经验，共享优质教育资源，全面推动各国教育提速发展。

（一）开展教育互联互通合作

加强教育政策沟通。开展"一带一路"教育法律、政策协同研究，构建沿线各国教育政策信息交流通报机制，为沿线各国政府推进教育政策互通提供决策建议，为沿线各国学校和社会力量开展教育合作交流提供政策咨询。积极签署双边、多边和次区域教育合作框架协议，制定沿线各国教育合作交流国际公约，逐步疏通教育合作交流政策性瓶颈，实现学分互认、学位互授联授，协力推进教育共同体建设。

助力教育合作渠道畅通。推进"一带一路"国家间签证便利化，扩大教育领域合作交流，形成往来频繁、合作众多、交流活跃、关系密切的携手发展局面。鼓励有合作基础、相同研究课题和发展目标的学校缔结姊妹关系，逐步深化拓展教育合作交流。举办沿线国家校长论坛，推进学校间开展多层次多领域的务实合作。支持高等学校依托学科优势专业，建立产学研用结合的国际合作联合实验室（研究中心）、国际技术转移中心，共同应对经济发展、资源利用、生态保护等沿线各国面临的重大挑战与机遇。打造"一带一路"学术交流平台，吸引各国专家学者、青年学生开展研究和学术交流。推进"一带一路"优质教育资源共享。

促进沿线国家语言互通。研究构建语言互通协调机制，共同开发语言互通开放课程，逐步将沿线国家语言课程纳入各国学校教育课程体系。拓展政府间语言学习交换项目，联合培养、相互培养高层次语言人才。发挥外国语院校人才培养优势，推进基础教育多语种师资队伍建设和外语教育教学工作。扩大语言学习国家公派留学人员规模，倡导沿线各国与中国院校合作在华开办本国语言专业。支持更多社会力量助力孔子学院和孔子课堂建设，加强汉语教师和汉语教学志愿者队伍建设，全力满足沿线国家汉语学习需求。

推进沿线国家民心相通。鼓励沿线国家学者开展或合作开展中国课题研究，增进沿线各国对中国发展模式、国家政策、教育文化等各方面的理解。建设国别和区域研究基地，与对象国合作开展经济、政治、教育、文化等领域研究。逐步将理解教育课程、丝路文化遗产保护纳入沿线各国中小学教育课程体系，加强青少年对不同国家文化的理解。加强"丝绸之路"青少年交流，注重利用社会实践和志愿服务、文化体验、体育竞赛、创新创业活动和新媒体社交等途径，增进不同国家青少年对其他国家文化的理解。

推动学历学位认证标准连通。推动落实联合国教科文组织《亚太地区承认高等教育资历公约》，支持教科文组织建立世界范围学历互认机制，实现区域内双边多边学历学位关联互认。呼吁各国完善教育质量保障体系和认证机制，加快推进本国教育资历框架开发，助力各国学习者在不同种类和不同阶段教育之间进行转换，促进终身学习社会建设。共商共建区域性职业教育资历框架，逐步实现就业市场的从业标准一体化。探索建立沿线各国教师专业发展标准，促进教师流动。

（二）开展人才培养培训合作

实施"丝绸之路"留学推进计划。设立"丝绸之路"中国政府奖学金，为沿线各国专项培养行业领军人才和优秀技能人才。全面提升来华留学人才培养质量，把中国打造成为深受沿线各国学子欢迎的留学目的地国。以国家公派留学为引领，推动更多中国学生到沿线国家留学。坚持"出国留学和来华留学并重、公费留学和自费留学并重、扩大规模和提高质量并重、依法管理和完善服务并重、人才培养和发挥作用并重"，完善全链条的留学人员管理服务体系，保障平安留学、健康留学、成功留学。

实施"丝绸之路"合作办学推进计划。有条件的中国高等学校开展境外办学要集中优势学科，选好合作契合点，做好前期论证工作，构建人才培养模式、运行管理模式、服务当地模式、公共关系模式，使学校顺利落地生根、开花结果。发挥政府引领、行业主导作用，促进高等学校、职业院校与行业企业深化产教融合。鼓励中国优质职业教育配合高铁、电信运营等行业企业走出去，探索开展多种形式的境外合作办学，合作设立职业院校、培训中心，合作开发教学资源和项目，开展多层次职业教育和培训，培养当地急需的各类"一带一路"建设者。整合资源，积极推进与沿线各国在青年就业培训等共同关心领域的务实合作。倡议沿线国家之间开展高水平合作办学。

实施"丝绸之路"师资培训推进计划。开展"丝绸之路"教师培训，加强先进教育经验交流，提升区域教育质量。加强"丝绸之路"教师交流，推动沿线各国校长交流访问、教师及管理人员交流研修，推进优质教育模式在沿线各国互学互鉴。大力推进沿线各国优质教学仪器设备、教材课件和整体教学解决方案输出，跟进教师培训工作，促进沿线各国教育资源和教学水平均衡发展。

实施"丝绸之路"人才联合培养推进计划。推进沿线国家间的研修访学活动。鼓励沿线各国高等学校在语言、交通运输、建筑、医学、能源、环境工程、水利工程、生物科学、海洋科学、生态保护、文化遗产保护等沿线国家发展急需的专业领域联合培养学生，推动联盟内或校际教育资源共享。

（三）共建丝路合作机制

加强"丝绸之路"人文交流高层磋商。开展沿线国家双边多边人文交流高层磋商，商定"一带一路"教育合作交流总体布局，协调推动沿线各国建立教育双边多边合作机制、教育质量保障协作机制和跨境教育市场监管协作机制，统筹推进"一带一路"教育共同行动。

充分发挥国际合作平台作用。发挥上海合作组织、东亚峰会、亚太经合组织、亚欧会议、亚洲相互协作与信任措施会议、中阿合作论坛、东南亚教育部长组织、中非合作论坛、中巴经济走廊、孟中印缅经济走廊、中蒙俄经济走廊等现有双边多边合作机制作用，增加教育合作的新内涵。借助联合国教科文组织等国际组织力量，推动沿线各国围绕实现世界教育发展目标形成协作机制。充分利用中国—东盟教育交流周、中日韩大学交流合作促进委员会、中阿大学校长论坛、中非高校20+20合作计划、中日大学校长论坛、中韩大学校长论坛、中俄大学联盟等已有平台，开展务实教育合作交流。支持在共同区域、有合作基础、具备相同专业背景的学校组建联盟，不断延展教育务实合作平台。

实施"丝绸之路"教育援助计划。发挥教育援助在"一带一路"教育共同行动中的重要作用，逐步加大教育援助力度，重点投资于人、援助于人、惠及于人。发挥教育援助在"南南合作"中的重要作用，加大对沿线国家尤其是最不发达国家的支持力度。统筹利用国家、教育系统和民间资源，为沿线国家培养培训教师、学者和各类技能人才。积极开展优质教学仪器设备、整体教学方案、配套师资培训一体化援助。加强中国教育培训中心和教育援外基地建设。倡议各国建立政府引导、社会参与的多元化经费筹措机制，通过国家资助、社会融资、民间捐赠等渠道，拓宽教育经费来源，做大教育援助格局，实现教育共同发展。

开展"丝路金驼金帆"表彰工作。对于在"一带一路"教育合作交流和区域教育共同发展中做出杰出贡献、产生重要影响的国际人士、团队和组织给予表彰。

五、中国教育行动起来

中国倡导沿线各国建立教育共同体，聚力推进共建"一带一路"，首先需要中国教育领域和社会各界率先垂范、积极行动。

加强协调推动。加强国内各部门各地方的统筹协调工作，有序开展"一带一路"教育合作交流。推动中国教育治理体系完善、相关法律法规修订和教育综合改革，提升中国开展"一带一路"教育行动的质量和水平。教育部与国家发展改革委、外交部、商务部等部门和全国性行业组织紧密配合，围绕共建"一带一路"大局，寻找合作重点、建立运行保障机制，畅通教育国际合作交流渠道，对接沿线各国教育发展战略规划。

地方重点推进。突出地方推进共建"一带一路"的主体性、支撑性和落地性，要求各地发挥区位优势和地方特色，抓紧制定本地教育和经济携手走出去行动计划，紧密对接国家总体布局。有序与沿线国家地方政府建立"友好省州""姊妹城市"关系，做好做实彼此间人文交流。充分利用地方调配资源优势，积极搭建海内外平台，促进校企优势互补、良性合作、共同发展。多措并举，支持指导本地教育系统与"一带一路"沿线国家广泛开展合作交流，打造教育合作交流区域高地，助力做强本地教育。

各级学校有序前行。各级各类学校秉承"己欲立而立人"的中国传统，有序与沿线各国学校扩大合作交流，整合优质资源走出去，选择优质资源引进来，兼容并包、互学互鉴，共同提升教育国际化水平和服务共建"一带一路"能力。中小学校要广泛建立校际合作交流关系，重点开展师生交流、教师培训和国际理解教育。高等学校、职业院校要立足各自发展战略和本地区参与共建"一带一路"规划，与沿线各国开展形式多样的合作交流，重点做好完善现代大学制度、创新人才培养模式、提升来华留学质量、优化境外合作办学、助推企业成长等各项工作的协同发展。

社会力量顺势而行。开展更大范围、更深层次、更高水平的"一带一路"教育民间合作交流，吸纳更多民间智慧、民间力量、民间方案、民间行动。大力培育和发展我国非营利组织，通过购买服务、市场调配等举措，大力支持社会机构和专业组织投身教育对外开放事业，活跃民间教育国际合作交流。加快推动教学仪器和中医诊疗服务走出去步伐,支持企业和个人按照市场规则依法参与中外合作办学、合作科研、涉外服务等教育对外开放活动。企业要积极与学校合作走出去,联合开展人才培养、科技创新和成果转化,积极服务"一带一路"国家经贸发展。

助力形成早期成果。实施高度灵活、富有弹性的合作机制,优先启动各方认可度高、条件成熟的项目,明确时间节点,争取短期内开花结果。2016年,各省市制定并呈报本地"一带一路"教育行动计划,有序推进教育互联互通、人才培养培训及丝路合作机制建设。2017年,基于三方面重点合作的沿线各国教育共同行动深入开展。未来3年,中国每年面向沿线国家公派留学生2 500人;未来5年,建成10个海外科教基地,每年资助1万名沿线国家新生来华学习或研修。

六、共创教育美好明天

独行快,众行远。合作交流是沿线各国共建"一带一路"教育共同体的主要方式。通过教育合作交流,培养高素质人才,推进经济社会发展,提高沿线各国人民生活福祉,是我们共同的愿望。通过教育合作交流,扩大人文往来,筑牢地区和平基础,是我们共同的责任。

中国愿与沿线各国一道,秉持开放合作、互利共赢理念,共同构建多元化教育合作机制,制订时间表和路线图,推动弹性化合作进程,打造示范性合作项目,满足各方发展需要,促进共同发展。

中国教育部倡议沿线各国积极行动起来,加强战略规划对接和政策磋商,探索教育合作交流的机制与模式,增进教育合作交流的广度和深度,追求教育合作交流的质量和效益,互知互信、互帮互助、互学互鉴,携手推动教育发展,促进民心相通,构建"一带一路"教育共同体,共创人类美好生活新篇章。

附录四 中华人民共和国中外合作办学条例实施办法

(教育部令第 20 号自 2004 年 7 月 1 日起施行[①])

第一章 总则

第一条 为实施《中华人民共和国中外合作办学条例》(以下简称《中外合作办学条例》),制定本办法。

第二条 中外合作办学机构设立、活动及管理中的具体规范,以及依据《中外合作办学条例》举办实施学历教育和自学考试助学、文化补习、学前教育等的中外合作办学项目的审批与管理,适用本办法。

本办法所称中外合作办学项目是指中国教育机构与外国教育机构以不设立教育机构的方式,在学科、专业、课程等方面,合作开展的以中国公民为主要招生对象的教育教学活动。

根据《中外合作办学条例》的规定,举办实施职业技能培训的中外合作办学项目的具体审批和管理办法,由国务院劳动行政部门另行制定。

第三条 国家鼓励中国教育机构与学术水平和教育教学质量得到普遍认可的外国教育机构合作办学;鼓励在国内新兴和急需的学科专业领域开展合作办学。国家鼓励在中国西部地区、边远贫困地区开展中外合作办学。

第四条 中外合作办学机构根据《中华人民共和国民办教育促进法实施条例》的规定,享受国家给予民办学校的扶持与奖励措施。教育行政部门对发展中外合作办学做出突出贡献的社会组织或者个人给予奖励和表彰。

---

① 中华人民共和国中外合作办学条例实施办法,http://old. moe. gov. cn//publicfiles/business/htmlfiles/moe/moe_621/201412/180471. html.

第二章 中外合作办学机构的设立

第五条 中外合作办学者应当在平等协商的基础上签订合作协议。

合作协议应当包括拟设立的中外合作办学机构的名称、住所,中外合作办学者的名称、住所、法定代表人,办学宗旨和培养目标,合作内容和期限,各方投入数额、方式及资金缴纳期限,权利、义务,争议解决办法等内容。

合作协议应当有中文文本;有外文文本的,应当与中文文本的内容一致。

第六条 申请设立中外合作办学机构的中外合作办学者应当具有相应的办学资格和较高的办学质量。

已举办中外合作办学机构的中外合作办学者申请设立新的中外合作办学机构的,其已设立的中外合作办学机构应当通过原审批机关组织或者其委托的社会中介组织进行的评估。

第七条 中外合作办学机构不得设立分支机构,不得举办其他中外合作办学机构。

第八条 经评估,确系引进外国优质教育资源的,中外合作办学者一方可以与其他社会组织或者个人签订协议,引入办学资金。该社会组织或者个人可以作为与其签订协议的中外合作办学者一方的代表,参加拟设立的中外合作办学机构的理事会、董事会或者联合管理委员会,但不得担任理事长、董事长或者主任,不得参与中外合作办学机构的教育教学活动。

第九条 中外合作办学者投入的办学资金,应当与拟设立的中外合作办学机构的层次和规模相适应,并经依法验资。

中外合作办学者应当按照合作协议如期、足额投入办学资金。中外合作办学机构存续期间,中外合作办学者不得抽逃办学资金,不得挪用办学经费。

第十条 中外合作办学者作为办学投入的知识产权,其作价由中外合作办学者双方按照公平合理的原则协商确定或者聘请双方同意的社会中介组织依法进行评估,并依法办理有关手续。

中国教育机构以国有资产作为办学投入举办中外合作办学机构的,应当根据国家有关规定,聘请具有评估资格的社会中介组织依法进行评估,根据评估结果合理确定国有资产的数额,并依法履行国有资产的管理义务。

第十一条 中外合作办学者以知识产权作为办学投入的，应当提交该知识产权的有关资料，包括知识产权证书复印件、有效状况、实用价值、作价的计算根据、双方签订的作价协议等有关文件。

第十二条 根据与外国政府部门签订的协议或者应中国教育机构的请求，国务院教育行政部门和省、自治区、直辖市人民政府可以邀请外国教育机构与中国教育机构合作办学。

被邀请的外国教育机构应当是国际上或者所在国著名的高等教育机构或者职业教育机构。

第十三条 申请设立实施本科以上高等学历教育的中外合作办学机构，由拟设立机构所在地的省、自治区、直辖市人民政府提出意见后，报国务院教育行政部门审批。

申请举办颁发外国教育机构的学历、学位证书的中外合作办学机构的审批权限，参照《中外合作办学条例》第十二条和前款的规定执行。

第十四条 申请筹备设立或者直接申请正式设立中外合作办学机构，应当由中国教育机构提交《中外合作办学条例》规定的文件。其中，申办报告或者正式设立申请书应当按照国务院教育行政部门根据《中外合作办学条例》第十四条第（一）项和第十七条第（一）项，制定的《中外合作办学机构申请表》所规定的内容和格式填写。

第十五条 有下列情形之一的，审批机关不予批准筹备设立中外合作办学机构，并应当书面说明理由：

（一）违背社会公共利益、历史文化传统和教育的公益性质，不符合国家或者地方教育事业发展需要的；

（二）中外合作办学者有一方不符合条件的；

（三）合作协议不符合法定要求，经指出仍不改正的；

（四）申请文件有虚假内容的；

（五）法律、行政法规规定的其他不予批准情形的。

第十六条 中外合作办学机构的章程应当规定以下事项：

（一）中外合作办学机构的名称、住所；

（二）办学宗旨、规模、层次、类别等；

（三）资产数额、来源、性质以及财务制度；

（四）中外合作办学者是否要求取得合理回报；

（五）理事会、董事会或者联合管理委员会的产生方法、人员构成、权限、任期、议事规则等；

（六）法定代表人的产生和罢免程序；

（七）民主管理和监督的形式；

（八）机构终止事由、程序和清算办法；

（九）章程修改程序；

（十）其他需要由章程规定的事项。

第十七条　中外合作办学机构只能使用一个名称，其外文译名应当与中文名称相符。

中外合作办学机构的名称应当反映中外合作办学机构的性质、层次和类型，不得冠以"中国""中华""全国"等字样，不得违反中国法律、行政法规，不得损害社会公共利益。

不具有法人资格的中外合作办学机构的名称前应当冠以中国高等学校的名称。

第十八条　完成筹备，申请正式设立或者直接申请正式设立中外合作办学机构，除提交《中外合作办学条例》第十七条规定的相关材料外，还应当依据《中外合作办学条例》有关条款的规定，提交以下材料：

（一）首届理事会、董事会或者联合管理委员会组成人员名单及相关证明文件；

（二）聘任的外籍教师和外籍管理人员的相关资格证明文件。

第十九条　申请设立实施学历教育的中外合作办学机构，应当于每年3月或者9月提出申请，审批机关应当组织专家评议。

专家评议的时间不计算在审批期限内，但审批机关应当将专家评议所需时间书面告知申请人。

第二十条　完成筹备，申请正式设立中外合作办学机构，有下列情形之一的，审批机关应当不予批准，并书面说明理由：

（一）不具备相应办学条件、未达到相应设置标准的；

(二)理事会、董事会或者联合管理委员会的人员及其构成不符合法定要求，校长或者主要行政负责人、教师、财会人员不具备法定资格，经告知仍不改正的；

(三)章程不符合《中外合作办学条例》和本办法规定要求，经告知仍不修改的；

(四)在筹备设立期内有违反法律、法规行为的。

申请直接设立中外合作办学机构的，除前款规定的第(一)、(二)、(三)项外，有本办法第十五条规定情形之一的，审批机关不予批准。

第三章 中外合作办学机构的组织与活动

第二十一条 中外合作办学机构的理事会、董事会或者联合管理委员会的成员应当遵守中国法律、法规，热爱教育事业，品行良好，具有完全民事行为能力。

国家机关工作人员不得担任中外合作办学机构的理事会、董事会或者联合管理委员会的成员。

第二十二条 中外合作办学机构应当聘任专职的校长或者主要行政负责人。

中外合作办学机构的校长或者主要行政负责人依法独立行使教育教学和行政管理职权。

第二十三条 中外合作办学机构内部的组织机构设置方案由校长或者主要行政负责人提出，报理事会、董事会或者联合管理委员会批准。

第二十四条 中外合作办学机构应当建立教师培训制度，为受聘教师接受相应的业务培训提供条件。

第二十五条 中外合作办学机构应当按照招生简章或者招生广告的承诺，开设相应课程，开展教育教学活动，保证教育教学质量。

中外合作办学机构应当提供符合标准的校舍和教育教学设施、设备。

第二十六条 中外合作办学机构可以依法自主确定招生范围、标准和方式；但实施中国学历教育的，应当遵守国家有关规定。

第二十七条 实施高等学历教育的中外合作办学机构符合中国学位授予条件的，可以依照国家有关规定申请相应的学位授予资格。

第二十八条 中外合作办学机构依法自主管理和使用中外合作办学机构的资产，但不得改变按照公益事业获得的土地及校舍的用途。

中外合作办学机构不得从事营利性经营活动。

第二十九条 在每个会计年度结束时，中外合作办学者不要求取得合理回报的中外合作办学机构应当从年度净资产增加额中，中外合作办学者要求取得合理回报的中外合作办学机构应当从年度净收益中，按不低于年度净资产增加额或者净收益的25%的比例提取发展基金，用于中外合作办学机构的建设、维护和教学设备的添置、更新等。

第三十条 中外合作办学机构资产中的国有资产的监督、管理，按照国家有关规定执行。

中外合作办学机构接受的捐赠财产的使用和管理，依照《中华人民共和国公益事业捐赠法》的有关规定执行。

第三十一条 中外合作办学者要求取得合理回报的，应当按照《中华人民共和国民办教育促进法实施条例》的规定执行。

第三十二条 中外合作办学机构有下列情形之一的，中外合作办学者不得取得回报：

（一）发布虚假招生简章或者招生广告，骗取钱财的；

（二）擅自增加收费项目或者提高收费标准，情节严重的；

（三）非法颁发或者伪造学历、学位证书及其他学业证书的；

（四）骗取办学许可证或者伪造、变造、买卖、出租、出借办学许可证的；

（五）未依照《中华人民共和国会计法》和国家统一的会计制度进行会计核算、编制财务会计报告，财务、资产管理混乱的；

（六）违反国家税收征管法律、行政法规的规定，受到税务机关处罚的；

（七）校舍或者其他教育教学设施、设备存在重大安全隐患，未及时采取措施，致使发生重大伤亡事故的；

（八）教育教学质量低下，产生恶劣社会影响的。

中外合作办学者抽逃办学资金或者挪用办学经费的，不得取得回报。

第四章 中外合作办学项目的审批与活动

第三十三条 中外合作办学项目的办学层次和类别，应当与中国教育机构和外国教育机构的办学层次和类别相符合，并一般应当在中国教育机构中已有或者相近专业、课程举办。合作举办新的专业或者课程的，中国教育机构应当基本具备举办该专业或者课程的师资、设备、设施等条件。

第三十四条　中国教育机构可以采取与相应层次和类别的外国教育机构共同制定教育教学计划，颁发中国学历、学位证书或者外国学历、学位证书，在中国境外实施部分教育教学活动的方式，举办中外合作办学项目。

第三十五条　举办中外合作办学项目，中国教育机构和外国教育机构应当参照本办法第五条的规定签订合作协议。

第三十六条　申请举办实施本科以上高等学历教育的中外合作办学项目，由拟举办项目所在地的省、自治区、直辖市人民政府教育行政部门提出意见后，报国务院教育行政部门批准；申请举办实施高等专科教育、非学历高等教育和高级中等教育、自学考试助学、文化补习、学前教育的中外合作办学项目，报拟举办项目所在地的省、自治区、直辖市人民政府教育行政部门批准，并报国务院教育行政部门备案。

申请举办颁发外国教育机构的学历、学位证书以及引进外国教育机构的名称、标志或者教育服务商标的中外合作办学项目的审批，参照前款的规定执行。

第三十七条　申请举办中外合作办学项目，应当由中国教育机构提交下列文件：

（一）《中外合作办学项目申请表》；

（二）合作协议；

（三）中外合作办学者法人资格证明；

（四）验资证明（有资产、资金投入的）；

（五）捐赠资产协议及相关证明（有捐赠的）；

外国教育机构已在中国境内合作举办中外合作办学机构或者中外合作办学项目的，还应当提交原审批机关或者其委托的社会中介组织的评估报告。

第三十八条　申请设立实施学历教育的中外合作办学项目，应当于每年3月或者9月提出申请，审批机关应当组织专家评议。

专家评议的时间不计算在审批期限内，但审批机关应当将专家评议所需时间书面告知申请人。

第三十九条　申请设立中外合作办学项目的，审批机关应当按照《中华人民共和国行政许可法》规定的时限做出是否批准的决定。批准的，颁发统一格式、统一编号的中外合作办学项目批准书；不批准的，应当书面说明理由。

中外合作办学项目批准书由国务院教育行政部门制定式样并统一编号；编号办法由国务院教育行政部门参照中外合作办学许可证的编号办法确定。

第四十条　中外合作办学项目是中国教育机构教育教学活动的组成部分，应当接受中国教育机构的管理。实施中国学历教育的中外合作办学项目，中国教育机构应当对外国教育机构提供的课程和教育质量进行评估。

第四十一条　中外合作办学项目可以依法自主确定招生范围、标准和方式；但实施中国学历教育的，应当遵守国家有关规定。

第四十二条　举办中外合作办学项目的中国教育机构应当依法对中外合作办学项目的财务进行管理，并在学校财务账户内设立中外合作办学项目专项，统一办理收支业务。

第四十三条　中外合作办学项目收费项目和标准的确定，按照国家有关规定执行，并在招生简章或者招生广告中载明。

中外合作办学项目的办学结余，应当继续用于项目的教育教学活动和改善办学条件。

第五章　管理与监督

第四十四条　中外合作办学机构和举办中外合作办学项目的中国教育机构应当根据国家有关规定，通过合法渠道引进教材。引进的教材应当具有先进性，内容不得与中国宪法和有关法律、法规相抵触。

中外合作办学机构和举办中外合作办学项目的中国教育机构应当对开设课程和引进教材的内容进行审核，并将课程和教材清单及说明及时报审批机关备案。

第四十五条　中外合作办学机构和举办中外合作办学项目的中国教育机构应当依法建立学籍管理制度，并报审批机关备案。

第四十六条　中外合作办学机构和项目教师和管理人员的聘任，应当遵循双方地位平等的原则，由中外合作办学机构和举办中外合作办学项目的中国教育机构与教师和管理人员签订聘任合同，明确规定双方的权利、义务和责任。

第四十七条　中外合作办学机构和项目的招生简章和招生广告的样本应当

及时报审批机关备案。

第四十八条　举办颁发外国教育机构的学历、学位证书的中外合作办学机构和项目，中方合作办学者应当是实施相应层次和类别学历教育的中国教育机构。

中外合作办学机构和项目颁发外国教育机构的学历、学位证书的，其课程设置、教学内容应当不低于该外国教育机构在其所属国的标准和要求。

第四十九条　中外合作办学项目颁发的外国教育机构的学历、学位证书，应当与该外国教育机构在其所属国颁发的学历、学位证书相同，并在该国获得承认。

第五十条　实施学历教育的中外合作办学机构和项目应当通过网络、报刊等渠道，将该机构或者项目的办学层次和类别、专业设置、课程内容、招生规模、收费项目和标准等情况，每年向社会公布。

中外合作办学机构应当于每年4月1日前公布经社会审计机构对其年度财务会计报告的审计结果。

第五十一条　实施学历教育的中外合作办学机构和项目，应当按学年或者学期收费，不得跨学年或者学期预收。

第五十二条　中外合作办学机构和举办中外合作办学项目的中国教育机构应当于每年3月底前向审批机关提交办学报告，内容应当包括中外合作办学机构和项目的招收学生、课程设置、师资配备、教学质量、财务状况等基本情况。

第五十三条　审批机关应当组织或者委托社会中介组织本着公开、公正、公平的原则，对实施学历教育的中外合作办学项目进行办学质量评估，并将评估结果向社会公布。

第五十四条　中外合作办学项目审批机关及其工作人员，利用职务上的便利收取他人财物或者获取其他利益，滥用职权、玩忽职守，对不符合本办法规定条件者颁发中外合作办学项目批准书，或者发现违法行为不予以查处，造成严重后果，构成犯罪的，依法追究刑事责任；尚不构成犯罪的，依法给予行政处分。

第五十五条　违反本办法的规定，超越职权审批中外合作办学项目的，其批准文件无效，由上级机关责令改正；对负有责任的主管人员和其他直接责任人员，依法给予行政处分。

第五十六条　违反本办法的规定，未经批准擅自举办中外合作办学项目的，由教育行政部门责令限期改正，并责令退还向学生收取的费用；对负有责任的主管人员和其他直接责任人员，依法给予行政处分。

第五十七条　中外合作办学项目有下列情形之一的，由审批机关责令限期改正，并视情节轻重，处以警告或者3万元以下的罚款；对负有责任的主管人员和其他直接责任人员，依法给予行政处分。

（一）发布虚假招生简章或者招生广告，骗取钱财的；

（二）擅自增加收费项目或者提高收费标准的；

（三）管理混乱，教育教学质量低下的；

（四）未按照国家有关规定进行财务管理的；

（五）对办学结余进行分配的。

第五十八条　中外合作办学机构和项目违反《中华人民共和国教育法》的规定，颁发学历、学位证书或者其他学业证书的，依照《中华人民共和国教育法》的有关规定进行处罚。

第六章　附则

第五十九条　在工商行政管理部门登记注册的经营性的中国培训机构与外国经营性的教育培训公司合作举办教育培训的活动，不适用本办法。

第六十条　中国教育机构没有实质性引进外国教育资源，仅以互认学分的方式与外国教育机构开展学生交流的活动，不适用本办法。

第六十一条　香港特别行政区、澳门特别行政区和台湾地区的教育机构与内地教育机构举办合作办学项目的，参照本办法的规定执行，国家另有规定的除外。

第六十二条　《中外合作办学条例》实施前已经批准的中外合作办学项目，应当参照《中外合作办学条例》第六十三条规定的时限和程序，补办中外合作办学项目批准书。逾期未达到《中外合作办学条例》和本办法规定条件的，审批机关不予换发项目批准书。

第六十三条　本办法自2004年7月1日起施行。原中华人民共和国国家教育委员会1995年1月26日发布的《中外合作办学暂行规定》同时废止。

附录五　教育部国际合作与交流司关于中国政府奖学金的管理规定[①]

为资助世界各国学生、学者到中国高等学校进行学习和研究，增进中国人民与世界各国人民的相互理解和友谊，发展中国与世界各国在教育、科技、文化、经贸等领域的交流与合作，中国政府设立中国政府奖学金。教育部负责根据中国政府与外国政府或国际组织达成的协议或计划对外提供中国政府奖学金，并委托国家留学基金管理委员会（简称 CSC）具体负责享受中国政府奖学金来华留学的外国籍学生（以下简称奖学金生）的招生及日常事务的管理工作。为加强中国政府奖学金及奖学金生的管理，特制定本规定。

一、中国政府奖学金类别、提供对象、期限和申请条件

中国政府奖学金按学生类别分为本科生奖学金、硕士研究生奖学金、博士研究生奖学金、汉语进修生奖学金、普通进修生奖学金和高级进修生奖学金，另外按项目分为长城奖学金、优秀留学生奖学金、HSK 优胜者奖学金、外国汉语教师短期研修项目和中华文化研究项目等。

本科生奖学金：向申请到中国大学攻读学士学位者提供，期限一般为 4 学年（医学专业等为 5 学年）。申请者应具有相当于中国高级中学毕业的学历，学习成绩优秀，并通过中国大学入学考试或经推荐被中国大学免试录取，年龄在 25 周岁以下。

硕士研究生奖学金：向申请到中国大学攻读硕士学位者提供，期限 2-3 学年。申请人应具有学士学位，学习成绩优秀，从中国境外申请者需有两名教授或副教授的推荐，在华申请者应已获得中国高校的录取，年龄在 35 周岁以下。

---

① 教育部国际合作与交流司关于中国政府奖学金的管理规定，http://www.moe.gov.cn/s78/A20/gjs_left/moe_850/tnull_553.html

博士研究生奖学金：向申请到中国大学攻读博士学位者提供，期限3学年。申请者应具有硕士学位，学习成绩优秀，从中国境外申请者需有两名教授或副教授的推荐，在华申请者应已获得中国高校的录取，年龄在40周岁以下。

汉语进修生奖学金：向非汉语专业毕业或无汉语基础、申请来华专门学习汉语者提供，期限1-2学年。申请者应具有相当于中国高级中学毕业以上的学历，年龄在35周岁以下。

普通进修生奖学金：向申请来华进修原本人所学专业者提供，期限1-2学年。申请者应为大学二年级以上在校学生或具有相当于大学本科毕业的学历，年龄在45周岁以下。

高级进修生奖学金：向申请来华就某一专题在中国导师指导下进修提高者提供，期限1-2学年。申请者应具有相当于中国硕士研究生毕业以上的学历，并有两名教授或副教授的推荐，年龄在50周岁以下。

申请上述中国政府奖学金者原则上应具有相应的汉语水平（汉语进修生和申请以外语作为授课语言者除外）汉语水平达不到学习要求者，可安排最长不超过2学年的汉语补习，其中需要汉语补习的本科生和硕士、博士研究生的奖学金期限相应延长，进修生的汉语补习时间计入规定的奖学金期限。

长城奖学金：向联合国教科文组织提供，招生类别为普通进修生和高级进修生，提供对象、期限及申请条件与普通进修生奖学金和高级进修生奖学金要求相同。

优秀留生奖学金：向已完成原定在华学习计划，并于当年考取硕士或博士研究生且品学兼优者提供。期限和申请条件与硕士研究生奖学金和博士研究生奖学金要求相同。

HSK优胜者奖学金：向在中国境外参加汉语水平考试的成绩优胜者提供，来华学习专业为汉语，期限不超过一学年，年龄在40周岁以下。

外国汉语教师短期研修项目：资助从事汉语教学的外国专职汉语教师来华短期研修，课堂教学时间为4周；另安排2周免费教学旅行，可自愿参加；申请者应具有大学本科毕业以上学历，连续从事汉语教学3年以上，年龄在50周岁以下。

中华文化研究项目：资助从事中国文化研究的外国学者短期来华，在中国导师的指导下或者与中国学者合作开展研究,期限不超过 5 个月。申请者应具有博士学位或者相当于副教授以上的职位,出版或发表过有关中国语言、文化、历史等方面的专著或论文,年龄在 55 周岁以下。

二、中国政府奖学金内容

1. 中国政府奖学金分为全额奖学金和部分奖学金。

2. 中国政府全额奖学金内容如下:

免交注册费、学费、实验费、实习费、基本教材费和住宿费。

提供与中国学生同等的公费医疗服务。

提供奖学金生活费和一次性安置补助费。

提供入学时由入境口岸城市至学校所在城市、汉语补习院校所在城市至专业院校所在城市,以及毕业时学校所在城市至出境口岸城市的一次性火车硬座车票(乘坐通宵火车时为硬卧车票)。

奖学金生的国际旅费原则上由派遣方负担。另有协议者按协议规定办理。

部分奖学金为上述内容中的一项或几项待遇。

长城奖学金:与全额普通进修生奖学金和高级进修生奖学金待遇相同。

优秀留学生奖学金:与全额硕士研究生奖学金和博士研究生奖学金待遇相同。

HSK 优胜者奖学金:与全额汉语进修生奖学金待遇相同。

中华文化研究项目:免交注册费、研究费、住宿费和紧急医疗费,另按月发给研究补助费,提供一定数额的一次性图书资料费和学术旅行补助费。

外国汉语教师短期研修项目:免交注册费、学费、住宿费和紧急医疗费,提供一次性生活补助费;参加集体教学旅行者免交住宿费和交通费,并另提供一定数额的餐费补助。

中国政府将不定期调整奖学金标准,具体情况请参见由留学基金委印制的《中国政府奖学金留学生招生指南》。

3. 奖学金生活费自奖学金获得生入学之日起逐月定期发给。新生当月十五日(含十五日)之前注册的,发给全月奖学金生活费;十五日以后注册的,发给半个月奖学金生活费。毕业生的奖学金生活费发至学校确定的毕业之日以后的半个月。对休学、退学或结业回国者，奖学金生活费自下个月起停发。学校规定的假期内奖学金生活费照发；奖学金生假期内因离校休假而未能按时领取奖学金生活费，返校后可以补发。奖学金生未请假而不按时到校注册、非健康原因离校或者旷课，时间超过一个月者，停发当月的奖学金生活费。

奖学金生要求进行超出学校教学计划的实验或实习，所需费用由本人自理。

奖学金生来华后如被发现患有中国法律规定不准入境疾病者，应立即离境回国，回国旅费自理。

4. 奖学金生在学习期间患病，应在学校医院就诊。必要时，由学校医院介绍转入指定医院治疗。奖学金生镶牙、补牙、拔牙、配眼镜、分娩、人工流产、矫正生理缺陷、购买营养滋补品和其他超出公费医疗支付范围和标准的费用，以及治疗来华前已患有的慢性疾病的费用由本人自理。

奖学金生因打架、斗殴等违反法律、校纪行为导致伤亡事故所支付的医疗及其他有关费用，由当事人自理。

5. 奖学金生因患严重疾病需休学者，应回国休养，回国旅费自理；经学校批准休学者，享受奖学金资格最长可保留一年，但休学期间停发奖学金生活费。奖学金生因其他原因休学者，其享受奖学金的资格不予保留。

三、申请途径、时间和申请办法

本科生奖学金、硕士研究生奖学金、博士研究生奖学金、汉语进修生奖学金、普通进修生奖学金、高级进修生奖学金可向所在国负责留学生派遣的政府部门、相关机构或中国大使馆提出申请，申请时间一般在每年的2-4月。其他专项奖学金申请途径和办法如下：

长城奖学金：可通过本国联合国教科文组织向联合国教科文组织总部提出申请，申请时间在每年的2-4月；

优秀留学生奖学金：可通过所在学校向留学基金委提出申请，申请时间在每年的4-6月；

HSK优胜者奖学金：可通过HSK考试主办单位或中国大使馆、领事馆向留学基金委提出申请，申请时间在每年的2-4月；

中华文化研究项目：可通过中国大使馆、领事馆或中国的合作大学、学者随时向留学基金委提出申请；

外国汉语教师短期研修项目：可通过中国大使馆、领事馆向留学基金委提出申请，申请时间一般在每年的 2-4 月。

教育部国际合作与交流司负责上述奖学金申请的审批。

申请中国政府奖学金时需提交以下材料：

1.《中国政府奖学金申请表》（由 CSC 统一印制）。

2. 经过公证的最高学历证明和学习成绩单；如申请人为在校学生或已就业，需另外提交本人所在学校或单位出具的在学证明或在职证明。

3. 来华学习时间在 6 个月以上者（含 6 个月）需出具《外国人体格检查记录》（由中国卫生检疫部门统一印制）。

4. 来华学习或研究计划（不少于 200 字）。

5. 从中国境外申请攻读硕士、博士学位者或申请作为高级进修者，需出具两名教授或副教授的推荐信；在中国境内申请攻读硕士、博士学位者，需出具报考学校的录取通知书。

6. 申请学习音乐专业者需提交本人的有关作品。

7. 从中国境外申请读理工农医专业本科者，需另外提交由中国使馆举办的数理化水平测试成绩单或所在国高中毕业会考成绩单，申请学习经济和管理类专业本科者需提交数学水平测试成绩单；在中国境内申请者需出具有关学校的入学考试成绩单和录取通知书。

8. 申请"中华文化研究项目"者需提交本人已发表的主要著作或论文目录。

四、奖学金生的录取及来华

奖学金生由 CSC 安排到教育部指定的高等学校学习。留学基金委在对申请人的申请材料进行审核后，根据申请人的条件并参照本人志愿将申请材料转送有关高等学校，由高等学校决定是否录取。

从境外申请免试来华读本科和硕士、博士研究生者，由高等学校先作为试读生录取，试读期限为一年。学生在试读期间必须通过学校的入学考试或相关的课程考试后方可转为正式学生继续学习，其试读期间的成绩计入总学分。如专业学习前需要补习汉语者，应在汉语补习期间通过学校的入学考试或相关的课程考试后方可正式进入专业学习。规定期限内未通过考试者应作为进修生结业回国。

留学基金委一般于每年的 7 月 30 日前将奖学金生录取名单、《外国留学人员来华签证申请表》（JW201 表）和学校的《录取通知书》等文件通过外交途径送交派遣国留学生派遣部门，由后者负责通知学生本人。

被录取的奖学金生应持有效普通护照、《外国留学人员来华签证申请表》、《录取通知书》和《外国人体格检查记录》（仅限于学习期限在 6 个月以上者）到中国大使馆、总领馆申请来华学习签证，并持上述文件来华，到校办理注册手续。

五、奖学金生的专业变更、转学和学习期限的延长

奖学金生来华后原则上不得变更专业、转学和延长学习期限。有特殊情况需要变更专业、转学和延长学习期限者，须经本国留学生派遣部门向留学基金委提出申请，由留学基金委统一安排。未经批准而自行变更专业、转学或延长学习期限者，将被取消享受奖学金的资格。

六、奖学金年度评审

为充分发挥中国政府奖学金的激励作用，依照教育部制定的《中国政府奖学金年度评审办法》的有关规定，高等学校对学习期限在一学年以上的奖学金生每年进行一次综合评价，决定其是否有资格继续享受中国政府奖学金。

附录六　中国—东盟战略伙伴关系 2030 年愿景[①]

我们，中华人民共和国和东盟成员国国家元首/政府首脑于 2018 年 11 月 14 日齐聚新加坡，出席第 21 次中国—东盟领导人会议暨中国—东盟建立面向和平与繁荣的战略伙伴关系 15 周年纪念峰会；

忆及我们 2003 年 10 月 8 日在印尼发表的《中国和东盟国家领导人关于面向和平与繁荣的战略伙伴关系的联合宣言》和 2013 年 10 月 9 日在文莱发表的《第 16 次中国—东盟领导人会议暨纪念中国—东盟战略伙伴关系 10 周年联合声明》，致力于促进中国—东盟的睦邻友好和互利合作；

认识到中国与东盟建立战略伙伴关系 15 年来为地区和平、稳定与繁荣做出了巨大贡献，进一步拓展了中国—东盟合作，强化了中国—东盟关系，使之成为最具实质性、最具活力和互利共赢的关系之一；

认识到东盟成立 50 年来不断发展，并在 2015 年建成东盟共同体，中国改革开放 40 年取得伟大成就，中国—东盟关系已迈入新时代；

忆及 2017 年 11 月 13 日在菲律宾马尼拉举行的第 20 次中国—东盟领导人会议同意发表《中国—东盟战略伙伴关系 2030 年愿景》，以规划双方关系未来方向，为建设开放包容、持久和平、普遍安全、共同繁荣和可持续发展的世界做出贡献；

进一步重申依据国际法相互尊重彼此独立、主权和领土完整，及不干涉他国内政原则。东盟国家重申坚持一个中国政策；

认识到当前地区和平稳定来之不易，增进中国和东盟间互信和信心、提升合作水平非常重要；

兹同意以下内容：

---

① 中国—东盟战略伙伴关系 2030 年愿景 [2018-11-16]. https://www.yidaiyilu.gov.cn/zchj/sbwj/71852.htm.

中国—东盟总体关系

一、全面有效执行《落实中国—东盟面向和平与繁荣的战略伙伴关系联合宣言行动计划（2016—2020）》及其后续文件等举措，开展更紧密的合作，打造更高水平的中国—东盟战略伙伴关系，实现双方互利共赢的美好未来。东盟赞赏中国致力于促进更紧密的中国—东盟合作，包括构建中国—东盟命运共同体的愿景；

二、进一步深化战略关系，提升互信和信心，依据国际法和平解决分歧，不诉诸武力或以武力相威胁，保持友好对话协商，加强高层交往，促进地区和平、安全与稳定；

三、加强能力建设，调动各方资源，开展支持东盟一体化和共同体建设的互利合作，提升中国—东盟战略伙伴关系，对接《东盟互联互通总体规划2025》与中方"一带一路"倡议共同的重点领域，努力以互利共赢方式促进区域各互联互通战略的对接。东盟赞赏中方提出"3+X合作框架"，即以政治安全合作、经济合作、人文交流为三大支柱，以双方同意的合作领域为支撑；

四、进一步提升战略伙伴关系，继续坚持自1991年中国与东盟建立对话关系以来指导双方关系、在《联合国宪章》、《东盟宪章》、《东南亚友好合作条约》、和平共处五项原则、《东亚峰会互利关系原则宣言（巴厘原则）》以及公认的国际法原则中体现的基本原则、共同价值观和规范；

五、坚定反对日益上升的保护主义和逆全球化思潮，重申国际贸易与投资是实现经济可持续增长、减少社会不平等、保障各国人民享有更美好生活的重要引擎；

六、通过促进南南合作等方式，加强《东盟愿景2025》同联合国2030年可持续发展议程的对接；

七、重申我们致力于支持和帮助东盟缩小成员国间发展差距，包括落实《东盟一体化倡议第三份工作计划》，以及加强中国和东盟国家在双边、次区域和区域层面的合作。依据《东盟愿景2025》促进东盟一体化建设；

八、欢迎在相关次区域框架和合作机制中继续加强合作，支持缩小地区发展差距的努力；

政治安全合作

九、重申中国和东盟国家间长期友好，尊重各国依据本国国情独立选择自身发展道路；

十、在防务、安全、非传统安全和应对跨境威胁等领域通过开展对话、建立信任措施和加强合作，增进双方互信与理解；

十一、重申维护东盟在不断演变的区域架构中的中心地位的重要性，在东盟与中日韩、东亚峰会、东盟地区论坛、东盟防长扩大会等东盟主导的各机制中继续加强对话与协调，深化区域安全合作，维护开放、透明、包容和基于规则的区域架构；

十二、加强高层往来和政策沟通，拓展各层级交往，促进治国理政经验交流；

十三、重申致力于维护和促进南海和平、安全与稳定，尊重和致力于：（1）南海航行与飞越自由；（2）根据包括1982年《联合国海洋法公约》在内的公认的国际法原则，由直接相关的主权国家通过友好协商和谈判，以和平方式解决其领土和管辖权争议，不诉诸武力或以武力相威胁；（3）在行动上保持自我克制，避免使争议复杂升级，扰乱和平稳定；

十四、进一步重申致力于全面有效完整落实《南海各方行为宣言》，在协商一致基础上争取早日达成和通过一个实质和有效的"南海行为准则"。注意到2017年8月中国和东盟国家外长通过的"准则"框架是朝达成有效"准则"迈出的重要一步。继续加强务实对话和海上合作，提升互信与信心，包括用好外交高官热线，落实《中国与东盟国家关于在南海适用〈海上意外相遇规则〉的联合声明》和《关于未来十年南海海岸和海洋环保的领导人宣言（2017—2027）》等；

十五、在东盟防长扩大会机制下深化中国与东盟务实防务合作，增进理解与友谊，共同应对威胁地区和平稳定的跨境和非传统安全挑战；欢迎中国和东盟国家海军为增进互信，成功举行首次中国—东盟海上联合演习；

十六、通过相关机制加强反腐败合作；

十七、认识到有效应对恐怖主义、跨境犯罪等非传统安全威胁和跨境挑战的紧迫性，有必要加强地区共同的韧性与合作；

经济合作

十八、认识到中国目前是东盟最大贸易伙伴、第三大外国直接投资来源国和重要的外国游客来源地,欢迎中国和东盟贸易、投资和旅游往来继续强劲快速增长;

十九、努力深化经贸联系,促进互联互通,实现到2020年双向贸易额1万亿美元、投资额1 500亿美元的目标,期待到2030年取得更多贸易投资成果;

二十、加强双方贸易、投资和旅游往来,包括落实中国—东盟自贸协定和《中华人民共和国与东南亚国家联盟关于修订〈中国—东盟全面经济合作框架协议〉及项下部分协议的议定书》,包括完成中国—东盟自贸区升级议定书"未来工作计划";探讨促进贸易投资往来的新倡议,提升营商环境,探讨自贸区进一步升级可能性以及在电子商务、竞争和知识产权等新领域开展合作;

二十一、重申致力于加快完成现代、全面、高质量和互利的《区域全面经济伙伴关系协定》谈判,大力促进全球贸易,提升经济增长,创造更多就业,以包容性方式提高地区人民生活水平;

二十二、加强物理和规制联通,依据《东盟互联互通总体规划2025》战略目标促进市场紧密融合,提升数字互联互通,包括支持落实《东盟信息通信技术总体规划2020》等;

二十三、深化金融合作,包括推动亚洲基础设施投资银行等国际金融机构积极参与,调动私营资本,提升能力建设,支持区域基础设施发展;

二十四、通过中国"一带一路"倡议等平台,本着包容、互利和尊重国际法的原则,进一步促进海洋经济合作领域的对话交流;

二十五、重申致力于鼓励东盟国家和中国航空公司挖掘潜力,用好《中国—东盟航空运输协定》及其第一、第二议定书,实现区域更大范围联通,努力实现中国和东盟航空服务全面自由化的终极目标;

二十六、促进区域知识产权生态系统建设,通过及时的知识产权认证和保护以及知识产权跨境商业化和适用,支持和促进创新;

二十七、在共同关心的领域探讨科技创新合作和协作,包括抓住数字经济和技术创新机遇,应对潜在的新技术挑战,在电信、电子商务和智慧城市发展等领域实现创新驱动发展。欢迎建立"东盟智慧城市网络",欢迎中国支持"东

盟智慧城市网络";

二十八、促进产能、技术创新,促进中小微企业发展和区域增长,支持落实《东盟中小企业发展战略行动计划(2016—2025)》,分享中小微企业最佳实践和经验,组织研讨会、培训班等能力建设活动;

二十九、建立正式高级别合作机制,加强、深化和拓展双方旅游合作;

三十、积极融入经济全球化,进一步促进经济一体化,包括支持建立东亚共同体长期目标,为地区民众带来福祉;

三十一、认识到在新版《中国—东盟清洁能源能力建设项目》以及"东盟清洁煤利用路线图研究"框架下,采取区域措施促进清洁能源发展的重要性;

三十二、鼓励中国—东盟蓝色经济伙伴关系,促进海洋生态系统保护和海洋及其资源可持续利用,开展海洋科技、海洋观测及减少破坏合作,促进海洋经济发展等;

三十三、探讨新科技、数字和技术创新带来的机遇,应对新技术对经济发展潜在共同挑战,欢迎2018年"中国—东盟创新年"为双方创新合作注入新动力;

社会文化合作

三十四、通过中国—东盟教育交流周等平台,加强教育创新和学术交流;

三十五、鼓励双方人文交流与合作,共创美好未来,继续在语言、文化、艺术和遗产等领域促进青年交流,提升相互理解,深化友谊,通过相关教育机构在各层级、不同领域为青年学者举办培训;

三十六、加强环保、水资源管理、可持续发展、气候变化合作,包括落实《中国—东盟环境保护战略(2016—2020)》,支持《东盟社会文化共同体蓝图2025》相关战略措施等;

三十七、重申加强中国—东盟文化关系意识的重要性,鼓励开展文化交流,继续提升双方文化遗产保护意识;

三十八、加强建设性对话与合作,促进积极老龄化,更好地应对老龄化社会挑战;

三十九、促进政府间政策沟通,欢迎中国在适当领域为东盟国家提供援助,以实现联合国2030年可持续发展议程目标,包括依据各自可持续发展目标消除各种形式贫困。

后 记

本书是2016年贵州省教育厅高校人文社会科学重点项目（项目编号：2016ZD06）研究成果。全书由张命华教授拟定写作大纲并统筹，然后分工写作。第一章、第二章、第三章、第四章和附录部分由章林讲师完成；第五章第一节和第七章由田银萍教授完成；第五章第二节由张命华教授完成；第六章和第八章由邓振华副教授完成；另外，晏龙强教授提供了第二章的初稿资料；征玉伟副教授提供了第三章的初稿资料。全书最后由张命华、章林和邓振华统稿，田银萍教授、黄江副教授、蒋芳华协助统稿。其他课题组成员张芳明、陈建康、王群、杨成光和简朝霞参与课题研究。感谢各位的辛勤工作！

书稿的写作过程漫长且充满艰辛，几经修改与调整，其中不乏希望与挫折、努力与彷徨，历时两年多。当然，更多的是收获与喜悦，特别是我们在调研和写作中，发现自己的课题研究工作非常有意义，为来华留学教育工作拓宽了视野。这里要特别感谢各位同事、同仁的一路陪伴和鼓励。

本书的写作和完稿，大量借鉴和参考了专家同仁的研究成果，在此，向那些给予我们启发但文中未一一注明的著作、论文和调研报告的作者，表示衷心的感谢！同时非常感谢广西大学、云南财经大学、大理大学和贵州大学等十余所高校在课题组调研过程中的热情接待并提供了大量资料。

本书得以付印，还得到了贵州省教育社科处及铜仁职业技术学院的大力支持和指导，得到了北京理工大学出版社编辑人员的鼎力帮助，在此一并表示诚挚的谢意！

由于我们水平非常有限，不当之处在所难免，望广大同仁、师生批评指正为谢！

课题组

2019年10月8日于铜仁